INDUSTRIALISATION ET DEVELOPPEMENT ECONOMIQUE ACCELERES EN AFRIQUE

Collection **Études africaines**

dirigée par Denis Pryen et son équipe

Forte de plus de mille titres publiés à ce jour, la collection « Études africaines » fait peau neuve. Elle présentera toujours les essais généraux qui ont fait son succès, mais se déclinera désormais également par séries thématiques : droit, économie, politique, sociologie, etc.

AMBOULOU (Hygin Didace), *Le droit des marchés financiers dans l'espace OHADA,* 2015.
LAMINE SYLLA (Mamadou), *Pour mieux amarrer l'Afrique noire à l'économie mondialisée,* 2015.
PODA (Baimanai Angelain), *La mise sur le marché et la distribution du médicament en Afrique noire francophone, Réflexions à partir des exemples du Burkina Faso et du Sénégal,* 2015.
MAKALA NZENGU (Patrick), *Le conseil agricole rural de gestion et développement à la base en RDC,* 2015.
PASCAL Lionel, *République CentrAfricaine : Douanes et corruption, causes de la déliquescence du pays,* 2015.
WINTER (Philip), *Une cause sacrée, Le diaglogue intercongolais, 2000-2003*, 2015.
KOUNGOU (Léon), *Culture stratégique et concept de défense au Cameroun*, 2015.
EBALE (Raymond), *La relation ACP (Afrique - Caraïbes - Pacifique) / UE (Union européenne) : la fin de l'illusion ?, Quel avenir à l'échéance 2020 ?,* 2015.
LOADA (Augustin) et WHEATLEY (Jonathan) (dir.), *Transitions démocratiques en Afrique de l'Ouest. Processus constitutionnels, société civile et institutions démocratiques*, 2014.
SIAD (Arnaud), *L'intervention en Libye : un consensus en Relations Internationales ?*, 2014.
KOUASSI (Yao-Edmond), *Colonisations et société civile en Afrique*, 2014.
YOUGBARÉ (Sébastien), *Attachement et délinquance des mineurs : déterminants psychosociaux au Burkina Faso*, 2014.
ANIGNIKIN (Sylvain Coovi), *Les origines du mouvement national au Dahomey. 1900-1939*, 2014.
BONKENA BOKOMBOLA (Papy), *Routes rurales et développement socio-économique de la région de Mayombé (Ouest-RDC)*, 2014.
MAKENGO NKUTU (Alphonse), *L'essentiel de droit public. Le cas de la République démocratique du Congo*, 2014.
VILLASANTE CERVELLO (Mariella), *Le passé colonial et les héritages actuels en Mauritanie. État des lieux de recherches nouvelles en histoire et en anthropologie sociale*, 2014.

Louis SANGARE

Industrialisation et développement économique accélérés en Afrique

*

Création de bases industrielles régionales

L'HARMATTAN

5-7, rue de l'École-Polytechnique ; 75005 Paris

www.harmattan.fr
diffusion.harmattan@wanadoo.fr
harmattan1@wanadoo.fr

ISBN : 978-2-343-05584-8
EAN : 9782343055848

PREAMBULE

Après l'analyse des raisons profondes de la stagnation des économies Africaines : étroitesse des marchés, structures économiques disjointes, ce livre traite le problème de développement industriel sous deux aspects différents. L'industrialisation, dans une première partie, est analysée sous l'aspect des politiques industrielles. Les politiques sont d'ordre soit général, soit sectoriel. Les politiques ayant trait à la croissance économique : l'importance du marché intérieur, libre circulation des personnes, des biens et des services, la politique de concurrence, la priorité aux industries d'exportation opposée à celle des industries axées sur le marché intérieur, les politiques relatives à la transformation des matières premières dans le pays, le rôle des investissements directs, etc., constituent des politiques industrielles à caractère général.

Dans les économies nationales, les politiques nationales énergétiques, de transport, de formation et de technologie visent à déterminer les stratégies sectorielles appropriées dans ces domaines.

D'autre part, l'industrialisation, dans une deuxième partie, est perçue comme un processus cumulatif embrassant tous les secteurs de l'économie. Cette industrialisation privilégie la valorisation des ressources naturelles, minières, forestières, agricoles, etc.,

Les projets industriels ne sont pas appréciés au coup par coup, mais dans la perspective globale des relations intersectorielles et interindustrielles. L'industrie doit contribuer à moderniser et à améliorer la productivité de l'agriculture et des autres secteurs clefs. Ces industries se développent en filières, c'est-a-dire par des activités industrielles articulées, intégrées les unes aux autres en termes de marchés, de technologies et de capitaux. Des groupes d'industries se forment, représentant des grappes d'industries. L'examen des relations entre ces multiples filières révèle l'existence des complexes d'industries. Nous pouvons analyser les effets de plusieurs types de liaisons : les liaisons en aval, les liaisons en amont, les effets de concentration en amont et les effets de concentration en aval.

Les différentes unités industrielles sont inter- liées entre elles par leurs inputs et leurs outputs, ce qui fait apparaitre des sous-secteurs de biens intermédiaires et de biens d'équipement destinés à une consommation interindustrielle. Nous voyons émerger des filières d'entrainement, sidérurgie, industries d'aluminium, industries pétrochimiques et chimiques. Les effets de ces industries motrices sont : 1) accroissement des flux d'échanges (achats et ventes) ; 2) diffusion des gains de productivité et d'innovations ; et 3) augmentation des flux d'investissements.

Cette deuxième partie recouvre une importance spéciale à cause des effets d'entrainement résultant des relations interindustrielles et intersectorielles que ce type d'industrialisation crée dans l'économie nationale ou régionale pour déclencher la croissance et le développement économiques. Par exemple, les produits industriels tels que le ciment, le fer de construction, les structures d'acier peuvent provoquer le boom dans le secteur de construction et des travaux publics. L'agriculture pourrait tripler sa production s'il existe une production locale suffisante d'engrais et de pesticides, d'appareils et de matériels d'irrigation et si un sous-secteur agro-alimentaire est développé parallèlement, etc.

Contrairement à la politique industrielle des pays développés, nous n'allons pas nous tabler sur une industrialisation liée purement et simplement aux politiques industrielles, mais, nous allons tenter de connecter ces deux approches en vue d'élaborer un modèle d'industrialisation cohérent faisant partie du système productif dont la robustesse et le dynamisme puissent tirer ces pays de leur état arriéré. L'adoption des politiques industrielles, même très libérales, n'a provoqué aucune industrialisation bénéfique dans les économies Africaines.

Dans une première partie donc, nous analyserons les politiques industrielles telles qu'elles se réfèrent à ces pays. Nous évaluerons les objectifs et les résultats disparates qui ont été atteints. Nous montrerons les blocages de ces politiques : étroitesse de marchés nationaux, structures industrielles disjointes, importation des produits intermédiaires de l'extérieur, etc.

Nous étudierons aussi d'autres effets secondaires : L'impact dérisoire de la libéralisation du commerce sur les économies Africaines et du régionalisme ouvert à l'intérieur des marchés des CER, dû a la multiplicité des marchés nationaux disparates ; nous passerons en revue un début de la politique d'industrialisation basée sur les ressources minières, freinée par le manque d'investissements d'infrastructures de support.

Dans une deuxième partie, nous examinerons l'industrialisation basée sur la valorisation des ressources naturelles Africaines. La planification et la promotion des industries intermédiaires dans l'espace économique des CER et la restructuration de l'espace économique africain pour une croissance rapide. Nous mettrons l'accent sur le processus de changements structurels provoqués par les industries motrices et les industries industrialisantes qui provoquent les effets secondaires suivants : La propagation des gains de productivité, d'innovations et d'investissements, la diffusion des flux d'échanges et le renforcement des relations interindustrielles et intersectorielles. Dans cette structure industrielle qui peut être construite au niveau national tout comme au niveau régional, quand les grandes industries intermédiaires entrent en jeu, nous aurons donc des industries motrices, qui exercent des effets d'entrainement dans leur zone et des industries industrialisantes qui créent des industries secondaires dans l'aire de leur effet d'entrainement

Par conséquent, l'industrialisation supportée principalement par les politiques industrielles sera formulée tout d'abord et corrigée ensuite par un modèle d'industrialisation basée sur les relations interindustrielles et intersectorielles dont la structure industrielle nationale ou régionale sera effectivement conçue et bâtie ensuite pièce à pièce.

Pour l'approche classique, la dynamique industrielle est créée par les forces du marché. Elle est propulsée par les technologies appropriées. L'approche par les politiques industrielles fait peu de cas des types d'industries qui contiennent les différentes sortes de technologies et qui déterminent leur capacité de production. Elle sous-estime le rôle de la structure industrielle nationale ou régionale susceptible de stimuler toute l'économie. Pour cette approche, la libération du commerce et la dévaluation du taux de change, par exemple, visent à supprimer les obstacles au marché, tels que la licence d'investissements. Les taux d'intérêt élevés rendent difficile l'obtention des fonds d'investissements. Pour l'approche basée sur l'efficience de la structure industrielle, la base industrielle joue un rôle clef. La base industrielle n'est pas créée par n'importe quelles industries. Une structure industrielle composée uniquement par des industries légères est sujette aux aléas extérieurs car elle est contrainte d'importer ses inputs de l'extérieur. Nous sommes parvenus à nous rendre compte de l'importance de la structure industrielle, à constater le phénomène de la concentration industrielle et à décrire les éléments constitutifs de cette concentration industrielle : réseaux industriels, districts industriels. Toujours dans cette deuxième partie, nous établirons les rôles respectifs de tous les éléments de la structure industrielle nationale et nous déterminerons les concepts clefs tels que les industries motrices, les industries industrialisantes, les industries intermédiaires et la base industrielle. Nous ne nous limiterons plus à définir la stratégie industrielle par la politique industrielle seulement et à réduire la promotion industrielle à la détermination de la politique industrielle. Puisque les projets industriels structurants sont cruciaux dans le déclenchement de la croissance et du développement économiques, l'industrialisation sera lancée de préférence dans un espace économique aménagé.

Tous ces éléments clefs feront partie du programme de développement industriel. Ils joueront, chacun dans son domaine respectif, leur rôle dans la mise en place d'une structure industrielle optimale. Cette planification industrielle est en train de se produire dans les pays en développement. Elle est entreprise dans le contexte de la valorisation des ressources naturelles, particulièrement des matières premières minérales. L'analyse des filières est l'instrument indispensable pour tisser des relations interindustrielles et intersectorielles optimales. Une structure industrielle dynamique multiplie des demandes et des offres de produits tout en générant et en diffusant de nouvelles technologies et d'innovations. La productivité industrielle qui en résulte accroit le produit industriel et la valeur ajoutée en répandant la richesse. L'industrialisation crée alors un autre secteur qui génère des revenus plus élevés, le secteur des services modernes dans les banques, les assurances, les services d'internet, de technologie de l'information, d'ingénierie et de consulting, etc. Il importera d'analyser toutes ces terminologies nouvelles et les intégrer dans une planification spatiale pour maximiser la production de la structure industrielle et le produit intérieur brut.

CHAPITRE I

Les politiques libérales de l'industrialisation

INTRODUCTION. Les enjeux de l'industrialisation

L'industrialisation se confond avec le processus de croissance économique. En effet, l'industrie propage la technologie dans tous les secteurs de l'économie nationale. La technologie accroît la productivité des secteurs économiques. Mais, puisqu'il ne peut y avoir de croissance économique sans accroissement de la productivité économique générale, l'industrie s'affirme comme le moteur de la croissance économique.

L'industrialisation produit les effets positifs suivants :

- Elle augmente la productivité économique générale des économies nationales ;
- Elle modernise les secteurs prioritaires par l'apport adéquat de produits intermédiaires et de biens d'équipement bon marché ;
- Elle améliore le standard de vie par la fourniture des biens de consommation durables et courants à des prix bas et par la multiplication des emplois bien rémunérés ;
- Le démarrage d'un processus vigoureux d'industrialisation dans les Communautés régionales respectives, à l'ère de la mondialisation et de la libéralisation des marchés, imposées par les Institutions de Bretton Woods aux pays africains, constitue un véritable défi pour l'Afrique.

Ce démarrage se fera en Afrique par l'adoption d'une politique industrielle dynamisée par l'intégration économique, c'est-à-dire d'une politique industrielle qui prend en compte les facteurs qui concourent à l'augmentation de la demande de l'industrie dans l'économie nationale, donc à l'accélération du processus de développement industriel. Certains de ces produits industriels susceptibles d'accroître la demande des produits intermédiaires sont :

Tous les produits industriels contribuant au développement des infrastructures nécessaires à l'industrialisation : les fils de transport électrique, les pylônes électriques, le ciment, l'asphalte, l'acier pour la construction, les tuyauteries, etc. ; les industries contribuant à la création d'un secteur des entreprises locales et utilisant les demi-produits des industries intermédiaires.

L'industrialisation basée sur la transformation des ressources minières pourrait avoir comme objectif de 1) créer une base industrielle régionale, donc de produire des produits intermédiaires pour satisfaire les besoins nationaux et régionaux et 2) d'exporter une partie de la production pour satisfaire la demande extérieure.

L'axe principal de la stratégie d'industrialisation consiste à créer un système productif intégré (efficient) dont l'industrie constituera le moteur.

Les secteurs de support de ce système productif sont :

- Les infrastructures : routes, autoroutes, chemins de fer, voies d'eau aménagées. Barrages, gazoducs, communications, etc.
- Le secteur de soutien à une industrialisation saine est une agriculture à haut rendement. Son développement est une condition préalable à une industrialisation solide. En effet, l'on ne peut développer l'agriculture sans l'apport d'une industrie locale. Les industries qui répondent à la demande du secteur agricole sont la chimie industrielle, (engrais, pesticides), les matériaux de construction, le ciment, et les produits mécaniques. Ces industries vont accroître la productivité agricole et permettre l'accumulation de capital. L'irrigation agricole, par exemple, a peu progressé en Afrique parce que son coût est prohibitif. Pour étendre l'irrigation en Afrique, il faut produire sur place le matériel d'irrigation agricole, le ciment bon marché, les pompes, les canalisations en acier, en aluminium et les vannes.

Les politiques de support à l'industrialisation concernent quatre domaines importants :

- La formation, c'est-à-dire le développement de capacités humaines,
- La maîtrise de la technologie.
- L'adoption des instruments de restructuration des entreprises industrielles, par exemple, l'adoption du statut de la société anonyme communautaire,
- Les restructurations des institutions financières pour répondre aux besoins du financement des entreprises industrielles.

La politique industrielle à mettre en œuvre en Afrique est celle qui aménage un processus de développement industriel accéléré et capable de s'adapter aux étapes d'industrialisation basée sur le développement du marché intérieur et du marché extérieur.

L'industrialisation suivra les étapes suivantes :

- L'étape de la production des biens de consommation courants, en particulier les agroalimentaires et les produits agro-industriels ;
- L'étape de la production des biens de consommation durables.
- L'étape de la production de biens intermédiaires et de biens d'équipement.

Chaque étape doit remplir les conditions préalables de gestation de l'étape suivante. Les conditions préalables à prendre en considération à chaque étape sont :

- L'élargissement progressif du marché intérieur, national et régional, développement approprié des infrastructures nécessaires, développement progressif des capacités technologiques et accroissement progressif de l'accumulation de capital. Le Continent africain morcelé en petits pays au marché minuscule, recèle de ressources naturelles considérables. La presque totalité des pays africains ne peuvent valoriser les ressources naturelles parce qu'ils ne possèdent ni la capacité technique, ni la capacité financière, ni même le marché intérieur suffisant. De ce fait, les ressources naturelles sont abandonnées aux pays industrialisés, qui en disposent tout librement. Ces pays exploitent frénétiquement les meilleures mines de l'Afrique qui seront épuisées sous peu. Les réserves de pétrole mondiales, par exemple, ne représentent plus que 30 à 50 ans d'exploitation et celles de gaz 40 à 65 ans.
- La création d'un large marché intérieur communautaire devient alors une urgence qui doit bousculer tout le processus d'intégration si les Etats africains veulent valoriser leurs ressources minières pour satisfaire leurs propres besoins de développement et déclencher la croissance et le développement économiques accélérés dans leurs économies respectives.

Contrairement aux autres modèles d'intégration économique existant en Europe, dans les pays asiatiques et Latino-Américains, la création du marché unique communautaire apparaît comme le premier pas décisif, la première étape de la construction de l'édifice communautaire, car, sans cela, il n'y a point d'effet multiplicateur, donc point de croissance et de développement économiques.

Le processus de création du marché régional suivra les étapes suivantes :

- Marché commun des produits alimentaires ;
- Zone d'échanges préférentiels ;
- Mesures de protection pour mettre à l'abri les industries naissantes, assurer le succès de la restructuration industrielle et prendre en compte les intérêts vitaux du Continent ;
- La recherche de la compétitivité internationale nécessitera la libéralisation des produits industriels, produit par produit ;
- L'investissement direct mobilisé pour arriver à fabriquer des produits compétitifs destinés tant au marché intérieur qu'au marché externe ;
- Le renforcement de la chaîne de valeur et le marché commun par l'ouverture progressive des produits africains au marché extérieur.

Par conséquent, bien que les Etats membres dépendent fortement des taxes douanières pour le financement du budget national, ils doivent prendre conscience de l'état de stagnation structurelle où ils se débattent à cause du blocage du processus de croissance économique au niveau de ces petits pays. L'économie nationale ne peut absorber l'investissement productif nécessaire à sa croissance à cause de l'étroitesse du marché national et de la capacité d'exécution dérisoire de ces petits pays pauvres. Ils doivent ouvrir leurs marchés nationaux dans le cadre de chaque CER et former le plus rapidement possible les grands marchés régionaux africains. L'ouverture de grands marchés régionaux ne sera pas seulement un acte hautement politique. Cette ouverture régionale mettra fin à la stagnation structurelle des économies nationales. Elle constitue véritablement le point de départ du processus d'intégration économique des CER.

Les raisons de la stagnation des économies africaines

Deux contraintes majeures influent négativement sur la productivité et la compétitivité des produits africains : les coûts de transaction sont très élevés, particulièrement les coûts de transport. Une grande proportion de la main d'œuvre est soit illettrée, soit peu formée. Cela explique la perte de la compétitivité des produits africains exportables et le niveau dérisoire du commerce interafricain.

L'Afrique est le Continent le moins doté d'infrastructures. Quelques exemples illustrent cette carence grave. La densité des routes rurales est seulement de 55 km par kilomètre carré tandis qu'en Inde, elle est de 800 km.

L'Afrique ne dispose que d'un dixième de téléphones par habitant de l'Asie. En outre, les systèmes téléphoniques africains ont trois fois plus de problèmes techniques que les systèmes asiatiques.

L'Afrique n'utilise que les 40 % de locomotives diesel en service dans les pays d'Asie et le prix du fret par chemin de fer en Afrique est le double de celui d'Asie.

Le coût de transport par avion est quatre fois plus cher qu'en Asie. Tandis qu'un conteneur coûte 200 dollars à Abidjan, il ne coûte que 120 dollars à Antwerpen.

En Afrique, le coût du fret et de l'assurance se chiffre approximativement à 15 % du prix de vente à l'exportation tandis que dans l'ensemble des pays en développement ce pourcentage n'atteint que 6 %. Depuis 1980, les termes de l'échange, (rapport du prix des exportations sur le prix des importations), ne font que se détériorer, à peu près de 36 %. Cette détérioration a réduit de 0,7 pour cent le taux de croissance africaine par rapport aux taux des autres régions du monde. D'autres facteurs influent négativement sur la productivité des économies africaines et particulièrement des entreprises locales : par exemple, le déficit de l'électricité et son coût élevé. Au Nigeria, 78 % des entreprises sont pourvues de générateurs électriques en stand-by dont le coût élevé de l'équipement représentant le quart de tout l'investissement en équipement pèse lourdement sur le compte d'exploitation de ces entreprises.

Au Zimbabwe, 47 % des entreprises considèrent la carence des services téléphoniques comme leur problème le pus sérieux. En Afrique, les détenteurs de capitaux déposent 39 % de leur portefeuille en dehors de l'Afrique. Le manque d'ouverture des marchés entre les pays membres des CER et la plus grande ouverture avec les pays développés d'une part, et le manque de soutien aux entreprises locales, d'autre part, constituent le frein au financement industriel.

L'élite politique, au lieu de créer un climat favorable d'investissement dans le pays s'évertue à multiplier les risques politiques, économiques et sociaux. La détention du pouvoir au mépris des principes démocratiques, le népotisme, la corruption et les détournements reléguant les principes sacro-saints de méritocratie et de bonne gouvernance font que les économies stagnent depuis plusieurs décennies.

Bien que le profit sur le capital investi se situât aux environs de 60 % entre 1990 et 1994, et que leur moyenne atteignît encore entre 24 et 30 % par rapport à 16 et 18 % pour les autres pays en voie de développement, les flux d'investissements se sont presque TARIS vers l'Afrique. En 1995, l'Afrique en dehors de l'Afrique du Sud ne recevait que 2 milliards de dollars d'investissements étrangers, 2 % des flux d'investissements des pays en développement.

Des déficiences graves des structures industrielles africaines persistent depuis les indépendances des pays africains au sud du Sahara.

Dans les pays africains, un trait fondamental du secteur industriel est la baisse de la valeur ajoutée manufacturière par rapport au produit intérieur brut. La valeur ajoutée manufacturière qui représentait 9,2 % du produit intérieur brut en 1990, n'est plus que de 7,7 % en 2000. Si l'on considère le taux de la valeur ajoutée manufacturière, presque la totalité des pays africains sont classés aujourd'hui parmi les pays les moins développés, c'est-à-dire des pays qui accusent un taux de croissance de moins de 7 % et dont la valeur ajoutée manufacturière est au-dessous de 17 % du produit intérieur brut (pendant au moins 10 ans). Malgré ce retard économique généralisé sur le Continent, certaines institutions internationales, dites de développement, obligent les Etats africains à donner la priorité au commerce plutôt qu'au développement des capacités productives.

La relation entre l'agriculture et l'industrie, soulignant l'importance du développement de l'industrie textile, des cuirs et peaux et des industries agroalimentaires, si cruciale pour le démarrage du processus de croissance et de développement économiques dans ces pays n'est pas prise en compte par ces soi-disant spécialistes en développement Il est tout à fait déplacé, sinon ridicule de conseiller aux pays africains de consacrer tous leurs efforts à la facilitation du commerce alors que la part de l'Afrique dans le commerce international n'est que de 2,3 %. Le bon sens dicterait que l'Afrique donne la priorité au développement des capacités productives d'abord. L'Afrique est un importateur net de produits alimentaires et de produits pharmaceutiques. Il importerait donc que le Continent développe ses capacités productives pour la valorisation des ressources minières, pharmaceutiques et des productions agricoles alimentaires.

L'expansion du commerce international a été basée sur l'amélioration des capacités productives et la diffusion des technologies dans un nombre de pays choisis par les firmes transnationales. Le secteur industriel a stagné dans la plupart des pays africains parce que les entreprises industrielles étaient obligées d'importer des produits intermédiaires, non disponibles sur le marché local, à des prix élevés. Cette importation pénalisait les prix des produits fabriqués localement qui utilisaient des produits intermédiaires importés trop coûteux, surtout pour les pays dont les termes de l'échange se dégradaient continuellement.

Depuis 1990, l'Afrique subit un déclin de son revenu par tête, de 755 dollars à 673 dollars, sauf en Afrique du Nord et du Sud où il existe une base industrielle, quoique limitée.

En l'an 2000, le secteur de la construction accusait un taux de croissance de 3,9 %, les mines 3,5 % et l'industrie manufacturière 2,5 %.

La démarche stratégique des économies africaines doit être de renforcer les capacités industrielles et de consolider la liaison entre l'agriculture et l'industrie en vue d'accroître considérablement le revenu de la population rurale, qui constitue les 70 % de la population totale, d'augmenter l'épargne nationale et d'ouvrir la voie à une industrialisation et à un développement économique accélérés.

Les effets négatifs de cette déficience de la structure industrielle sont manifestes dans les économies des pays membres. Un degré dérisoire d'industrialisation et le déchaînement d'un processus de désindustrialisation aboutissant à une baisse continuelle de la valeur ajoutée manufacturière, un secteur industriel doté d'une technologie presque archaïque, avec une productivité médiocre, une valeur ajoutée manufacturière insignifiante, avec très peu de développement de chaînes de valeur des matières premières existant dans le pays, l'importation de produits intermédiaires chers, la difficulté de trouver les approvisionnements les meilleurs, le manque d'information sur les marchés éventuels et l'absence de financement approprié.

Les contraintes restreignant l'offre sont nombreuses : infrastructures médiocres, lacunes graves en communication et en technologie d'information, coût élevé de l'énergie, main d'œuvre insuffisamment formée, mauvaise qualité de l'emballage, qui freine le marketing des produits. Du côté de la demande, le marché est entravé par les barrières techniques au commerce, par la limitation des fonds alloués au marketing des produits, par la réduction des barrières douanières plus accentuées avec les pays tiers étrangers, voire leur suppression et par l'importation des produits de pacotille et de seconde main qui inondent les marchés nationaux et répondent à la demande d'une clientèle appauvrie.

Les pays ont abandonné toute forme de planification stratégique à long terme. Ils ne se sont pas fait une idée précise de parvenir dans un certain laps de temps à un stade de développement satisfaisant.

Ils ne réalisent pas qu'ils sont incapables d'attirer de capitaux appréciables avec des marchés intérieurs exigus et peu attrayants à l'investissement étranger. Ils feignent d'ignorer qu'ils ne peuvent accroître leur productivité, à plus forte raison développer leur compétitivité sans adopter des politiques appropriées de protection et d'octroi de subventions en faveur de leurs agents économiques démunis.

Les pays africains à l'heure actuelle sont sous-développés, avec un revenu par habitant dérisoire, le plus bas de la planète. La productivité économique est insignifiante. Il n'y a pas de base industrielle dans la grande majorité des pays membres. La structure économique est désarticulée avec une dépendance notoire des produits de base destinés à l'exportation.

Le taux de l'analphabétisme est élevé. Le taux de longévité se réduit d'année en année.

Les économies nationales africaines qui pratiquent en réalité une stratégie de développement séparé (dans l'isolation) sont caractérisées par leur grande ouverture sur l'extérieur et par l'affluence de produits étrangers importés sur leur marché, par le coût élevé des fonds empruntés et par le manque de crédits d'investissements. Et par-dessus tout, par une capacité d'utilisation dérisoire de fonds d'investissement.

La part du secteur industriel dans le produit intérieur brut n'est que 6 %.

Dans les pays en voie d'industrialisation, ce taux atteint au moins 25 % du PIB et 60 % de la production industrielle proviennent du secteur manufacturier, (opposé aux mines). Au Nigeria, avec le boom pétrolier, le peu de priorité accordée à l'agriculture, a privé les industries agro-industrielles de matières premières locales et a bloqué le processus d'industrialisation. Les obstacles à l'industrialisation dans ces petits pays sont :

- L'accès limité au crédit d'investissement,
- Le taux d'intérêt exorbitant,
- Des politiques imprévisibles et inconsistantes, des infrastructures inadéquates,
- Un pouvoir d'achat dérisoire du consommateur africain,
- La pauvre qualité des produits finis,
- Le coût exorbitant de l'équipement industriel,
- Des taxes multiples,
- Des administrateurs portuaires et douaniers inefficaces,

- Le dumping de produits de pacotille, venant de l'extérieur en contrebande.
- L'absence d'une législation adéquate relative aux entreprises.

Le taux d'épargne dérisoire explique la mauvaise performance économique. Les facteurs qui influent sur l'épargne interne sont :
- Le niveau réel du revenu,
- Le taux d'intérêt réel,
- Le niveau du prix où les risques d'inflation peuvent amoindrir la valeur de la monnaie et le peu de confiance du grand public dans les banques.

Les institutions de Bretton Woods estiment que, pour réduire la pauvreté en Afrique, un taux de croissance de 6 % est nécessaire. Elles déclarent ensuite qu'une stratégie de développement axée sur l'exportation et sur la libéralisation du commerce permettra aux pays africains d'enclencher un développement accéléré. Il s'agit pour ces institutions d'intégrer les économies africaines sans délai à l'économie mondiale par la réduction, sinon l'élimination des barrières douanières et non douanières au commerce. La participation au commerce international ouvrant un marché illimité aux produits de ces petits pays, serait un facteur de croissance et de développement économique. Théoriquement, il n'y a aucun doute qu'un petit pays peut obtenir des revenus d'exportation considérables si au lieu de vendre sur son marché intérieur exigu, il vend des produits compétitifs sur le marché international. La question fondamentale qui se pose alors est ceci : un petit pays africain peut-il par ses maigres moyens bâtir un système productif qui soit capable de réduire au minimum les coûts de production, d'améliorer considérablement la qualité des produits et d'accroître la productivité des agents de production du jour au lendemain ? En un mot, l'exemple de l'Ile Maurice peut-il être répété par chacun des 52 pays membres de l'Union africaine. Deux facteurs ont beaucoup joué dans le décollage économique de ce petit pays. La beauté de ses sites touristiques et les flux d'émigrés de l'Inde qui lui ont apporté leurs fonds d'investissement, leur expertise et leur technologie. On se trouve, par conséquent, devant un cas unique.

Ces petits pays, en principe, n'ont pas la capacité de construire une base industrielle, de produire de biens intermédiaires localement et à bon prix et de s'engager dans l'industrialisation et la fabrication de biens de consommation compétitifs. Même s'ils sont impliqués dans le développement industriel, leurs productions de qualité inférieure n'intéresseront que le marché national ou régional. La plupart de ces pays ne pourront exporter que leurs matières premières. Il est donc naïf de clamer que le commerce multilatéral libre profitera aux pays africains s'ils s'embarquent dans l'industrialisation orientée vers le marché extérieur.

La vérité est que ces pays ne pourront que se cantonner dans l'industrie d'assemblage. Ils n'auront pas la capacité de promouvoir des industries intermédiaires et de se procurer de produits intermédiaires pas chers pour accroître la part d'intégration locale dans ces unités d'assemblage. Il est d'ailleurs manifeste que ce sont les grandes économies des pays en développement qui ont mis en place une base industrielle solide et accusé une croissante vibrante qui sont à même d'accroître considérablement le volume de leur exportation. Les petites économies africaines avec des marchés limités n'ont d'autre option que d'exporter leurs matières premières et d'établir des usines d'assemblage dans certains domaines sans possibilité d'accroître la part de l'intégration locale.

Les larges économies, grâce au nombre élevé de leur population, possèdent un marché intérieur assez étendu pour bâtir une base industrielle forte et développer des industries basées sur le marché interne, (national et régional). Les multinationales vont profiter de l'existence de cette base industrielle pour établir des industries orientées aussi bien vers le marché intérieur que vers le marché international car elles pourront accroître la part de l'intégration locale à cause de la disponibilité des biens intermédiaires, au lieu d'importer chaque composant des produits à assembler. Le dynamisme de la politique orientée vers l'exportation dépend non seulement de la dimension du marché international, mais de l'interaction entre l'efficience du système productif interne et les opportunités du marché international. Le dynamisme de l'avantage comparatif est fondé d'abord sur la valorisation des ressources naturelles, et ensuite sur une main d'œuvre abondante et bien formée. Et ensuite, il peut s'appuyer et sur une grande échelle de production, et sur la maîtrise technologique très avancée.

Les déterminants du processus de croissance économique reposent sur une gouvernance compétente, des innovations dans le domaine de la technologie et de l'organisation, l'amélioration de la qualité des ressources humaines et sur des politiques macroéconomiques adéquates. La vérité est que les opportunités du commerce international ne peuvent profiter à un pays qui ne dispose pas de facteurs internes favorables : un système productif performant, des politiques économiques appropriées et une société stable et cohérente.

Les effets destructeurs de la restructuration industrielle des programmes d'ajustement structurel

Les politiques d'ajustement structurel des institutions de Bretton Woods avaient pour but d'optimaliser l'affectation des ressources aux unités industrielles. Cependant, cette restructuration a bouché toute perspective d'industrialisation en Afrique et a provoqué une vague de désindustrialisation.

Le but de la restructuration industrielle était d'affecter les ressources aux activités industrielles qui jouissent de l'avantage comparatif non pas dans le cadre du pays ou de la région mais au niveau international. En effet, pour la Banque Mondiale, toute entreprise industrielle qui n'a pas atteint le degré de la compétitivité internationale ou qui ne peut l'atteindre, sans plus tarder, doit être éliminée sans délai.

La restructuration du secteur industriel doit suivre immédiatement l'établissement de la stabilité macroéconomique dans le pays. On ne peut que regretter aujourd'hui l'application de telles politiques industrielles en Afrique. Les pays qui ont amélioré le plus rapidement leur performance industrielle ont mis une trentaine d'années pour le faire. Comment a-t-on permis que de larges bandes du secteur industriel aient été détruites par une politique d'importation de produits de pacotille et de friperie et par une politique monétaire de taux d'intérêt élevés qui privaient les entrepreneurs locaux de capitaux pour renouveler leur équipement. Cette opération menée tambour battant, n'était point une restructuration industrielle, mais plutôt un démantèlement du secteur industriel en Afrique. La production industrielle africaine a baissé et celle des mines a par contre augmenté. Le secteur textile et l'habillement ont régressé considérablement car la libéralisation a résulté en de vagues d'importation des produits de pacotille et de seconde main. Au Zimbabwe, par exemple, le volume de la production a décru de 65,7 % en 1991 et en 1996 de 27 % et de 17 % au Kenya.

Les autres secteurs qui ont été affectés par cette politique d'ouverture inconsidérée sont les secteurs d'assemblage qui avaient une valeur ajoutée très basse et qui dépendaient donc de l'importation des composants et des pièces détachées. La libéralisation du commerce, (détermination de tarifs douaniers très bas, élimination des restrictions quantitatives, notamment abolition de la licence d'importation) et la dévaluation du taux de change visent, d'après la Banque à :

- réduire et à éliminer les taux élevés de protection effective en vue de créer un environnement propice à la compétition et d'accroître l'efficience économique ;
- réduire le prix des importations des biens intermédiaires et des biens d'équipement ;
- améliorer la disponibilité sur le marché des produits clefs importés en vue d'accroître la production industrielle et la capacité d'utilisation des entreprises ;
- encourager l'exportation des produits industriels ;
- supprimer les obstacles au marché : contrôle de prix, licence d'investissement, restriction sur la circulation de la main d'œuvre, réforme des entreprises publiques, privatisation ;
- et à supprimer les mesures affectant le développement des petites et micro-entreprises. Le développement de ce secteur concernera surtout, le secteur agroalimentaire qui répond aux besoins des couches les plus pauvres de la population.

Si l'on examine l'assemblage des véhicules, des équipements électroniques, télévision, radio, etc., on constate qu'au Nigeria, par exemple, le niveau de la production des voitures d'une part, et des appareils de télévision et de radio d'autre part n'atteignait en 1995 que les 11,7 % et 6 % respectivement du niveau de 1985. Même les industries aussi stratégiques que les industries de machines et de produits métalliques régressaient. Les industries de chaussures, au Kenya par exemple, et l'industrie sucrière, ont subi des effets néfastes des importations. La libéralisation a été accompagnée par une recrudescence de produits d'importation de contrebande distribués par le secteur informel. Les industries qui ont résisté le plus à ces effets néfastes étaient les industries agroalimentaires, de boisson, les industries du bois et les cimenteries dont les matières premières sont produites localement. Et aussi les produits dont le prix de revient est grevé de coût de transport très élevé. Le prix de transport exorbitant de ces produits pondéreux s'est transformé en mesure de protection naturelle puisque le coût de transport exorbitant rendait difficile leur importation de l'extérieur.

Cependant, même les industries basées sur les ressources locales qui devraient jouir d'un certain avantage comparatif ont subi les assauts de la compétition des produits importés. Les cimenteries africaines qui n'ont pu procéder à des investissements de renouvellement de matériel et d'équipement industriels ont perdu une part du marché de ciment en faveur du ciment importé.

L'ouverture des marchés nationaux et régionaux a été la cause du déclin des investissements industriels. De 1983-1988, les pays membres de l'OECD n'investissaient qu'une moyenne de 323 millions de dollars en Afrique au Sud du Sahara. De 1990 à 1995, les investissements directs étrangers, concentrés principalement dans les mines, au Congo, au Gabon et au Nigeria, dont les deux tiers dans le pétrole, n'atteignaient que 1,3 milliards de dollars.

Devant les méfaits du libéralisme sauvage, une nouvelle stratégie de développement industriel est en train d'émerger. Elle se veut plus interventionniste et plus focalisée sur les obstacles qui bloquent l'industrialisation. Elle se place dans une perspective à long terme.

Tout le succès de la réforme économique en Afrique dépend de la capacité des agents économiques empêchés de saisir les opportunités qui s'offrent à eux. Le Continent a besoin d'une nouvelle classe d'entrepreneurs locaux et de chefs d'entreprises étrangères nouveaux dans le but d'attirer des investissements additionnels, d'avoir accès à de nouvelles technologies et à de nouveaux marchés et de maîtriser un savoir-faire plus sophistiqué. L'Afrique n'a pas bénéficié de cette bourgeoisie agraire, donc de cette accumulation de capital provenant de l'activité agricole et agro-industrielle soutenue par l'Etat. Le bas taux d'investissement privé, en baisse continuelle, découle de l'absence de la bourgeoisie agraire. Le processus d'industrialisation n'arrive pas à démarrer pour les raisons suivantes.

Le manque de crédits d'investissement et le manque de demande constituent les deux principales contraintes presque dans tous ces pays ; l'érosion du pouvoir d'achat des consommateurs vient aggraver cette pénurie de la demande.

Les taux d'intérêt élevés rendent difficile l'obtention des fonds d'investissement. L'absence de services publics, tels que les infrastructures, les taxes élevées et les prix des services d'utilité publique, découragent les investissements privés tant nationaux qu'étrangers. L'absence de marchés financiers s'explique par la carence des investissements et le manque des opportunités économiques, dû au pouvoir d'achat maigre des consommateurs. Au cours de la décennie dernière, les gouvernements africains ont fait des tentatives concertées pour améliorer le climat d'investissement en faveur des entreprises multinationales et des autres investisseurs étrangers.

Les nouveaux codes d'investissement comprennent une variété de mesures d'incitation et de garanties : droit de disposer librement des profits, suppression des limites imposées aux parts de capital détenus par les investisseurs étrangers, permis de travail accordé aux étrangers etc.

Cependant, les facteurs économiques les plus importants pour les investisseurs sont la dimension des marchés pour lesquels les investisseurs envisagent de produire, leurs perspectives de croissance, les coûts de production et le degré de la compétition entre les fournisseurs étrangers et les producteurs locaux.

Par ailleurs, les facteurs qui affectent le plus l'investissement étranger sont l'incertitude politique et l'imprévisibilité des politiques économiques, les infrastructures inadéquates et une régulation excessive du gouvernement.

Finalement, une diminution continuelle du niveau d'investissements locaux constitue un puissant signal d'avertissement aux investisseurs éventuels, en ce qui concerne le dynamisme du secteur privé dans le pays et les perspectives de croissance de toute l'économie nationale.

Un autre constat qui ne constitue pas un bon signe de climat d'investissement. Dans plusieurs pays africains, les entrepreneurs locaux sont chassés de leur entreprise par des hommes d'affaires étrangers, Asiatiques et Libanais. Autre considération, aussi longtemps que la productivité en Afrique sera dépassée par celle d'Asie, la seule solution pour les producteurs africains de rester compétitifs internationalement, sera d'abaisser le taux de change d'une façon continuelle et de maintenir les salaires très bas.

Etant donné le manque de compétitivité de plusieurs sections du secteur industriel dans la grande majorité des pays africains, il y a une grande possibilité que plusieurs entreprises, grandes et petites, ne puissent faire face à la compétition provenant des importations provoquées par la libéralisation du commerce. En réalité, il y a trois grands composants de la politique de développement du secteur privé pour créer les conditions de base de la compétitivité :

- La restructuration de l'Etat pour permettre l'accomplissement de toutes les fonctions clés de l'Etat ;
- L'émergence d'une classe d'industriels locaux ayant les compétences techniques et les attitudes requises ;
- Et la privatisation des sociétés publiques.

Il est important que des contacts étroits soient entretenus avec les firmes étrangères pour permettre le transfert des technologies et du savoir-faire.

Les gouvernements entreprendront les réformes nécessaires suivantes :

- L'élimination de la régulation étatique excessive qui conduit à la distorsion des prix.
- La réforme des systèmes financiers et le développement du marché financier pour permettre aux entreprises d'avoir accès au financement à long terme adéquat et à des coûts raisonnables. Il est essentiel de perfectionner les systèmes de télécommunications et de transport et les autres services d'infrastructures de base, de renforcer le cadre institutionnel essentiel au fonctionnement efficace d'un marché de biens et de services et d'améliorer les institutions judiciaires, les systèmes de comptabilité et d'audit dans le but d'asseoir les droits de propriété et le respect des contrats sur des bases solides.

Sans industrialisation, la croissance économique ne pourra se déclencher en Afrique. La demande interne va se restreindre pour les biens industriels. L'industrie doit satisfaire la demande locale et exporter le surplus de la production à l'extérieur. Les Etats africains doivent développer la capacité de mettre en œuvre les stratégies des industries d'exportation qui font appel à des mesures d'intervention de l'Etat comme dans les pays asiatiques qui ont piloté une politique d'industrialisation dynamique. Dans un passé récent, l'industrie textile et l'habillement apparaissaient comme un secteur d'exportation prometteur.

Cependant avec la fin de l'accord de multifibre en 2005, l'industrie textile asiatique aura un accès direct aux marchés européens. Il sera nécessaire de mettre en place un ensemble de politiques économiques qui non seulement améliorent les incitations économiques susceptibles de rendre les entreprises plus efficientes, mais aussi de les assister à développer leurs capacités techniques pour répondre aux nouveaux défis.

Il sera nécessaire d'adopter une politique de protection d'industries naissantes, d'améliorer la qualité de l'éducation primaire et secondaire pour que tous les ouvriers parviennent à un haut degré de productivité et soient préparés à entreprendre une formation continue.

La signification du libéralisme international pour les économies africaines en stagnation

1) Quelle est la signification du libéralisme international pour les économies africaines en stagnation ?

Très peu de pays africains ont bénéficié des bienfaits de la libéralisation du commerce. Dans un nombre élevé de cas, la libéralisation a provoqué de grandes disparités de revenu, la marginalisation des pays pauvres et la détérioration des conditions de vie.

En théorie, la compétition avec les produits industriels importés force les industries locales à se spécialiser. Elle entraînerait une meilleure affectation des ressources et éliminerait de l'économie nationale les entreprises productrices inefficaces. On déclare qu'avec une plus grande ouverture, les petites économies africaines pourront attirer une plus grande part du commerce à leur produit national brut lorsqu'on les compare aux grands pays. De plus, leurs revenus provenant du commerce seront plus importants que ceux des pays qui restreignent le commerce.

En outre, la libéralisation du commerce améliorerait le bien-être des consommateurs et réduirait la pauvreté puisque les consommateurs auront la possibilité de choisir parmi un plus grand nombre de produits importés de meilleure qualité et moins chers.

Pour les pays africains qui sont spécialisés dans les activités traditionnelles qui rapportent peu de profit, la libéralisation du commerce en elle-même n'est pas une condition suffisante pour promouvoir la croissance et le développement économiques.

2) Il est indéniable que la stratégie de substitution aux importations mise en œuvre dans les petits pays, a causé des conséquences fâcheuses telles que l'inefficience de la performance industrielle, une productivité médiocre, des distorsions du marché, le déclin du secteur public et plus grave, la diminution drastique des ressources monétaires en devises.

- Le taux de croissance réelle du produit intérieur brut a été inférieur au taux précédant la période des programmes d'ajustement structurel.
- L'élimination du contrôle des prix a résulté en une hausse du prix de vente pour les producteurs sur le marché des produits agricoles.
- La dérégulation et la libéralisation ont aussi résulté en l'émergence de petits opérateurs économiques : petits producteurs et petits intermédiaires. Les petits producteurs ont diversifié leurs activités. Ils ont entrepris la culture de l'agriculture industrielle telle que la culture du coton. La libéralisation a ouvert de nouvelles opportunités aux petits opérateurs de mines d'or, d'émeraude et de diamant.

- En principe, la libéralisation a ouvert l'accès au capital des institutions financières et à la technologie nouvelle.

3) Mais la politique monétaire a conduit à des taux d'intérêt très élevés pour ceux qui ont eu recours aux prêts bancaires pour acquérir de nouveaux équipements.

- Le secteur industriel était très protégé en Afrique. La libéralisation a eu des effets très négatifs en terme de désindustrialisation.
- La régression de la production industrielle était surtout due à la performance médiocre du secteur textile, de l'habillement, de chaussures, de bois et de meubles, à une expansion très modérée des produits alimentaires, des boissons et du tabac. Les exportations industrielles basées sur les ressources naturelles locales, telles que les produits métalliques, les cuirs et peaux, le bois et les meubles auraient dû répondre plus favorablement à la libéralisation.
- Des taux de croissance exceptionnels de 130 % ont été enregistrés dans le secteur de la bijouterie de certains pays.
- Les industries coloniales n'étaient pas compétitives à cause des avantages de la protection qu'on leur accordait et de la garantie d'approvisionner tant le marché local que le marché extérieur.

4) Les industries ont souffert de la suppression de ces avantages, de l'élimination des incitations à l'exportation, des taux d'intérêt élevés et de la dévaluation en cascade de la monnaie locale. L'industrie de l'habillement a fait face à une concurrence féroce de l'importation des habits d'occasion. De grandes entreprises dotées de ressources financières importantes se sont lancées dans l'importation en gros de tissus et d'habillement peu cher. Dans cette libéralisation sauvage, la compétitivité est définie comme la capacité immédiate d'étendre la part du marché. Un pays est compétitif si ses produits contrôlent une part plus importante du marché international.

Or, un des problèmes qui affectait alors la performance commerciale des pays africains était la détérioration continuelle de leurs termes de l'échange sur une longue période, due à la compétition féroce des autres pays en développement et des produits de remplacement introduits par le développement technologique des pays occidentaux.

5) Les barrières douanières à l'entrée des marchés européens des produits agricoles étaient abaissées sinon supprimés pour certains pro-

duits africains. Plusieurs producteurs de base se font une concurrence féroce en acceptant de livrer leurs produits à des prix très bas. Quelques grands acheteurs fixent des prix très bas en faveur d'une multitude de vendeurs qui sont contraints de brader leurs produits.

L'impact dérisoire de la libéralisation du commerce sur les économies africaines

La suppression de toutes les barrières des pays développés aux produits d'exportation des pays en développement, y compris les produits agricoles, textiles et les biens manufacturés résultera en très peu de revenu additionnel pour les pays exportateurs. Il y aura une addition de 0,6 % au produit intérieur brut des pays à bas revenu et des pays à moyen revenu. Ces pays perdront en fait dans la libéralisation de certains secteurs clefs tels que le textile et l'agriculture.

Trois raisons principales.

- Certains pays seront très affectés par l'élimination des quotas qui leur permettent maintenant de vendre un volume déterminé d'exportations à un prix qui excède le prix du marché. La libéralisation du commerce modifie les prix relatifs des divers biens, et certains pays vont s'apercevoir que leurs prix d'exportation ne couvrent pas leurs prix d'importation (la détérioration des termes de l'échange).
- Par ailleurs, les pays africains accusent des coûts prohibitifs découlant de l'ouverture de leurs marchés et de la compétition des produits importés. Dans plusieurs pays africains, les revenus provenant de droits de douanes constituent une part importante du budget de l'Etat. Leur suppression entraînera la hausse des taxes dans d'autres secteurs. La suppression des barrières tarifaires provoquera de grandes disruptions dans l'agriculture où une large proportion de la population active est employée. Une libéralisation trop rapide dans ce secteur peut conduire à un chômage considérable.
- Il n'est pas du tout certain que la libéralisation soit cruciale à la croissance et au développement économique rapide. Plusieurs pays asiatiques, la Corée du Sud, le Taiwan, la Chine et l'Inde n'ont pas suivi un processus de libéralisation si simple. Tous ces pays ont employé des instruments politiques tels que les subventions et la protection en faveur de leurs unités industrielles.

Le grand gain économique pour un pays en développement est de supprimer ses barrières douanières dès qu'il devient compétitif dans un secteur donné. Il n'y a aucun doute que, dans ce cas, la réduction sinon la suppression des barrières douanières va stimuler l'efficience économique en permettant aux consommateurs et aux producteurs d'acheter des biens aux prix les plus bas. Il est tout à fait vrai que lorsque ces conditions sont remplies, un volume plus grand de commerce générera une accumulation de capital plus rapide et que l'expansion du commerce accroîtra la productivité pour les industries qui en bénéficieront.

- On suppose que les travailleurs qui perdront leur emploi dans les secteurs à basse productivité trouveront de l'emploi dans les secteurs à haute productivité et en pleine expansion.
- On suppose également que les revenus perdus par suite de la suppression tarifaire seront recouvrés par la levée des taxes dans d'autres domaines.
- Dans les pays en développement, les revenus tarifaires comprennent une plus grande part du revenu national (30 %) que dans les pays développés ou ils ne représentent que 1-2 %.
- Les pays africains ne profitent pas de la libéralisation du commerce parce qu'elle affecte le prix relatif des divers biens (Détérioration des termes de l'échange). Les pays africains accusent actuellement une perte sèche et sont en train de devenir des consommateurs des produits d'exportation subventionnés des pays développés.
- Or cette subvention accordée à ces exportations retarde et peut même bloquer le développement d'une agriculture et d'une industrie locales dans les pays africains. La contradiction qui existe dans les structures de production dans la presque totalité des pays membres de l'Union Africaine est manifeste. Les structures de production sont conçues pour exporter des produits compétitifs qui n'existent pratiquement pas dans ces pays. Les systèmes productifs devraient au contraire être construits pour produire davantage à des coûts de revient plus bas et à des qualités supérieures sur le marché des CER.

La désindustrialisation, cause de la stagnation économique

Le processus de désindustrialisation a trait à une diminution drastique de la production et de l'emploi du secteur industriel par rapport aux autres secteurs économiques.

L'un des faits saillants de ces dernières années est la perte des parts de marché des pays africains dans le commerce mondial. Cette perte des parts de marché provient de la baisse de la valeur ajoutée de l'industrie dans le produit intérieur brut et de la perte de l'emploi industriel dans l'emploi total. La désindustrialisation se caractérise donc par la baisse concomitante de l'emploi industriel et de la valeur ajoutée de l'industrie.

On observe également une réduction du taux de la productivité industrielle. On constate aussi une nette association entre l'ouverture du marché et la désindustrialisation accompagnée d'un taux bas ou négatif de la productivité de l'économie entière. On assiste alors à une stagnation générale qui se traduit par une utilisation médiocre des capacités de production, un bas niveau d'emplois, de revenus et de productivité économique.

La chute de la productivité, l'instabilité macroéconomique et l'aggravation de la dette ont justifié l'application des mesures de restructuration économique nationale. Ces mesures ont conduit à la désindustrialisation et à une situation de crise.

Les structures économiques des pays africains sont davantage caractérisées par un degré dérisoire de mécanisation, l'absence de relations intra et intersectorielles, le manque de diversification et par un manque d'interdépendance sectorielle.

Une structure économique performante est diversifiée et interdépendante. Les structures économiques des pays africains sont davantage caractérisées par une dépendance très grande des flux des capitaux extérieurs, de l'importation des intrants pour la production des biens de consommation. Ces économies survivent grâce aux exportations de quelques produits de base dont les termes de l'échange ne cessent de se détériorer. Le fait que plus de 75 % des importations de ces pays ont trait aux produits de consommation courante suggère que leur croissance à long terme dépend des capitaux extérieurs puisque les devises sont utilisées pour importer surtout des biens alimentaires.

L'industrialisation est accompagnée de quatre développements majeurs :

- une augmentation de la part de l'industrie dans le revenu national ;
- une augmentation de la part de l'industrie dans l'emploi national ;
- une augmentation continuelle de la productivité des secteurs de pointe ;

– une augmentation du revenu par tête.

L'absence d'un de ces quatre développements peut être attribuée au phénomène de désindustrialisation. L'augmentation de la productivité de l'économie est le résultat d'une modification des structures d'emploi et de valeurs ajoutées.

L'industrie est considérée comme le secteur de pointe ou le moteur de la croissance qui accuse un taux de productivité très élevé par rapport aux autres secteurs. Une réduction de la part de l'industrie soit dans la production totale, soit dans l'emploi national sera la cause du ralentissement du taux de croissance générale de l'économie.

La re-affectation de la main d'œuvre d'un secteur à basse productivité à un secteur à haute productivité aura un effet bénéfique sur la productivité générale.

La croissance accélérée dont on a été témoin dans un certain nombre de pays est le résultat d'une industrialisation rapide et la re-affectation de la main d'œuvre d'un secteur à basse productivité, agriculture, à un secteur à haute productivité, industrie. Ce transfert n'était possible qu'avec l'accroissement du rendement agricole par hectare.

– Un taux de productivité négatif de l'industrie sera accompagné d'une productivité négative de toute l'économie nationale.
– Le secteur industriel peut se contracter soit à cause de la surévaluation de la monnaie nationale soit à cause d'une compétition excessive venant des agents extérieurs.
– La contraction des secteurs de pointe aura des effets négatifs sur le taux de productivité de l'économie générale et sur le taux de croissance à moyen et long terme.

Une longue période de désindustrialisation conduit donc au déclenchement du cercle vicieux de la stagnation économique. On a soutenu que la croissance économique ne devrait pas être un objectif essentiel des pays en développement parce qu'elle ne permet pas nécessairement à un pays d'atteindre son développement économique. Mais il est bien évident que l'on ne peut réaliser le développement économique sans croissance économique. En outre, la raison fondamentale pour les pays en développement de s'industrialiser est la nécessité de création d'emplois. C'est le seul secteur qui peut absorber un grand nombre de chercheurs d'emploi bien formés et leur offrir des salaires élevés.

A cause de l'absence d'industrialisation, les pays africains ont accusé pendant plusieurs décennies des taux dérisoires aussi bien de productivité que d'emplois.

Le taux de productivité médiocre n'a pu soutenir la viabilité de ces économies nationales. La situation économique ne cesse de se dégrader. Cette dégradation économique continuera aussi longtemps que les Etats n'auront pas entrepris une politique d'industrialisation vigoureuse. Les économies africaines sont tiraillées par deux situations économiques susceptibles d'aggraver leur pauvre performance économique. D'une part des structures économiques disloquées, incapables d'amorcer la croissance économique et maintenues dans la stagnation par des politiques macro-économiques non pas stables mais plutôt inertes, d'autre part, des réformes néoclassiques imposées à ces économies, totalement déplacées et anachroniques, et nuisibles à leur décollage. L'interaction de ces deux situations économiques a entraîné ces économies dans un cercle vicieux de stagnation économique où ils ne peuvent sortir malgré leur soi-disant stabilité macro-économique. Les raisons sont manifestes. La performance industrielle est liée à la performance générale de l'économie. Cette corrélation est essentielle pour expliquer le taux de productivité et le niveau d'emploi prévalant dans les pays africains. Un taux négatif de la productivité du secteur industriel est associé à un taux négatif de la productivité de l'économie tout entière et à un chômage structurel grave.

Une croissance industrielle accélérée entraînera une spirale de développement dans laquelle la productivité de l'économie générale sera cause de création de beaucoup d'emplois. Par ailleurs, la stagnation du secteur industriel va provoquer un cercle vicieux de stagnation dans lequel la productivité négative de l'économie entraînera aussi un chômage qui ne fera que s'aggraver.

L'ignorance ou méconnaissance des intérêts fondamentaux africains par les partenaires du Nord

L'exploit de l'Europe est d'amener les pays africains au nom du commerce libre à ouvrir leur secteur agricole et d'y verser des millions de tonnes de produits alimentaires subventionnés, tout en empêchant l'entrée de produits africains concurrentiels sur son marché et interdisant l'octroi de subvention aux paysans africains démunis.

L'Union européenne distribue chaque année 41 milliards de dollars des EU de subventions agricoles, y compris des subventions visant à promouvoir l'exportation, sans aucune considération des effets désastreux sur les économies africaines. Le Fonds Monétaire International, la Banque Mondiale et les pays industrialisés attachent comme conditionnalité à leur prêt la libéralisation commerciale. Ils veulent forcer en outre les pays africains à libéraliser leur secteur de services même si cette libéralisation s'oppose à leurs objectifs de développement. Enfin, ils veulent adopter des accords de libéralisation ayant trait à l'investissement, à la compétition et aux marchés de l'Etat.

Tout en refusant le droit aux pays africains de donner la toute priorité à l'autosuffisance et à la sécurité alimentaires, ils poursuivent leur politique de subvention aux produits alimentaires destinés à l'exportation. En outre, ils continuent à appliquer leur politique de protection. Des droits de douanes élevés protègent leurs produits alimentaires qui sont vulnérables à la concurrence des produits africains, sucre, lait, beurre etc... La politique actuelle des pays développés suffoque littéralement les économies africaines. Elle ne permet pas à leurs industries d'atteindre un jour la compétitivité internationale car elle ne leur octroie pas le droit d'offrir des mesures de protection à leurs entreprises.

L'Union européenne s'efforce même de libéraliser le transport, les services, les utilités publiques, la finance et l'énergie pour les ouvrir à l'intervention de ses entreprises. Les pays africains sont aujourd'hui plus ouverts avec l'extérieur qu'entre eux-mêmes. L'intégration régionale a été vidée de son contenu en Afrique. L'Europe décide que les produits agricoles n'auront libre accès au marché européen que si les firmes multinationales ont accès aux secteurs des services en Afrique.

Bientôt, l'Union Européenne va imposer des accords de libre-échange à des groupes de pays africains en condamnant à l'échec total le traité de l'Union Africaine. Tandis que la libéralisation commerciale a été conditionnée au progrès économique en Europe, l'Union Europeenne veut décréter une période donnée pour obtenir l'ouverture totale des économies africaines.

En se fondant sur le comportement passé des industriels européens qui se sont opposés à la délocalisation des unités industrielles qui pourraient jouir de l'avantage comparatif en Afrique, la création de ces zones de libre-échange va bloquer l'industrialisation du Continent africain et le maintenir dans un état de stagnation économique aussi longtemps que ces relations économiques dureront. Les zones de libre-échange « pays africains et Europe » vont mettre en échec la construction des marchés régionaux qui constituent les seuls facteurs de croissance et de développement économique accélérés en Afrique.

Les faux débats de la libéralisation internationale

L'idée centrale est que l'on ne peut se baser sur le marché pour garantir, par exemple, la sécurité alimentaire et le bien-être de millions de paysans africains. Dans les accords de l'OMC, il y a un certain nombre d'injustices à l'égard des pays africains : accès limité au marché européen et ouverture des marchés africains aux produits d'exportation subventionnés des pays européens. Ces importations subventionnées ont déjà causé des torts incalculables aux entrepreneurs locaux et aux paysans africains. Ces accords n'ont aucunement amélioré l'accès des produits textiles et des produits agricoles africains aux marchés des pays développés. La part des exportations agricoles des pays en développement dans les exportations totales mondiales représentait 5 % après l'adoption de l'Accord en 1997. Ce pourcentage est le même que celui de 1994, c'est-à-dire avant la signature de l'Accord. La part des exportations agricoles des pays en développement dans les exportations agricoles représentait 40 % en 1997, le même qu'en 1994. L'Accord donne 10 ans aux pays en développement pour mettre en application les clauses relatives aux textiles et à l'habillement. Le délai des pays développés est de 6 ans.

Ainsi le paysan africain ou l'industriel africain qui mènent une existence précaire sont-ils mis sur le même pied d'égalité que les fermiers européens qui bénéficient en moyenne chaque année d'une subvention de 14 000 dollars des EU ? Quant à l'octroi des subventions aux agriculteurs africains, les gouvernements africains ne disposent pas de moyens pour octroyer des subventions substantielles à leurs paysans.

En 1997, la Politique Agricole Commune de l'Union européenne a dépensé 60 milliards de dollars, la moitié de son budget, pour assurer la rentabilité commerciale des activités de ses fermiers. La politique de subvention de l'Union européenne est une enfreinte totale de la libéralisation commerciale. Elle démontre par excellence que l'on ne peut s'appuyer sur le marché seulement pour poursuivre un objectif de développement économique.

La sécurité alimentaire ne doit pas être confiée aux forces du marché sans mettre en danger la vie des millions de nationaux. Le marché n'est pas une institution charitable. Ses lois sont implacables. Les prix deviennent instables pour capter des profits additionnels. A vrai dire, le marché extérieur ne constitue pas la préoccupation majeure de la grande majorité des pays africains. Pour ces pays, le problème majeur demeure la survie des paysans, la possibilité de pouvoir vivre dignement des fruits de leur terre et de leur labeur.

Les frontières s'estompent devant les flux de marchandises et de capitaux. Mais en ce qui concerne la technologie et la main d'œuvre, leur circulation est réglementée et contrôlée. Il s'ensuit que les pays africains ouvrent leur marché sans bénéficier en contrepartie de l'accès à la technologie des pays développés et autorisent la mobilité du capital étranger sans bénéficier de la libre circulation de leur main d'œuvre.

Il n'y a aucun doute, les pays africains sont perdants individuellement et collectivement.

L'Organisation Mondiale du Commerce libéralise donc les domaines d'intérêt des pays développés en Afrique tout en imposant un protectionnisme total sur la technologie et la mobilité de la main d'œuvre.

La réglementation de la technologie donne plus de crédits aux institutions de technologie des pays développés en leur autorisant d'imposer des prix exorbitants sur la technologie et d'empêcher le développement technologique dans les pays du sud en plaçant des barrières infranchissables. Le slogan de libre échange clamé par les pays développés signifie en réalité la liberté totale reconnue aux firmes transnationales d'investir et de commercer dans la presque totalité des pays du monde sans interférence des gouvernements locaux. Ce que les pays africains doivent réaliser, c'est que la baisse des barrières douanières des pays du Nord bénéficie seulement aux pays du Sud dont la capacité industrielle est déjà bien développée.

L'objectif des pays développés dans l'Accord de l'investissement multilatéral est de voir octroyer la liberté entière aux entreprises étrangères de s'établir dans tous les secteurs et de posséder 100 % des actions des entreprises créées sauf dans le domaine de sécurité. Ces accords concèdent aux entreprises étrangères les mêmes droits accordés aux nationaux. Seront donc abolies les clauses autorisant les firmes étrangères d'avoir seulement une part du capital des entreprises et de créer des entreprises conjointes avec les firmes locales. Les conséquences de telles mesures sont prévisibles. Les entreprises locales seront contraintes de mettre fin à leur activité et de fermer leur usine. Il y aura des pertes d'emplois nombreux et la misère s'instaurera dans les pays africains.

Il est donc fondamental que pour assurer le développement d'un secteur d'entreprises locales, l'Organisation Mondiale du Commerce reconnaisse aux gouvernements africains le droit d'accorder des subventions et des politiques préférentielles à leurs entreprises locales jusqu'au moment où elles deviendront compétitives et seront capables de rivaliser avec les firmes étrangères. Refuser ce droit aux gouvernements, c'est s'opposer au développement des entreprises locales et soumettre les pays africains à la dépendance économique totale des entreprises étrangères.

La libéralisation commerciale et la recherche d'une politique de cohérence économique

La politique commerciale européenne stipule qu'il n'y ait pas de traitement discriminatoire à moins que ces préférences fassent partie intégrante d'un accord de libre échange ou d'une union douanière. Le commerce international peut améliorer la performance économique pour trois raisons différentes : L'ouverture améliore l'affectation des ressources, par le biais de l'avantage comparatif ; Elle contribue au progrès technique en donnant l'accès à l'importation de biens intermédiaires et de biens d'équipement ; Elle impose la discipline de la compétition.

Le progrès technique endogène est promu par plus de disponibilité et de diversification de biens intermédiaires et de biens d'équipement. Le commerce, tout comme l'accumulation du capital humain stimule le moteur de la croissance, défini ici comme le processus d'industrialisation. Le développement du commerce semble dépendre cependant du niveau de développement de l'économie nationale. Par conséquent, un impact positif de la promotion des exportations sur la performance économique est conditionnel au niveau de développement économique, donc au niveau de développement industriel. La croissance économique à long terme des économies africaines n'est pas liée à leur politique commerciale puisque la performance de l'exportation est subordonnée au progrès économique et que par conséquent les indices relatifs à l'exportation ne sont pas un bon indicateur de l'orientation de la politique économique. Un impact positif du capital humain sur la croissance économique pourrait dépendre d'une certaine ouverture économique.

En effet, le capital humain ne peut être mobilisé pour la croissance économique si l'économie n'a pas accès au progrès technologique, mis au point dans les pays développés et disponible grâce aux importations de biens intermédiaires et de biens d'équipement.

Dans une économie fermée, le capital humain disponible est gaspillé parce qu'il est utilisé sur des technologies désuètes ou dans la recherche des gains de rente. S'appuyer sur les données d'importation plutôt que sur celles des exportations a une certaine justification économique puisque le commerce promeut le progrès économique par le biais de la diffusion du progrès technologique qui est incorporé dans les produits importés.

Si l'économie croît grâce à un volume accru de facteurs de production, (biens d'équipement importés, main d'œuvre et capital), sans changement structurel, ce processus ne tardera pas à être bloqué par manque de stimulant réel de la croissance économique (probablement manque de diversification économique). La diversification peut difficilement se produire dans une économie fermée à moins que l'économie nationale en question ne soit dotée d'un marché national très étendu. L'interaction entre l'ouverture commerciale et les facteurs de croissance économique, tels que le développement du capital humain, la diversification économique, etc, améliore considérablement la productivité générale de l'économie.

Dans les pays africains où l'agriculture occupe encore la majorité de la population active, la productivité générale des facteurs de production pourrait s'améliorer si l'on transférait la main d'œuvre de l'agriculture où elle était sous-utilisée avec une productivité médiocre vers les secteurs non agricoles qui jouissent d'une plus grande productivité. La diversification devient d'elle-même un facteur de production car elle accroît la productivité de la main d'œuvre.

La diversité des biens intermédiaires améliore la productivité des biens finaux. La diversification peut accroître le profit de l'investissement en accroissant les possibilités de répandre les risques d'investissement sur un grand nombre de portfolios d'investissements. Une plus grande diversification améliorera la productivité moyenne du capital à long terme en offrant de meilleures opportunités d'investissement avec un risque moindre.

L'orientation extravertie de l'économie peut être définie par un rapport entre les exportations et le PIB plutôt que par le volume d'exportations. L'accumulation de capital dépend de la productivité marginale du capital, des termes de l'échange et du volume de l'épargne externe à long terme. (mesurée par le pourcentage des flux de capital à long terme sur le capital total).

Sans aucun doute, les entreprises investissent plus si le capital devient plus profitable. Les exportations ne peuvent croître plus rapidement que le PIB de façon indéfinie et elles ne peuvent par conséquent influencer la croissance à long terme. Le commerce peut améliorer considérablement la performance économique des pays qui viennent de s'ouvrir au monde extérieur ; mais le progrès économique découle, sans aucun doute, de la dynamique du système productif national ou régional.

L'Ile Maurice a utilisé judicieusement ses revenus d'exportation du sucre pour transformer une économie précédemment basée sur le sucre en une économie produisant des produits industriels diversifiés : textile, produits en laine, électronique, taille de diamant, tourisme, banques.

Les pays africains dépendent de l'exportation des produits de base car ils ont failli à investir leurs revenus d'exportation dans les projets industriels. Le développement économique de l'Afrique est possible même avec un montant modéré de flux de capitaux extérieurs. Mais encore, ne faudrait-il pas suivre la bonne orientation économique à long terme ?

En conclusion, l'Afrique a des relations commerciales faibles avec le reste du monde. Cette faiblesse des relations commerciales trouve son explication dans la performance économique médiocre d'une part et par la mauvaise politique suivie jusque-là d'autre part. Des flux de capitaux extérieurs plus importants ne seront pas la seule solution. Les pays africains doivent identifier respectivement leur moteur de croissance et enclencher la croissance économique. Ils doivent procéder à l'amélioration des conditions économiques locales pour le développement économique en particulier, le renforcement des institutions pour favoriser les investissements privés, (le renforcement des capacités productives), la promotion de la diversification de l'économie nationale. Si les pays africains veulent diversifier et suivre l'exemple des nouveaux pays industrialisés de l'Asie, ils seront confrontés aux mêmes difficultés que ces pays et seront à leur tour affectés par les barrières non tarifaires des pays développés. De ce fait, ils doivent créer des marchés régionaux et créer de nouvelles alliances.

La recherche du pragmatisme

Pendant la libéralisation des économies des pays de l'Europe de l'Est, l'Union Européenne a pris soin de garantir que durant la transition de l'économie planifiée à l'économie libérale, le standard de vie des populations ne se dégraderait pas à un niveau inacceptable, causant l'instabilité politique et sociale et constituant un danger pour ces nouvelles démocraties. Elle a conclu avec ces pays des Accords de coopération dont l'objectif premier était d'assister les pays de l'Europe de l'Est dans leur réforme économique et politique et de renforcer la coopération entre l'UE et ces pays en vue de maximiser les avantages économiques pour les deux parties.

Dans le but de garantir des emplois aux populations des pays de l'Europe de l'Est, des unités industrielles qui ne réalisaient pas de profit ont été autorisées à continuer à fonctionner. En outre, les arrangements commerciaux dans ces Accords de coopération ont privilégié une approche sélective à l'égard de certains produits et de certains secteurs industriels, en les entourant de mesures protectrices qui risquaient pourtant de ralentir la création d'une zone de libre-échange entre l'UE et ces pays.

L'intégration dans l'Union Européenne a été graduelle et étalée sur une période de dix ans. Le précepte appliqué par l'Union Européenne aux pays de l'Europe de l'Est n'était plus de subordonner la croissance économique accélérée à l'expansion rapide du commerce et par conséquent, à la nécessité d'abolir systématiquement les barrières douanières en faveur des exportations européennes. Mais plutôt l'objectif de l'Union européenne était d'enclencher le développement rapide en accroissant la productivité économique des économies nationales des pays d'Europe de l'Est jusqu'au niveau moyen de la productivité des pays membres de l'Union européenne. Pour atteindre cet objectif, il fallait assurer les flux des technologies modernes par l'importation des biens d'équipement nécessaires vers ces économies, améliorer leur performance économique et leur exportation et rendre ces économies compétitives internationalement.

Les Accords de Coopération et de Commerce ont donc fait des concessions sur les tarifs et les quotas pour faciliter l'entrée de ces pays dans l'Union Européenne. Ils ont procédé à la suppression progressive des restrictions quantitatives sur les importations en provenance des pays de l'Europe centrale sur une période de 10 ans. L'objectif était d'éliminer les quotas de l'Union Européenne. Par ailleurs, l'Union Européenne gardait, à tout moment, le droit d'imposer des mesures protectrices, habituellement sous forme de quotas chaque fois qu'elle estimait qu'une importation donnée pouvait causer des dommages aux producteurs de l'Union Européenne. L'élimination des restrictions quantitatives spécifiques constituait un véritable stimulant pour les exportations de ces pays surtout en ce qui concerne les produits du cuir, les chaussures, les porcelaines, les objets en verre et les produits d'acier. Les pays de l'Est ont adopté le système généralisé de préférences qui accorde l'accès au tarif libre aux biens industriels jusqu'à la limite d'un quota, au-dessus duquel le tarif s'applique sur un nombre de produits dits « sensibles ».

L'Union européenne en tant que partenaire qui assiste économiquement ces pays abolit rapidement ses tarifs douaniers à l'égard de ces pays, accélère donc de son côté le processus de création d'une zone de libre-échange tandis que les pays de l'Est réduisent progressivement leur tarif douanier sans mettre en péril leur structure de production. Les produits industriels sont sujets à une libéralisation graduelle, (progressive). Un groupe de produits tels que les matières premières minérales et chimiques ont bénéficié d'une réduction de tarif de 50 % dès l'application de l'accord et d'une élimination totale un an après.

Les métaux non ferreux ont eu leurs droits de douane réduits de 20 % chaque année jusqu'à l'élimination totale à la quatrième année. Des produits tels que les produits en cuivre, des produits chimiques, des objets en cuir, des chaussures, des objets en verre et en porcelaine, des voitures, des radios et télévisions ont bénéficié d'une réduction annuelle de 15 % au cours d'une période de cinq ans et une élimination totale par la suite. Cependant, pour protéger sa propre agriculture, l'Union européenne continue d'appliquer des tarifs douaniers, des plafonds tarifaires et des quotas. Les restrictions sur les produits dits « sensibles » tels que les produits d'acier, les produits agricoles, le textile, les produits chimiques, les chaussures, continuaient donc de violer le principe de libre échange.

Les Accords d'association autorisaient par ailleurs l'adoption de mesures de protection dans les cas suivants :

- Les industries naissantes ;
- Les industries en pleine restructuration ;
- Les industries confrontées à des problèmes sociaux graves ;
- Les industries bénéficiant des compensations pour pratiques anti-compétitives (subventions).

Ces mesures ont freiné du côté des partenaires des pays de l'Est le rythme de création d'une zone de libre-échange. Si l'Union Européens s'était refusée à cette politique de double moralité, selon qu'il s'agit des pays de l'Est ou des pays africains, la libéralisation du commerce aurait pris en compte les intérêts fondamentaux des pays africains et des pays développés en général. On peut définir les intérêts fondamentaux comme les objectifs prioritaires que les pays membres de l'Union Africaine envisagent d'atteindre dans leurs relations avec leurs partenaires, somme toute, le bien-être de leurs populations. Dans cet objectif, les pays membres de l'Union Africaine, tout comme les pays de l'Est, doivent pouvoir prendre des mesures protectrices pour assurer la réalisation de ces objectifs primordiaux.

La détérioration de la position concurrentielle de produits de base est la source de la pauvreté dans les zones rurales africaines. Les pays africains ont donc le droit de se munir de toutes les mesures de protection nécessaires pour mettre fin à cet appauvrissement continuel. D'autres justifications économiques requerrant l'application des mesures protectrices sont :

- L'imposition du jeu de la compétition internationale à des économies qui languissent dans la stagnation est injuste et constitue en fait un acte d'hostilité puisqu'elle va à l'encontre de leurs intérêts fondamentaux. Les pays africains ne peuvent rivaliser avec des pays qui jouissent de flux d'investissement et de technologies considérables. Ces situations justifient que les pays africains au cours de leurs efforts d'industrialisation prennent des mesures protectrices à l'égard de ces pays car il existe bien entre les pays développés et les pays africains une compétition totalement inégale.
- Les pays qui affaiblissent les pouvoirs d'achat des africains par leurs manipulations monétaires et financières et ceux qui entretiennent une surcapacité de leurs usines pour dissuader toute production industrielle dans les pays africains ne peuvent pas être des partenaires égaux avec les pays membres de l'Union Africaine. De ce fait, les pays africains, aussi longtemps qu'ils seront sur la voie de renforcer leur marché intérieur et dont les intérêts sont menacés par la libéralisation du commerce, ont des arguments légitimes pour appliquer des mesures de protection.
- La protection accroît les prix relatifs locaux des produits intermédiaires importés au dessus du prix mondial. C'est une intervention dans le commerce international grâce aux tarifs douaniers ou autres mesures d'effets équivalents qui engendrent un accroissement du prix local au-dessus du prix mondial autant pour les producteurs que pour les consommateurs.
- Ces interventions se traduisent par des subventions aux unités de production ou par des taxations frappant les produits concurrentiels. C'est une protection contre l'importation des produits concurrentiels.
  - Les mesures protectrices qui ont été appliquées par les pays de l'Europe de l'Est devraient aussi servir les pays africains qui sont pourtant beaucoup moins industrialisés.
  - Le dumping de certains produits.
  - Les produits sont vendus sur le marché d'exportation à un prix inférieur au prix du marché international.

- Un dommage grave, ou une menace commerciale sérieuse ou un désarroi causé par les importations aux producteurs locaux ou à un secteur de l'économie.
- Des mesures de sauvegarde protégeant les producteurs locaux contre l'expansion trop rapide de l'importation d'un produit donné.
- En cas de re-exportation dans un pays tiers. Contrôle de l'importation par la délivrance des licences d'importation.
- Dans le cas des difficultés causées par le déficit de la balance des paiements, les parties peuvent adopter des mesures restrictives incluant la protection contre l'importation.

L'Union européenne est en faveur de l'échange libre ; mais quand il s'agit de sauvegarder ses intérêts fondamentaux, elle n'hésite pas d'imposer des barrières douanières au risque de ralentir la libéralisation. Elle a pris des mesures protectrices pour arrêter l'influx des marchandises sur son marché. Les accords d'association autorisent l'adoption de mesures de protection sous forme de droits de douane pour les industries naissantes, les industries en voie de restructuration et pour les industries confrontées à des difficultés financières.

La première phase de gestation d'une industrie est caractérisée par des coûts de production élevés et une capacité de production limitée. L'argument fondé sur la notion d'industrie naissante est une bonne justification pour l'adoption de mesures protectrices contre la compétition des produits importés.

Les industries subissant une restructuration ont besoin de mesures de protection temporaires contre les industries étrangères solidement établies. L'argumentation de la restructuration est valide pour l'adoption des mesures de protection. Les industries utilisant des technologies dépassées ne sont plus à même de faire concurrence avec les industries des pays développés qui acquièrent les nouvelles technologies. Il est tout à fait justifié d'apporter de l'aide et des subventions pour promouvoir le développement économique dans les régions où le standard de vie des populations est dramatiquement bas et où sévit un sous-développement scandaleux, comme c'est le cas dans la majeure partie de l'Afrique. La raison fondamentale de l'application des mesures protectrices, ce n'est pas seulement de garantir une compétition équitable, mais surtout de résoudre les problèmes cruciaux de développement et de modernisation et de réduire les graves déséquilibres sociaux.

Le commerce international peut, sans aucun doute, menacer les chances d'amélioration de la productivité nationale. La solidité d'une économie africaine est fondée sur l'amélioration des termes de l'échange de la balance commerciale, sur la stimulation des facteurs de croissance économique, sur l'élimination du déficit de la balance des paiements et sur le maintien d'un niveau stable de l'emploi national. Une aggravation de la compétition des produits importés est susceptible de créer une situation où les travailleurs peuvent souffrir une perte de salaires et les industriels une perte de gains.

Il apparaît que les Accords de coopération de l'UE ont développé une relation flexible entre l'Union Européenne et les pays de l'Europe de l'Est et ont contribué à accélérer le processus de transformation de leurs économies. Quand l'Union Européenne déclare que la Convention de Lomé est un Accord de commerce et d'aide dans lequel toutes les exportations des pays africains ont accès au marché de l'Union sans être assujetties à un quelconque tarif et sans contrepartie, cette affirmation n'est pas correcte et mérite une rectification.

Plusieurs produits africains consommés par les populations européennes en Afrique n'ont pas accès au marché de l'Union sous prétexte de normes sanitaires insuffisantes : viande domestique et de chasse, fruits et légumes n'ayant pas subi de lavage spécial, café torréfié sans la surveillance d'un expert européen etc.

Si la politique de libéralisation n'est pas imposée comme une conditionnalité par l'Union européenne, la Banque Mondiale et le Fonds Monétaire International entièrement soutenus par l'Union, ont imposé comme conditionnalité de l'octroi de leur crédit une libéralisation scandaleuse en Afrique qui n'avait aucune ressemblance avec celle appliquée aux pays de l'Europe de l'Est. On constate aujourd'hui que les pays africains sont plus ouverts avec l'extérieur qu'entre eux.

Il appartient donc aux pays africains d'assumer leur devoir premier qui est celui de développer leurs économies et d'améliorer le standard de vie de leurs populations. Si l'industrialisation est le processus de modernisation de tous les secteurs de l'économie nationale pour en accroître la productivité économique, on peut affirmer sans difficulté que l'industrialisation est synonyme de développement économique. Tourner le dos à l'industrialisation à cause des faux arguments des détracteurs de l'Afrique, (sur-production, impératifs environnementaux), c'est refuser le développement économique au milliard d'Africains du Continent. Les dirigeants africains ont la responsabilité politique et morale de s'engager dans l'industrialisation afin d'engendrer le développement économique et d'améliorer le bien-être des centaines de millions d'Africains.

L'industrialisation du Continent apparaît comme un impératif politique et économique. Aucun prétexte ne doit entraver ce processus. En s'appuyant sur l'exemple des accords de coopération avec les pays de l'Est, les pays africains sont habilités à prendre toutes les mesures susceptibles d'accélérer leur industrialisation. Les arguments d'accès aux marchés européens et autres sont faibles. Le vrai problème de l'Afrique c'est la mise en marche du processus de croissance et de développement qui ne peut être effective sans l'apport de l'industrialisation.

La dynamique de l'industrialisation dans les économies développées

Plus que n'importe quel autre secteur, le secteur des industries manufacturières provoque une spécialisation dans le processus de production industrielle, engendre le développement technologique et dissémine cette technologie dans toute l'économie. Les industries manufacturières sont les générateurs les plus prolifiques et les plus disséminateurs de la technologie.

a) Cet attribut de l'industrie a une influence capitale sur la production nationale et sur le taux de productivité économique globale. A cet égard, les industries manufacturières sont justement considérées comme le moteur de la croissance économique.

En fait, la croissance est concentrée dans un groupe limité d'industries qui fournissent la plus grande part de la production industrielle, génèrent d'autres opportunités de création de nouvelles entreprises et accroissent la main d'œuvre employée. Ces industries accroissent l'emploi car elles fournissent des demi-produits à d'autres industries ou modernisent leur processus de production grâce à l'apport d'une nouvelle technologie. Une solide base industrielle nationale, (dans le cas des petites économies africaines, régionale) est essentielle à la formation d'une structure industrielle efficiente et à l'accroissement de la productivité économique des autres secteurs économiques ainsi qu'à la multiplication du tissu industriel national et régional. En outre, les industries manufacturières suscitent géographiquement des services à haute valeur ajoutée.

b) Les économistes, les politiciens et les hommes d'Etat européens et américains étaient profondément convaincus, depuis l'aurore de l'ère industrielle, que des industries locales florissantes sont essentielles à la prospérité nationale. Ils sont persuadés même aujourd'hui que les industries manufacturières continuent à fonctionner comme moteur de croissance même quand l'économie nationale, comme la leur, a atteint sa pleine maturité. Plus le rythme de croissance du secteur industriel est rapide, plus rapide sera le taux de croissance du produit intérieur brut. Le trait le plus commun des pays africains à bas niveau de revenu est leur état de stagnation quasi permanente.

La croissance économique est accélérée par le transfert de la technologie d'avant-garde des pays hautement industrialisés aux pays moins industrialisés. En diversifiant et en renforçant la base économique des pays dotés de ressources naturelles et humaines, les industries manufacturières préparent ces économies à résister aux chocs extérieurs et à exploiter les opportunités de croissance. La génération et la dissémination de la technologie est leur attribut principal. En même temps, la technologie générée et propagée par les industries manufacturières est le facteur le plus déterminant de la croissance économique nationale.

c) Les industries manufacturières consomment une large part des investissements de recherche/développement parce que le bénéfice généré par ces investissements, en terme d'accroissement de productivité et d'innovation, est plus important dans les industries manufacturières que dans les autres activités. Les raisons proviennent probablement de la faculté de l'industrie d'appliquer la technologie à certaines fonctions spécialisées et d'accroitre l'échelle de production de l'usine. L'impact direct de la recherche/développement sur la productivité économique est plus grand dans l'industrie manufacturière alors que cet impact est presque nul dans les activités non manufacturières. Les économistes reconnaissent maintenant le rôle central du changement technologique dans le processus de croissance économique. Selon l'économiste Schumpeter, la croissance est un processus de changement dynamique dans lequel le développement de la technologie entraîne un accroissement rapide de productivité et engendre toute une gamme d'industries nouvelles tout en rendant certaines industries obsolètes.

d) Par exemple, l'accroissement total de la production industrielle par homme/heure, entre 1909-1949 est attribuable à proportion de 7/8 au changement technologique et de 1/8 seulement à l'augmentation du capital. L'impact de la recherche/développement est extrêmement très élevé et la recherche/développement est le facteur le plus puissant et le plus constant qui ait influencé parmi tous les autres facteurs la croissance de la productivité. Les investissements effectués dans les équipements et les machines de production sont une grande source de croissance économique. Les industries manufacturières possèdent d'autres propriétés qui génèrent la croissance. L'effet indirect de la recherche/développement, consistant en l'accroissement de la productivité des industries en aval qui achètent de nouvelles technologies intégrées, (des équipements de pointe), est considérablement plus important que les effets directs. Plus que les autres activités, elles génèrent des spécialisations dans le processus de production et elles propagent ce phénomène et le disséminent dans toute l'économie.

e) La croissance est un processus de destruction et de création dans lequel des progrès technologiques majeurs génèrent de nouvelles industries et rendent obsolètes les autres qui existaient. Les industries les plus motrices sont celles qui ont été favorisées par un changement de la structure de la demande interindustrielle. L'augmentation de la production de l'industrie plastique semble provenir principalement de la substitution de l'acier par le plastique dans l'industrie automobile, par exemple. Entre 1960 et 1992, la part de l'emploi industriel est passée de 25 % à 15 %. Le déclin de l'emploi industriel durant les années 1980s n'est pas une conséquence de la désindustrialisation. Il n'y avait pas un déclin parallèle de la part de l'industrie manufacturière dans le produit intérieur brut durant cette période. Plutôt, il reflète une productivité du secteur plus rapide que la productivité moyenne industrielle. L'habilité des industries manufacturières de pourvoir à des salaires comparativement plus hauts de la main d'œuvre moyennement bien formée a constitué la fondation économique de la formation d'une classe moyenne en pleine gestation des pays développés.

f) L'accroissement d'une demande finale a exercé un effet positif puissant sur l'emploi industriel. La réduction des besoins de main d'œuvre résultant de l'accroissement de la productivité de travail a été compensée par l'accroissement de la demande finale dû à la diminution des coûts de production. En effet, malgré le déclin rapide des besoins de main d'œuvre par unité de production, plusieurs industries motrices généraient de nouveaux emplois en devenant des fournisseurs plus importants d'autres industries. Les exemples de telles fournitures incluent les composants et des pièces détachées des avions et des missiles, des ordinateurs, des semi-conducteurs et diverses industries de plastiques. De 1960 à 1992, le nombre d'emplois aux Etats-

Unis d'Amérique a presque doublé de 68.5 million à 121 million. En contraste le nombre des emplois des industries manufacturières qui avaient provoqué ce plein emploi, avait augmenté très progressivement de 17.3 million en 1960 à 21.4 million en 1979 et seulement de 18,4 million en 1992. Les progrès technologiques ont été les facteurs les plus dynamiques de la croissance économique moderne et de création d'emplois. Leur impact sur l'accroissement de la productivité et sur la structure interindustrielle a accru le niveau de l'emploi des industries créatrices d'emploi tandis que son effet sur les industries susceptibles de perdre de l'emploi est négatif : En absence de progrès technologique, les pertes de main d'œuvre auraient été plus importantes.

g) Il y a deux considérations majeures pour la croissance économique : 1) l'importance d'une base industrielle régionale solide et 2) les industries manufacturières liées géographiquement à des services à haute valeur ajoutée. Même les pays développés doivent avoir des industries manufacturières pour tenir en équilibre les comptes extérieurs. Les nations doivent pouvoir accélérer leur croissance économique en transférant leurs ressources aux industries de service à haute valeur ajoutée. (Des petits pays qui se spécialisent dans les services financiers). Cependant les services ne sont pas des substitutions aux industries. Ils les complètent. C'est pourquoi, à la différence de l'époque précédente quand les nations ont enregistré une croissance rapide en transférant les ressources de l'agriculture à l'industrie, les nations développées d'aujourd'hui transfèrent les ressources de l'industrie aux services à haute valeur ajoutée en accusant un taux de croissance plus lent.

h) Les industries manufacturières sont le moteur de la croissance. Les industries sont de loin les générateurs et les disséminateurs les plus prolifiques de la nouvelle technologie. En outre, le secteur manufacturier comprend le plus grand nombre de biens et de services variés et produit une plus grande variété d'expertises de production que n'importe quelle autre activité de production. L'expérience récente montre que les industries manufacturières ne deviennent pas fortes ou faibles. Plutôt la croissance est concentrée dans un groupe d'industries qui produisent rapidement une plus grande part de la production industrielle en déplaçant les industries qui dominaient le marché précédemment et en créant des opportunités nouvelles pour d'autres industries et d'autres possibilités d'emplois

i) En moyenne, les entreprises manufacturières sont plus petites qu'elles n'étaient il y a dix ans et emploient un peu moins de managers moyens. Cependant il apparaît clairement que la révolution de l'information a engendré des systèmes nouveaux de production basés sur le réseau dans lequel de petites entreprises spécialisées partagent la même information pour coordonner leurs activités (en imitant la performance de sociétés intégrées beaucoup plus grandes). Le secteur manufacturier est une source puissante et la principale arène de croissance et de changement structurel.

Le rôle irremplaçable de l'industrialisation dans le processus de développement économique

A) L'industrialisation est donc une composante indispensable de la croissance et du développement économiques. Nous avons constaté que la relation entre l'industrialisation et le développement économique est si étroite que le niveau de développement de l'économie est souvent mesuré par le niveau de son industrialisation.

L'industrialisation est le processus de transformation des matières premières en produits finis grâce à l'utilisation des ressources humaines et du capital. Le processus crée l'emploi, donne aux matières premières une valeur ajoutée plus importante et les rend aptes à attirer des prix plus élevés. Les producteurs peuvent de cette façon avoir un plus grand contrôle sur leurs approvisionnements sur le marché. Les activités tertiaires annexes de l'industrie comprennent le transport, (chemins de fer, transport par air, par mer et par routes), les services financiers, (banques, marché de capitaux, assurances etc) ; infrastructures incluant la santé, l'éducation, l'électricité, l'eau, les systèmes d'égout, les routes et les autoroutes, postes et télécommunications). L'industrialisation modifie non seulement l'aspect environnemental d'un pays mais aussi géographique et la distribution des occupations des populations. Le développement industriel en Afrique doit dynamiser le développement de tous les secteurs en commençant par l'agriculture.

En apportant aux divers secteurs des biens intermédiaires et des biens d'équipement, l'industrie injecte l'élément de modernisation et d'accroissement de la productivité dans ces secteurs.

B) Le développement industriel est seul capable de créer des emplois considérables pour absorber la masse de chômeurs, particulièrement les jeunes diplômés des universités d'Afrique. L'industrie va aussi engendrer une multitude de services créateurs d'emplois bien rémunérés qui accroissent de façon exponentielle le nombre de personnes employées. Le revenu national, l'épargne et la demande nationales provenant des biens agricoles et manufacturiers et des services vont croître. Un taux de croissance économique plus élevé va être déclenché de façon durable. De plus, l'industrialisation va ouvrir des débouchés sûrs et stables pour les productions agricoles que les industries agro-industrielles vont utiliser comme matières premières. L'accès de productions paysannes à des débouchés garantis va constituer une source de revenus stables pour la plus grande partie de la population. L'exportation des produits manufacturés va générer des devises dont on a besoin pour promouvoir un développement économique ultérieur. En répondant aux besoins des populations en produits industriels, les industries locales font en sorte que les devises disponibles ne soient pas utilisées pour l'importation de ces biens de l'extérieur.

C) En outre, l'industrie en mettant sur le marché une multitude de produits de consommation à bon prix contribue puissamment à l'amélioration du standard de vie des populations. Et finalement, l'industrialisation promeut une société stable, cohérente et harmonieuse en multipliant les opportunités de travail et d'affaires et en améliorant le niveau de vie des populations.

Les étapes de l'industrialisation

Au départ, l'industrie doit produire les biens de consommation et de production essentiels à la population. Nous citerons comme exemple, les industries agroalimentaires, l'habillement, les meubles, les ustensiles et par la suite les autres biens des ménages, des appareils électroniques, des ventilateurs, etc. Ces industries qui utilisent beaucoup de main d'œuvre et relativement peu de capital pourraient jouir rapidement de l'avantage comparatif et n'auront pas besoin d'une protection importante.

A) Cette industrialisation sera axée sur l'établissement d'industries qui utilisent surtout les produits primaires locaux : la transformation industrielle des produits de base avant de les exporter, le textile, la menuiserie, les matériaux de construction : briques, chaux vive, etc. D'autres industries légères : les dalles, les carreaux, les meuneries, les boulangeries, les petites usines de beurre, l'habillement, le cacao, la filature de coton, des objets de plastique et de cuir, les petites huileries à base de noix de palme, de grains de coton, etc. Durant une 2ème étape comme les revenus individuels augmentent, la demande pour certains biens de consommation durables va s'accroître. Les exemples sont : les appareils de radios, de télévision, des machines à coudre, des bicyclettes, des climatiseurs, des frigidaires.

B) Durant la 3ème étape, des industries lourdes, particulièrement des industries de biens intermédiaires et de biens d'équipement qui viennent assurer l'approvisionnement du tissu industriel existant. Ces industries requièrent des infrastructures adéquates et de l'électricité à bas coût. Parmi ces industries, on peut citer les industries qui produisent des pièces détachées pour les équipements et machines industriels, des équipements industriels, des assemblages d'automobiles. Comme l'économie se développe avec le déroulement successif de ces trois étapes, la demande pour les produits intermédiaires s'accroît. Un pays doté de ressources minières et pétrolifères abondantes, va juger plus faisable d'établir de grands complexes pétrochimiques, des complexes sidérurgiques, des fonderies d'aluminium en vue de renforcer la base industrielle régionale. On peut concevoir plusieurs approches pour la mise en œuvre de ce processus d'industrialisation. Un pays disposant d'une main d'œuvre bien formée peut s'engager directement dans une stratégie de développement orientée vers l'exportation. Il laisserait de côté la première phase et irait directement à la deuxième étape d'industrialisation.

C) Sa décision pourrait être dictée par le fait que le marché intérieur est trop étroit et que la politique d'exportation est nécessaire jusqu'au moment où le marché intérieur sera suffisamment développé. Cependant, si un pays dispose d'une grande population avec un revenu suffisamment élevé pour servir de soutien à une industrialisation s'appuyant sur le marché intérieur,(le marché régional des CER) il entreprendra d'établir un nombre important d'industries légères et d'autres industries de consommation durable. Il s'attaquera directement à l'étape 3 du processus d'industrialisation.

D) Un pays pourrait commencer son industrialisation en établissant des industries intermédiaires pour l'exportation avec le partenariat des entreprises multinationales des grands pays émergents. Ensuite, disposant de tous ces demi-produits et ayant développé suffisamment son marché intérieur, il établira des industries légères qui utiliseront ces biens intermédiaires pour satisfaire les besoins des populations : des meubles, de la menuiserie en aluminium.

La stratégie d'industrialisation par la substitution des importations

Plusieurs industries établies dans le contexte de la politique de substitution des importations sont inefficientes et supportent des coûts de revient très élevés. Elles ne peuvent subsister que grâce à une protection de tarifs très élevés. Le rythme d'industrialisation doit suivre le rythme d'élargissement du marché intérieur. On ne peut créer des industries proprement orientées vers le marché intérieur que lorsque ce marché justifie l'établissement de ces industries. D'où la nécessité de création du marché régional.

Cette politique de substitution aux importations peut réussir si les industries sont sélectionnées de telle manière qu'elles utilisent les matières premières particulièrement agricoles. La politique de substitution aux importations court à l'échec si :

- L'économie ne dispose que d'une demande très limitée ;
- Le marché intérieur souffre de l'existence de revenu par tête très bas ;
- Les industries n'utilisent pas comme matières premières les ressources locales ;
- Les industries ne jouissent pas de l'avantage comparatif sur le marché qu'elles servent ;
- Et que les industries ayant des technologies obsolètes produisent des biens de qualité inférieure pour le marché intérieur.

Le nouveau rôle de l'Etat africain dans l'industrialisation

L'industrialisation des pays asiatiques du Nord-Est montre que des interventions sélectives de l'administration publique consistant en une combinaison d'instruments économiques directs et d'instruments indirects tels que les prix, produisent une structure industrielle plus axée sur les besoins de développement économique à long terme que les forces du marché. La politique industrielle stratégique centrée sur des secteurs industriels prioritaires a été le facteur principal du succès économique de ces pays.

En effet, les forces du marché seules ne conduiront pas au succès du développement économique. Certains soutiennent que les Etats forts sont nécessaires pour garantir le rôle des marchés en ce qui concerne l'affectation des ressources et le respect des critères tels que l'avantage comparatif et l'efficience économique. Les actions gouvernementales doivent guider et accélérer le processus compétitif. Un Etat focalisé sur le développement est une administration bien structurée et animée par des cadres compétents et intègres.

Propulsé par des réseaux intérieurs bien solides et jouissant d'une culture de service public bien homogène, cet Etat dispose d'une grande capacité pour s'acquitter de toutes les fonctions qui lui sont assignées, et qui sont relatives, entre autres, aux politiques de sécurité concernant aussi bien l'élite politique au pouvoir que les différents groupes d'intérêt économiques dans le pays. Cet Etat travaille en totale harmonie avec les groupes d'intérêt privés les plus influents, particulièrement les grandes sociétés. Cependant, il existe une division nette de travail entre eux. L'élite politique au pouvoir détermine la stratégie à long terme, et charge l'administration publique de l'Etat de la mise en œuvre. Celle-ci formule des mesures spécifiques pour la bonne exécution des activités économiques sans interférer directement dans les tâches quotidiennes des sociétés privées. Les traits principaux des Etats focalisés sur le développement industriel sont : l'autonomie relative, la capacité administrative et technique. En outre, on peut mentionner la légitimité de l'Etat, la cohérence sociale, la stabilité politique et la motivation pour le développement économique.

Tout d'abord, pour que les dirigeants puissent mener à bien les politiques de développement, la société doit percevoir leurs objectifs économiques comme légitimes.

Deuxièmement, l'unité nationale doit exister suffisamment dans la nation pour que l'Etat puisse mobiliser les populations en vue de poursuivre un développement rapide.

En troisième lieu, l'Etat doit jouir d'une autonomie relative surtout par rapport à la classe dominante, les puissances extérieures, les institutions de Bretton Woods et les intérêts extérieurs, pour promouvoir la transformation économique de façon effective.

Une certaine autonomie est nécessaire non seulement pour adopter certains objectifs collectifs mais aussi pour les mettre en œuvre.

Quatrièmement, l'Etat doit disposer d'une certaine capacité administrative pour formuler et mettre en œuvre les décisions économiques.

Cinquièmement, les Etats n'ont pas non seulement besoin d'être autonomes pour déterminer leurs propres objectifs mais ils doivent agir en consonance totale avec les réseaux industriels pour leur mise en œuvre.

Sixièmement, il doit y avoir une motivation suffisante pour le développement économique.

Et finalement, un degré appréciable de stabilité politique est requise pour mettre en œuvre effectivement ces politiques de développement.

Après leur indépendance, les pays africains ont opté pour la stratégie de développement industriel basée sur la substitution aux importations. Aujourd'hui, ils choisissent une économie plus ouverte avec une grande priorité accordée à l'agriculture, au développement des infrastructures et à l'investissement direct étranger. Il y avait très peu de consensus dans les pays membres de l'Union Africaine pour que le développement économique dépende de l'industrialisation et que cette industrialisation requière un Etat animé d'un esprit de chef d'entreprise.

La politique d'industrialisation par la substitution des importations exigeait le renforcement de la base industrielle par une intégration industrielle verticale. Il fallait aller au-delà des petites industries légères et établir des industries de consommation durable qui font appel à des industries de biens intermédiaires et de biens d'équipement. La principale faiblesse des économies africaines est leur dépendance excessive de l'importation des biens intermédiaires et des biens capitaux, sans la possibilité d'accroître les revenus d'exportation pour financer les dépenses d'importation. Une protection excessive provoque une stagnation des exportations et le déséquilibre de la balance des paiements. Les gouvernements africains doivent encourager leurs entrepreneurs à poursuivre un double objectif : satisfaire le marché national et régional et se fixer un programme d'exportation. Les Etats africains doivent redoubler d'effort pour financer les projets d'infrastructures.

Les problèmes clefs des économies africaines proviennent de leurs politiques macroéconomiques déficientes qui découlent surtout de la petitesse de leur marché, de l'instabilité politique, de la dépendance excessive des ressources financières étrangères pour financer le développement économique, du bas niveau des investissements, d'une inflation chronique élevée, du manque d'une stratégie de développement cohérente et de l'absence de coordination et de coopération entre les agents économiques. L'inégalité de revenu qui continue à s'aggraver, la corruption et le favoritisme rendent la stabilité politique et l'union régionale et continentale un objectif difficile à atteindre.

Le défi du nouveau leadership est comment remplacer un Etat déstabilisé par la corruption, le favoritisme et le manque de motivation par un Etat qui est focalisé sur le développement industriel.

Un Continent tel que l'Afrique doit viser à créer une économie autonome et autosuffisante, qui ne peut être réalisée que par l'industrialisation. Les firmes industrielles africaines doivent adopter une stratégie d'expansion. Elles doivent éviter l'obsolescence technologique, une production de qualité inférieure, une production insuffisante et des coûts de production élevés. C'est pourquoi, il est capital d'accroître le rôle des sociétés transnationales non seulement en ce qui concerne les industries d'exportation mais aussi des industries de consommation finale qui approvisionnent le marché national et régional.

La participation du secteur privé au développement économique apparaît comme une alternative à la stratégie de développement placée sous la responsabilité directe de l'Etat respectant le critère de l'affectation de ressources aux secteurs prioritaires par l'Etat. L'investissement étranger est considéré comme un facteur contribuant à l'acquisition d'une technologie plus avancée, à l'accroissement des exportations et à la construction d'une base de production plus large. L'investissement étranger apportera les avantages d'un transfert de technologie, l'expertise en marketing, l'introduction des techniques de management plus modernes et de nouvelles possibilités de promotion des exportations.

Cependant les gouvernements africains devraient seulement accepter les investissements étrangers qui concourent aux objectifs de développement industriel du pays. L'investissement direct étranger apportera aux entreprises africaines une plus grande productivité. Des secteurs tels que le pétrole, les mines, les banques, les télécommunications, la construction des routes et autoroutes et des centrales électriques devront être ouverts au privé local, y compris, l'investissement direct étranger.

Les sociétés transnationales doivent pouvoir investir dans les économies africaines pour approvisionner le marché national et régional en un grand nombre de produits allant des produits de consommation finale aux biens de haute technologie tels que les ordinateurs et les automobiles. Même pour les industries relatives à la sécurité et d'importance stratégique, les pays africains devraient nouer des alliances stratégiques avec les économies très avancées pour assurer leur développement.

Dans le but de construire des Etats complètement focalisés sur le développement, les gouvernements africains doivent donner la préséance à la méritocratie et à des procédures de recrutement des fonctionnaires basées sur des concours. Ces Etats devraient promouvoir un service public qui serve avant tout l'intérêt national plutôt que les intérêts particuliers. Le peu d'intérêt des Etats africains pour le développement des capacités technologiques a freiné le développement économique. Les entreprises privées ont atteint une autonomie technologique très limitée.

Les gouvernements se sont contentés d'industries à technologie désuète pour approvisionner le marché national et régional,. Il n'est pas suffisant de créer un environnement économique libéral pour atteindre la compétitivité internationale et provoquer des changements structurels profonds. Les Etats africains doivent développer leur capacité d'exécution pour s'engager dans un processus vigoureux de développement industriel.

CHAPITRE II

Le décollage économique par l'industrialisation

Les facteurs du développement industriel et du décollage économique

La volonté politique est la clé du décollage et de la croissance à long terme du Continent. Quels sont les facteurs qui peuvent constituer un terrain favorable au décollage économique ? Pourquoi les pays asiatiques qui souffrent de pénurie de ressources naturelles ont-ils pourtant été le théâtre de croissance exceptionnelle par rapport aux pays africains qui abondent en ressources naturelles ? Bien que la combinaison paraisse contradictoire, on constate, cependant, que :

1. Le recours aux mécanismes de marché et la volonté politique de promouvoir la prospérité économique sont les facteurs décisifs du décollage économique. Les dysfonctionnements des mécanismes de marché et les stratégies de développement introverties appliqueés par des petits pays au marché interne minuscule ont bloqué la croissance dans plusieurs pays africains. L'économie africaine a connu une régression.

2. Bien sûr, seul l'accroissement de la productivité des facteurs de production peut expliquer le maintien à long terme de la croissance du produit national brut par habitant. Cela n'est pas en contradiction avec le rôle moteur de l'investissement dans la croissance des économies émergentes.

Le moteur de la croissance dans les économies émergentes pourrait bien résider dans les efforts d'investissements réalisés par ces pays, plutôt que dans des politiques susceptibles de générer des gains de productivité. Les pays asiatiques ont connu des taux d'épargne et d'investissements très élevés qui ont atteint 30 à 40 % du PIB en Chine, en République de Corée, en Indonésie, en Malaisie, à Singapour et en Thaïlande. La croissance de l'Asie proviendrait de leurs efforts d'investissements. Si l'Asie de l'Est avait connu les mêmes taux d'investissement que l'Afrique subsaharienne depuis les années 60, il n'y aurait pas eu de miracle économique de l'Asie de l'Est.

Il importe, par conséquent, de comprendre pourquoi les pays asiatiques ont bénéficié des niveaux d'investissements aussi élevés en comparaison des pays africains. Une partie de l'explication réside dans une meilleure rentabilité du capital associée à des progrès de productivité des facteurs de production. Ces pays ont réussi à investir massivement dans les infrastructures et l'industrie sans enregistrer pour autant des déficits extérieurs récurrents, c'est-à-dire sans recourir à l'épargne étrangère pour financer leurs investissements. La disponibilité d'une épargne nationale est certainement le meilleur gage de dynamisme de l'investissement.

Des dépenses publiques excessives peuvent décourager l'investissement si leur financement provient d'une fiscalité qui confisque la rentabilité de l'investissement. Si elles conduisent à un déficit public il en résulte un effet d'éviction de l'investissement. La politique monétaire peut avoir aussi une influence sur la croissance dans la mesure où une forte inflation créera un climat d'instabilité macro-économique peu propice à l'épargne et à l'investissement. L'hyper-inflation en Afrique en réduisant à zéro le profit d'hier a découragé les investissements en Afrique.

Les banques ont été forcées à financer de façon abusive des emprunteurs insolvables.

Les pays asiatiques ont opéré dans le temps un rattrapage technologique indéniable.

Des gains de productivité plus rapides dus pour une large part aux investissements en recherche et développement et en éducation supérieure ont été réalisés par ces économies.

Les pays africains, au contraire, ont connu en moyenne une détérioration de leur productivité globale des facteurs de production, ce qui veut dire qu'ils n'ont probablement mené à bien aucun rattrapage technologique au cours de la période écoulée.

L'ouverture d'une économie vers l'extérieur est sans doute le meilleur gage de sa capacité à tirer parti des progrès technologiques réalisés dans les pays avancés, que ce soit à travers l'importation de biens d'équipement et d'intrants ou à travers la familiarisation avec les nouvelles technologies offertes sur le marché international. Mais l'ouverture présente des dangers d'étouffement pour les économies non compétitives des pays africains. L'ouverture devrait libérer tout d'abord la connaissance, le savoir-faire, la technologie avant de libérer les produits, particulièrement les produits de consommation.

Pour les économies de petite taille, l'ouverture extérieure serait aussi le seul moyen pour les entreprises d'accéder à un marché de grande taille, ce qui est une nécessité pour améliorer l'efficacité du système productif en bénéficiant des effets d'économie d'échelle. Bien sûr, à la condition que ces économies puissent produire compétitivement ! Une économie fermée sur l'extérieur ne peut pas se développer rapidement, moins à cause de l'accès à un grand marche qu'à cause du transfert des technologies nouvelles. L'ouverture extérieure doit s'accompagner de politiques susceptibles d'améliorer la productivité des industries manufacturières naissantes, faute de quoi l'économie ne pourra pas s'industrialiser. Cette éventualité remettra en cause ses chances de rattraper les pays avancés

La croissance du Tapei Chinois, comme celles des autres économies émergentes d'Asie de l'Est, s'est reposée sur le développement d'industries manufacturières compétitives sur les marchés internationaux. En Tunisie, l'ouverture commerciale pratiquée depuis le milieu des années 80 a été accompagnée d'une politique de change réaliste qui a permis le développement de l'exportation industrielle de biens intensifs en main d'œuvre, comme les produits de l'industrie textile ou de l'habillement, et par conséquent de promouvoir la croissance et l'emploi. Mais la tentative d'ouverture commerciale pratiquée au Sénégal entre 1986 et 1989 s'est soldée par un échec dont l'une des raisons est que la surévaluation du franc CFA était à ce moment là si manifeste que pratiquement aucune entreprise industrielle sénégalaise ne pouvait tirer parti des opportunités créées par la politique d'ouverture.

L'amélioration du niveau d'éducation a contribué de manière significative à la croissance observée au cours des trois à quatre dernières décennies. Il y a une politique séquentielle en la matière, donnant la priorité successivement à l'enseignement primaire, puis secondaire, puis supérieur. Quand des dépenses considérables sont consenties à l'enseignement secondaire et supérieur, les diplômés ainsi formés ne trouvent pas de débouchés sur le marché de travail, ce qui montre, s'il en était besoin, l'inadéquation de l'éducation avec besoins de l'économie.

Le capital humain est nécessaire pour assimiler et maîtriser les techniques de production modernes ou pour concevoir des innovations techniques. Le capital humain ne pourra pas stimuler la croissance dans le contexte d'une économie fermée. En effet, dans un tel contexte, les activités basées sur l'assimilation des découvertes technologiques seront peu développées, et le capital humain accumulé au prix d'efforts souvent considérables sera gaspillé, que ce soit par le biais du chômage des diplômés, par celui de leur détournement vers des activités de recherche de rente, ou par celui de la fuite des cerveaux.

Plus une économie est développée et dynamique, plus la demande de services d'intermédiation financière est forte. Plus l'économie se développe, et mieux ses coûts fixes sont rentabilisés par les intermédiaires financiers. Par conséquent, la croissance de l'économie peut entraîner celle du système financier tout autant qu'elle peut en résulter.

Si le secteur financier est peu développé alors la croissance sera faible, ce qui constituera des handicaps au développement financier et créera une atrophie du système financier. A l'inverse, le développement rapide des structures financières et la croissance de l'économie peuvent se renforcer mutuellement dans une économie avancée, (équilibre durable). Seule une politique volontariste de grande ampleur, destinée à recréer de toutes pièces un secteur financier viable, peut être à même d'arrêter le processus cumulatif de régression de l'activité économique et financière.

Dans une économie stagnante, il est en effet très difficile de réunir les ressources fiscales nécessaires au financement des dépenses publiques. Une politique de subvention de l'éducation, fondée sur la priorité donnée aux dépenses publiques de l'éducation, peut se révéler indispensable pour sortir l'économie d'une situation de sous-développement.

Le même raisonnement est valable pour d'autres types de dépenses publiques, comme les dépenses en infrastructures qui peuvent être source de croissance en raison des externalités qu 'elles génèrent, notamment à travers une réduction de coûts de transaction. En retour, la réalisation de ces investissements dépend de la croissance et du niveau de développement économique atteint par le pays.

La stagnation d'une économie peut être source d'instabilité. Il en va ainsi quand les troubles politiques et sociaux naissent d'un conflit de plus en plus difficile à gérer à cause de la difficulté de partage de faibles richesses nationales. Ainsi, l'instabilité politique sera t-elle d'autant plus forte que les dépenses de sécurité (armée, police) seront élevées et que les dépenses de redistribution, telles que la santé et l'éducation, seront faibles. C'est la volonté politique des dirigeants des pays africains à favoriser le progrès économique et social qui détermine la qualité des politiques menées à bien et les chances de succès sur la voie de rattrapage des économies avancées. Des réformes radicales sont indispensables en Afrique pour ouvrir en l'espace d'une dizaine d'années l'économie et la société à la modernité.

Une politique de révolution verte pour créer des incitations à une amélioration de la productivité agricole.

Le secteur bancaire doit être capable de supporter financièrement les entreprises.

L'administration doit être modernisée et dotée d'instruments efficaces, en matière de fiscalité comme de gestion des dépenses publiques.

La croissance et le développement économiques s'expliquent tout d'abord par les quantum d'investissements. L'exemple des pays africains le montre bien. Les efforts d'intégration économique pour créer de larges marchés ne serviront à rien si des investissements importants ne s'effectuent pas dans l'espace communautaire. Sans investissement, le transfert de technologie n'aura pas lieu car premièrement l'investissement incorpore la technologie et la technologie requiert la main d'œuvre bien formée pour assimiler et améliorer la technologie. L'absence d'investissement provoque la fuite des cerveaux. En fait, ce qui est crucial, c'est de créer les conditions de la croissance économique. C'est le climat de la croissance économique qui fera augmenter le volume des investissements directs. Il faut construire la combinaison qui ira en se raffermissant et qui contient les éléments suivants : un système productif efficient qui, au départ, sera dominé par l'agriculture et ensuite par une structure industrielle dynamique et finalement par les services modernes pour répandre les produits de la croissance économique.

Ces systèmes productifs évolutifs seront soutenus par un large marché régional, par une main d'œuvre de mieux en mieux formée et spécialisée, par une technologie en progression continuelle, par la finance nécessaire et par les politiques économiques appropriées.

En conclusion, procéder à la mise en place des zones d'échanges préférentiels, des unions douanières et des marchés communs dans les régions sans construire des systèmes productifs régionaux dynamiques, c'est promouvoir purement et simplement **« les marchés communs des autres »,** selon le professeur de Bernis.

Le concept du marché unique

Les traités des CER ont fixé parmi leurs objectifs principaux la mise en place d'un marché unique au niveau de chaque communauté régionale. La libéralisation des échanges intracommunautaires, visant à réaliser l'union douanière a pour but d'assurer le libre mouvement des personnes, des biens et des capitaux et la libre prestation des services. La réalisation d'un marché intérieur régional implique : l'abolition des contrôles aux frontières entre les Etats membres en ce qui concerne les marchandises, par conséquent la suppression des taxes douanières, le rapprochement des taux de taxe à la valeur ajoutée et des niveaux de droits d'accise, l'élimination progressive des impôts indirects, l'harmonisation des normes techniques, phytosanitaires et vétérinaires.

En outre, les marchés publics doivent être ouverts à la concurrence entre les Etats membres. La concurrence devrait viser également à intensifier les activités bancaires et le marché des assurances. Le marché des transports devrait être aussi libéralisé. Les autres activités importantes à libéraliser comprennent la libéralisation des mouvements de capitaux, le droit de libre passage aux frontières pour les personnes, ce qui requiert cependant la mise en place d'un système communautaire d'information, le droit de travailler dans les autres Etats membres, ce qui implique la reconnaissance mutuelle des professions et le droit de vivre dans un autre Etat membre.

L'application effective de la législation relative à l'établissement d'un marché unique, demande un changement de mentalité et de comportement des acteurs nationaux de chaque pays membre des CER, qu'ils soient administratifs ou agents privés du marché régional. La justice devrait pouvoir intervenir promptement pour permettre aux entreprises et aux personnes la possibilité de faire respecter leurs droits et obtenir réparation en cas de dommages.

Pour éviter que les réglementations nationales n'entravent la libre circulation des biens, des personnes, des services et des capitaux, il sera nécessaire de mettre en place des systèmes communautaires d'informations des réglementations et des normes nationales qui peuvent avoir un impact sur la libre circulation des biens. De même les autorités communautaires devraient être informées du refus d'un Etat membre d'accepter les marchandises en provenance d'un autre Etat membre.

Enfin, la mise en place et l'application des règles sanitaires et phytosanitaires devraient être effectuées au niveau communautaire. Dans le domaine de la politique économique, il est essentiel que les pouvoirs politiques et les acteurs économiques acceptent le renforcement de la politique de concurrence à l'intérieur de chaque CER et éliminent, si possible, les pratiques commerciales restrictives. Par exemple, les subventions qui peuvent fausser les instruments de la politique commerciale, doivent être réglementées. En effet, les subventions peuvent empêcher le fonctionnement efficient des marchés en faussant le mécanisme des prix. Dans nos pays en développement qui végètent dans la stagnation économique, des dérogations seront accordées pour tenir compte des régions retardées et de projets communautaires importants d'intérêt commun et pour permettre le démarrage de la croissance dans les secteurs particulièrement importants tels que l'agriculture. Les marchés des pays membres sont compartimentés et fragmentés à cause de l'absence d'infrastructures physiques de transport et de télécommunications, et les coûts de production sont très élevés à cause de l'absence de l'électricité peu chère ; de ce fait, le développement des réseaux de transport, d'énergie et de télécommunications constitue l'aspect physique indispensable de la construction du marché régional.

L'amélioration du bien-être des populations grâce à une libéralisation des échanges intra-communautaires peut provenir de :

- L'allégement des coûts grâce à la suppression des obstacles aux échanges et des formalités douanières ;
- La baisse des coûts résultant des économies d'échelle ;
- La baisse des marges bénéficiaires due à l'intensification de la concurrence ;
- Les gains de bien-être provenant du développement de l'innovation, de l'élargissement de la gamme de produits et des effets positifs d'un changement d'organisation plus efficient.

Ces réductions de coût deviennent plus importantes si l'on tient compte des entraves techniques, de la libéralisation des marchés publics et de la suppression des fiscalités diverses.

Les économies d'échelle qui s'accompagnent d'une diminution des coûts marginaux à court et à long terme, d'un abaissement des coûts fixes, entraînent automatiquement de gains liés à des unités de production de plus large dimension. Les gains susceptibles d'être réalisés à la faveur de plus fortes économies d'échelle paraissent importants pour un grand nombre d'industries de biens intermédiaires dans les communautés économiques régionales respectives.

Le libre-échange de biens et de services et la mobilité accrue des facteurs de production, (main d'œuvre, services et capitaux), devraient déclencher une croissance économique plus rapide et mieux répartie. Il faut noter, cependant, que les économies d'échelle et les économies externes pourraient favoriser la création des régions-pôle de production et de distribution et des régions périphériques. D'où des politiques régionales de soutien aux régions ou pays particulièrement pauvres pour empêcher que ces régions ayant des revenus inférieurs à la normale soient perdantes.

Les niveaux de revenu peuvent être faibles en raison de l'insuffisance des infrastructures physiques et de l'éducation, de l'absence de développement industriel, de la stagnation économique durable accompagnée de chômage massif de longue durée, de la difficulté de l'insertion professionnelle des jeunes et de la productivité dérisoire de l'agriculture.

Cependant, peu de progrès ont été réalisés sur la voie de la réduction des droits de douanes dans les diverses communautés régionales. Le commerce intra-communautaire atteint à peine 9 % du commerce total de ces pays à cause d'une production insuffisante orientée vers le marché intérieur communautaire et à cause des entraves physiques et économiques à la libre circulation des biens. Or les possibilités d'échanges dans le cadre du marché unique restent importantes.

La mise en œuvre du marché intérieur

La mise en œuvre du marché intérieur implique des mesures concrètes à prendre en ce qui concerne la libre circulation des biens et des personnes, la libre prestation des services et le libre mouvement des capitaux.

Tout d'abord, un marché intérieur régional demande que l'on en détermine les frontières. Les frontières sont définies par la mise en place d'un tarif douanier commun. La suppression des barrières douanières entre les Etats peut voir apparaître des obstacles non tarifaires : les contrôles physiques des marchandises aux frontières des Etats membres, les divergences entre les réglementations nationales relatives à la santé, à l'environnement etc. et les régimes fiscaux différents relatifs aux impôts frappant les transactions (TVA et les droits d'accise). Dans le cadre de la libre circulation des biens, tout produit répondant de façon adéquate et satisfaisante aux exigences d'un Etat membre peut être vendu dans un autre Etat membre sous le même nom sans modifications.

Pour éliminer les obstacles techniques, on a recours soit à la fixation de règles précises à l'échelle de la Communauté ou la reconnaissance mutuelle des réglementations nationales. La reconnaissance mutuelle signifie qu'un Etat membre ne peut pas interdire la vente d'un produit distribué dans un autre Etat membre, même si ce produit ne répond pas aux normes techniques et aux normes de qualité en vigueur dans le pays où il est vendu. Lorsque la reconnaissance mutuelle ne s'applique pas, on harmonise les règles nationales en définissant précisément des spécifications techniques valables pour tout Etat membre.

Les organismes régionaux et nationaux de normalisation établissent des normes harmonisées. Dans la pratique, les organismes nationaux de normalisation formulent des spécifications techniques qui sont mises au point dans le cadre des organismes régionaux de normalisation.

Dans le domaine des médicaments, il conviendrait de créer des agences régionales pour l'évaluation technique des médicaments. Il conviendrait de même d'abolir les contrôles aux frontières pour le transport routier de marchandises et le système de transit entre pays membres. Les contrôles vétérinaires aux frontières entre les Etats membres doivent être remplacés par un passeport phytosanitaire.

Les marchés publics représentent la plus grande partie des activités, notamment en ce qui concerne les travaux publics. Les directives doivent viser à harmoniser les procédures d'adjudication et de recours dans les Etats membres et à rendre ces procédures plus équitables et plus transparentes. Les marchés de fournitures et de travaux des administrations publiques seront ouverts aux soumissionnaires des pays membres des communautés respectives. Le principe de la publicité obligatoire pour les adjudications importantes, pour les travaux publics et pour les fournitures sera appliqué. Le programme relatif à l'établissement d'un marché intérieur implique également l'harmonisation des impôts sur les biens et services (TVA et droits d'accise).

Il est nécessaire, en effet, d'éviter d'importants détournements de trafic au profit des pays à faible fiscalité : Le taux normal de la TVA sera compris entre deux braguettes, soit par exemple entre 15 et 20 %. Les formalités fiscales et douanières seront remplacées par un relevé trimestriel qui fera état des ventes totales aux entreprises des pays tiers.

La libre circulation des personnes

La libre circulation des personnes doit conférer aux ressortissants des Etats membres le droit de vivre et de travailler dans l'espace communautaire sans discrimination. Cela implique la reconnaissance mutuelle des diplômes et qualifications. Les contrôles douaniers applicables aux personnes aux frontières internes de la Communauté doivent être abolis. Les contrôles d'identité peuvent continuer à exister. Les ressortissants des pays tiers qui comprennent des hommes d'affaires doivent pouvoir se déplacer dans la Communauté avec un modèle de visa uniforme dans toute la Communauté régionale.

La libre prestation des services

Tout d'abord, il conviendrait de prendre des mesures pour la reconnaissance mutuelle des qualifications concernant un grand nombre de professions. L'activité bancaire et d'assurances doit être libéralisée dans les CER. Une banque agréée dans un pays peut fournir directement des services à la clientèle dans les autres pays membres de la Communauté. Pour les compagnies d'assurances, les principes applicables en matière de prestation de services doivent être les mêmes.

Il conviendrait également de libéraliser les transports : l'agrément des compagnies aériennes, l'accès aux lignes intérieures régulières, le partage des capacités de transport de voyageurs et l'application des règles de concurrence : libéralisation du transport des voyageurs par autocars, libéralisation du cabotage maritime, fluvial et lacustre.

Libéralisation totale des services téléphoniques dans les CER respectives. La libéralisation des mouvements de capitaux. Les différences qui subsistent dans le domaine de la fiscalité frappant les revenus dérivés des investissements continuent à fausser les mouvements de capitaux entre les Etats membres.

L'harmonisation doit viser à éliminer la double imposition et les autres désavantages fiscaux qui pèsent sur les revenus d'investissement au niveau intra-communautaire. Il conviendrait de parvenir le plus rapidement possible à un régime commun d'imposition.

Les limites du régionalisme ouvert à l'intérieur des marchés des CER

Les institutions de Bretton Woods veulent imposer aux communautés économiques africaines l'application de la stratégie de « régionalisme ouvert ». Cette stratégie se réfère aux politiques d'ouverture du marché et à l'adoption du multilatéralisme. Selon les instituons de Bretton Woods, les communautés régionales africaines ne devraient pas discriminer les pays tiers. Trois traits importants se dégagent de cette stratégie. La priorité est accordée à la stabilité économique et à l'attraction des investissements extérieurs.

L'ajustement des politiques macro-économiques en vue de la stabilisation des politiques micro-économiques et de la dérégulation ; La libéralisation des politiques commerciales ; Le secteur privé comme moteur de l'accumulation de capital.

Le régionalisme ouvert essaie de réconcilier l'interdépendance découlant des accords spéciaux et préférentiels conclus entre les membres d'une Communauté Economique Régionale et les signaux du marché provenant de la libération du commerce : la participation active des acteurs privés, des dirigeants d'entreprise et des dirigeants syndicaux dans la formulation et l'exécution des politiques d'intégration économique. Les hommes d'affaires joueront un rôle dominant dans la prise de décision pour le bon fonctionnement des entreprises.

La privatisation qui se matérialisera par la responsabilisation des acteurs privés pour la mise en œuvre de la nouvelle stratégie du régionalisme doit faciliter la formation des alliances d'affaires. Cela se traduira par la possibilité de développer de nouvelles stratégies d'affaires en consonance avec l'environnement ambiant.

Il en résultera la restructuration des chambres industrielles dans la région pour leur octroyer de nouveaux rôles et de nouvelles capacités. Les dirigeants d'entreprise seront encouragés à formuler de nouveaux instruments de politique économique (les accords sectoriels) et de promouvoir des alliances régionales importantes telles que des fusions par l'achat des unités industrielles, la participation au capital de l'entreprise, des échanges d'information sur la technologie, la formation et des échanges d'expérience entre experts.

On utilisera les opportunités créées par la privatisation pour renforcer les relations verticales au sein des grandes unités industrielles. De la production du minerai de fer, on y ajoutera la fabrication des aciers plats et la fabrication des automobiles.

Les sociétés d'économie mixte établiront de nouvelles industries. On multipliera les accords commerciaux et les accords de distribution. La création de sociétés anonymes dans l'industrie automobile, dans le développement des infrastructures régionales : les transports, l'énergie, la construction des routes, des ponts, des tunnels, des gazoducs et des oléoducs. Les marchés régionaux ne souffriront ni le contrôle de prix, ni l'octroi de subvention, ni la discrimination de prix, ni le dumping.

Sur le plan institutionnel, les négociations seront toujours ouvertes entre les acteurs économiques du secteur privé. Ensuite les résultats de leurs négociations seront soumis aux représentants gouvernementaux pour approbation finale. En effet, la légitimité et l'autorité des représentants du gouvernement émanent de la souveraineté de l'Etat et des élections démocratiques. Il faut tenir compte aussi du fait que les représentants gouvernementaux ont une vue large sur les problèmes nationaux. Ils ont une vision nationale et ils peuvent développer une vision communautaire.

Les dirigeants d'entreprise représentent des intérêts d'affaires. Ils possèdent les informations et le savoir-faire requis pour mener à bien les négociations telles que celles relatives à l'harmonisation des normes et des standards, etc. La construction du marché régional sera effective grâce à l'adoption de règles collectives pour insuffler un dynamisme nouveau aux acteurs économiques.

Les acteurs privés sont davantage concernés par le manque de l'harmonisation des politiques économiques. Ils accepteraient une stratégie d'intégration plus poussée aussi longtemps qu'elle demeure graduelle et fait l'objet de négociations. Par contre, ils craignent l'arrivée de nouveaux acteurs sur le marché. Enfin le régionalisme ouvert requiert comme préalable la réalisation de la compétitivité, c'est-à-dire la maîtrise de la technologie et les économies d'échelle dans les secteurs clefs, l'accès à un plus grand marché sous des conditions préférentielles, (tarif extérieur commun, avantages liés à la proximité géographique). L'intégration régionale ne se limite pas au commerce ; mais elle se réfère à tous les composants du processus d'intégration économique : infrastructures, financement, investissement, etc. Les leaders du secteur privé doivent avoir une vision à long terme de la région africaine. Ils doivent avoir le souci de promouvoir de grandes sociétés anonymes dans la CEDEAO, SADC, etc.

En conclusion, les CER appliqueront à l'intérieur de leurs marchés respectifs les principes du régionalisme ouvert car les mesures tendant à améliorer la compétitivité des entreprises locales peuvent écourter l'application des mesures de protection. Mais elles ne peuvent supprimer le principe de protection pour la simple raison qu'une entreprise industrielle a besoin du temps pour conquérir la compétitivité internationale. Pendant cette période de croissance institutionnelle et de restructuration, il est indispensable qu'elle bénéficie des mesures de protection.

Le développement de l'éducation et de la formation

Le développement de l'éducation et de la formation est l'une des conditions clefs de la croissance et du développement économiques des pays africains et de la création d'emplois.

L'enjeu est de définir une stratégie d'ensemble dans laquelle les rôles respectifs des Etats membres et ceux des CER et de l'Union Africaine seront définis ; L'éducation et la formation sont les principaux vecteurs de promotion sociale et d'épanouissement de l'individu ; l'éducation et la formation ont toujours été des facteurs déterminants de l'égalité des chances. L'effort éducatif contribuera à l'indispensable égalité entre femmes et hommes. L'éducation et la formation ont aussi pour fonction essentielle l'intégration sociale et le développement de la nation par le partage des valeurs communes, la transmission d'un patrimoine culturel et l'apprentissage de la tolérance. L'éducation et la formation se butent au problème de financement dans les pays africains. Une partie des coûts pourrait être prise en charge par les intéressés eux- mêmes. La prise en charge d'une partie des coûts pourrait être facilitée : par le biais de déductions fiscales, de prêts bonifiés ou de la mise en place d'un capital / épargne. Les dépenses de formation dans les opérations de reconversion ou dans l'apprentissage, constituent un actif de l'entreprise au même titre que les autres immobilisations, par exemple la recherche. Elles doivent bénéficier du même traitement fiscal.

Les Etats doivent veiller à ce que :

- Les pays africains disposent des enseignants les plus qualifiés, utilisant les nouvelles technologies de l'information.
- Ils doivent accroître continuellement leur productivité économique. C'est le moyen d'atteindre la croissance durable et d'assurer un niveau d'emploi et de bien-être social.
- Les ressources humaines de l'Union Africaine constituent son principal atout.
- Ce principal atout susceptible de renforcer sa productivité industrielle repose sur sa capacité d'acquérir, de développer et d'exploiter le savoir grâce au potentiel de la main d'œuvre.
- L'Union Africaine doit investir dans l'éducation pour élever le niveau général de la formation et de la qualification des travailleurs.

Il faut distinguer les actions à trois niveaux :

- Les actions à mener au niveau local et national ;
- Les actions à entreprendre au niveau des REC ;
- Les actions de soutien et de coopération entre l'Union Africaine et les REC.

Le respect du principe de subsidiarité sera un élément essentiel pour la raison suivante :

- L'entreprise devrait prendre une part croissante dans la formation et contribuer à diffuser les nouvelles compétences.
- Les nouvelles technologies de la communication doivent être mises au service de l'éducation et de la formation : toutes les potentialités qu'elles recèlent doivent être exploitées.
- Il faut identifier dans chaque pays les compétences clés à maîtriser et trouver les meilleurs moyens de les acquérir, de les évaluer et de les certifier.
- Premièrement, identifier un certain nombre de savoirs bien définis, généraux ou plus professionnels (mathématiques, informatique, langues, comptabilité, finance, gestion, etc).
- Concevoir des systèmes de validation pour chacun de ces savoirs.
- Un projet de cartes personnelles de compétences sera réalisé : un tel document doit permettre à chaque individu de faire reconnaître ses connaissances et ses savoir-faire au fur et à mesure de leur acquisition.
- De nouveaux cycles d'études de niveau « maîtrises » seront créés en coopération entre plusieurs établissements d'enseignement supérieur par une mise en commun des ressources humaines et matérielles.

Il conviendrait de :

- Développer des logiciels éducatifs et d'améliorer les compétences au sein des entreprises.
- Mettre en place des réseaux communautaires de centres de formation professionnelle d'entreprises, permettant d'identifier les savoirs techniques et professionnels les plus demandés, le contenu des compétences clés indispensables, ainsi que les parcours pour y accéder et de déterminer les meilleures formes d'accréditation des savoirs (logiciels d'évaluation largement répartis, évaluateurs, tests, etc.).
- L'école et l'entreprise sont des lieux d'acquisition de savoirs complémentaires, qu'il est nécessaire de rapprocher.
- La seconde condition est l'implication de l'entreprise dans l'effort de formation, non seulement de ses travailleurs mais aussi des jeunes et des adultes.
- La troisième condition est le développement de la coopération entre établissements d'éducation et entreprises.

- Le renforcement des liens entre éducation et entreprise passe d'abord par le développement de l'apprentissage.
- L'apprentissage apporte en effet aux jeunes simultanément, les connaissances nécessaires et une expérience de vie collective et de travail dans l'entreprise.
- L'Union Africaine et les CER doivent assister les entreprises à former des ouvriers de production qualifiés dans le travail des métaux, notamment, ce qui requiert : maîtrise des nouvelles technologies et des activités de maintenance, autonomisation des tâches, travail en équipe, implication dans la recherche de la qualité.

Il importe de trouver en Afrique les voies et moyens pour permettre à des techniciens de devenir des ingénieurs en complétant leur formation par un enseignement plus général de l'organisation, de la gestion, du commandement, etc.

- De permettre à des ingénieurs, comme d'ailleurs aux ouvriers, de comprendre l'ensemble du processus qui va de la production à la vente et à l'utilisation finale du produit (installation, entretien).
- L'apprentissage implique l'acquisition des connaissances et des savoir-faire :
  - La formation de maîtres d'apprentissage et de tuteurs s'avérera nécessaire ;
  - Un statut de l'apprentissage doit être défini.

Les possibilités d'accès aux stages en entreprises au niveau des REC seront généralisées, au travers de conventions régionales auxquelles adhéreront les confédérations d'entreprises.

Les formations professionnelles s'adresseront aux besoins des économies nationales :

- Formation aux métiers du tourisme et de la protection de l'environnement ;
- Formation d'ingénieurs et de techniciens du tertiaire ;
- Production, installation, maintenance, entretien, réparation, conseil aux utilisateurs ;
- Formation des ingénieurs et des techniciens plus spécifiquement adaptés aux activités de service et aux besoins des consommateurs, à travers de formations interdisciplinaires, dispensées en partie dans l'entreprise et débouchant sur un diplôme ou un titre d'ingénieur ou de technicien du tertiaire.

En résumé, la constitution et la consolidation de réseaux de centres d'apprentissage entre différents pays de chaque REC imposent :

- La promotion de la mobilité des apprentis et la mise en place d'un statut africain de l'apprenti. Il s'agit pour les écoles africaines en général d'améliorer l'accès aux connaissances en privilégiant le recours aux meilleurs professeurs, au besoin en payant mieux qu'ailleurs, en adoptant des rythmes d'enseignement adaptés, en promouvant des stages en entreprise et la mise en place de classes à effectifs réduits.
- La maîtrise de plusieurs langues communautaires (français, anglais, espagnol, portugais et chinois) est devenue une condition indispensable pour permettre aux citoyens de chaque REC de bénéficier des possibilités professionnelles et personnelles que leur ouvre la réalisation du grand marché intérieur sans frontières.
- Leur maîtrise contribue donc à renforcer le sentiment d'appartenance à l'Union.
- L'investissement dans les compétences est reconnu comme le facteur central de la productivité, de la compétitivité et de l'aptitude à l'emploi.
- Les savoir-faire et les compétences acquises par les travailleurs dans l'exercice de leurs fonctions peuvent concourir à accroître la valeur de l'entreprise.
- Parallèlement, devraient être développées des formules de plans d'épargne / formation au bénéfice de personnes désirant renouveler leurs connaissances ou reprendre une formation après avoir interrompu leurs études.
- Des modalités d'exemption partielle qui permettent aux individus de déduire de leurs impôts certaines des dépenses qu'ils engagent pour se former.

Il importe donc :

- De promouvoir l'investissement en ressources humaines ;
- Et de répandre l'idée d'une conception générale de la formation comme investissement et non comme dépenses courantes et d'inciter les individus à investir dans leur formation sur le modèle de plans d'épargne.

Face à la Chine, face à l'Inde, l'Afrique doit avoir la masse de connaissances, de savoir-faire et de technologies capable économiquement, démographiquement et politiquement d'assurer son indépendance.

Il y a lieu de souligner avec force l'importance d'accroître le pourcentage de l'enseignement secondaire technique. En règle générale, il existe une relation directe entre le niveau d'éducation technique et le taux de chômage ; plus ce niveau est élevé, moins le taux de chômage des jeunes concernés est grand. Finalement, il est essentiel de donner la priorité à :

- L'enseignement professionnel au niveau secondaire et supérieur ;
- A l'achat du matériel d'apprentissage informatisé destiné aux diverses langues : français, anglais, espagnol, portugais et chinois ;
- Aux programmes de formation ciblée sur les besoins des PME en matière de mise en œuvre des programmes. Il faut viser à intégrer la qualité dans le management stratégique des entreprises et en tant qu'outil de gestion des ressources humaines. Ce projet doit contribuer à la diffusion des normes de qualité ISO 9000.

L'acquisition de la technologie par les ingénieurs et techniciens africains

De 1962 à 1995, l'économie de la Corée du Sud a cru à un taux annuel moyen de 9 % grâce à l'industrialisation. Le produit intérieur brut par habitant a augmenté de 87 dollars des EU à 10.000 dollars. Le changement technologique a été le déterminant majeur de ce développement accéléré. Les études ont montré que plus de 50 % du taux de croissance à long terme des pays développés sont attribuables à des changements technologiques qui améliorent la productivité. Le processus crée aussi des industries et des produits nouveaux. Il est important de clarifier au départ la définition de la technologie. La technologie signifie : un ensemble de processus physiques qui transforment les inputs en produits finaux et les connaissances et expertises techniques nécessaires pour mener à bien ces transformations.

La capacité technologique est la faculté d'absorber les connaissances existantes et de générer de nouvelles connaissances. Il est aussi important de distinguer quatre séquences clefs de la maîtrise de la connaissance technologique :

- Le transfert de la technologie étrangère ;
- La diffusion de la technologie importée ;
- La recherche et développement sur le plan local en vue d'assimiler et d'améliorer la technologie locale ;
- Le développement de la technologie locale.

Il apparaît donc que l'investissement direct, l'achat d'usines clef en main et d'équipements industriels et de licences étrangères sont des outils importants de transfert de technologies. Par le biais des investissements directs étrangers et des sociétés d'économie mixte, les pays africains s'appuyant sur les marchés régionaux ainsi que sur les marchés d'exportation peuvent, en promouvant d'abord des industries textiles, de cuir, de bois etc. ériger des complexes d'aciérie, d'alumine/aluminium, des fonderies de cuivre, des constructions de bateaux, de locomotives, etc. et finalement procéder à la fabrication des semi-conducteurs, d'ordinateurs, etc.

Nous devons aussi soutenir avec force que les industries africaines doivent au départ s'orienter aussi bien vers les marchés régionaux que vers les marchés d'exportation. Ces industries seront simultanément des industries de substitution aux importations et des industries partiellement orientées vers l'exportation. Des investissements directs innovateurs et des investissements de portefeuille doivent être accompagnés de l'assistance technique requise pour former des ingénieurs et des techniciens locaux en vue de faire fonctionner ces industries. Même dans le domaine des petites et moyennes industries, particulièrement les petites industries utilisant une technologie de pointe, les licences étrangères doivent être associées avec de l'assistance technique visant à former le personnel de production. C'est pourquoi, à la différence de la politique de transfert de technologie des pays Asiatiques, tels que l'Inde, la Corée du Sud, la Chine qui, grâce aux usines clef en main et aux biens capitaux, ont réussi à assimiler les technologies importées, l'industrialisation africaine donnera la priorité aux investissements directs étrangers et à la formation des sociétés d'économie mixte. Sans doute, cette politique a ses propres faiblesses. Les sociétés étrangères ne seront pas toujours disposées à collaborer avec les entreprises africaines lorsqu'il s'agira d'établir certaines industries à haute technologie.

Et quand bien même la technologie serait bien transférée dans un pays, son utilisation ne devrait pas être limitée seulement à son importateur. C'est pourquoi les sociétés d'ingénierie et les institutions de technologie que les gouvernements africains devraient promouvoir sont cruciales pour la diffusion de la technologie. Les firmes d'ingénierie africaines doivent être totalement impliquées dans tous les projets d'ingénierie, comme contractantes, en association avec les sociétés étrangères.

Les gouvernements africains doivent créer et renforcer les grandes Ecoles de sciences appliquées et d'ingénierie en vue de promouvoir les sous-secteurs industriels clefs y compris métalliques, pétrochimiques, chimiques et pharmaceutiques. Les gouvernements africains affecteront 1 % de leur PIB à la recherche et développement.

Des comités régionaux sur le système éducationnel seront établis pour renforcer l'enseignement des mathématiques, de la physique et de la chimie dans les programmes des écoles. Les gouvernements africains déploieront beaucoup d'efforts pour ramener sur le Continent les scientifiques africains et les ingénieurs de conception travaillant dans les pays étrangers, soit pour encadrer les instituts africains de sciences et de technologie soit pour établir des sociétés d'ingénierie, en leur offrant des avantages compensatoires attractifs et en facilitant les procédures administratives relatives à leur retour et établissement.

Les gouvernements africains chercheront à bénéficier de la capacité de négociation des grands financiers et managers africains en vue de négocier le financement des grands projets africains. Dans le but d'éviter la fabrication des biens mal finis, chers et ne remplissant pas les normes techniques, il est important d'adhérer au modèle de transfert de technologie à trois stades : acquisition, assimilation et amélioration.

Les ingénieurs africains doivent se former dans le domaine d'ingénieurs de production et de « designers industriels » et y gagner de l'expérience pratique. En gagnant de l'expérience dans les branches de produits de consommation durables, d'équipements de transport et de chaînes d'assemblage, ils peuvent se spécialiser dans les spécifications des produits, la fabrication des pièces détachées et des composants et les techniques de production. En assimilant les technologies importées, les firmes locales seront capables de fabriquer localement des composants et des pièces détachées par la « rétro-ingénierie » en accroissant ainsi le taux d'intégration locale dans les biens durables assemblés dans les CER.

La capacité technologique du pays inclura donc :

- La connaissance technique locale ;
- L'expertise technique acquise en dehors du Continent ;
- Le renforcement du pouvoir de négociation en matière des négociations relatives au transfert de technologie ;
- La connaissance technologique assimilée ;
- La capacité de développement de nouvelles technologies.

En ce qui concerne les petites et moyennes industries, les patentes qui sont arrivées à expiration doivent être utilisées par les firmes bénéficiant d'une capacité suffisante car elles n'auront pas besoin d'acheter cette technologie en suivant les procedures formelles d'acquisition. Ces firmes reproduiront ces produits étrangers par la rétro-ingénierie. Par exemple, les firmes locales commenceront à assembler les voitures étrangères et ensuite elles entameront la fabrication des voitures locales totalement conçues sur place par les dessinateurs industriels. Dès qu'il y a une production locale, il faut envisager les mesures de protection nécessaires contre les importations étrangères et en même temps prévoir la réduction des taxes pour ces voitures produites localement. Il importera de même de promouvoir l'intégration verticale dans la branche industrielle en vue d'y créer de nouvelles opportunités industrielles.

Il importera aussi de mettre en place un programme de financements préférentiels.

Des programmes de formation spécialisés seront établis dans la conception des modèles de voitures, dans le domaine de la forge, de la fonderie. Toute une série de stratagèmes seront développés pour assurer le transfert des technologies et du savoir-faire. Les hommes d'affaires africains peuvent s'assurer la majorité d'actions dans certaines entreprises clefs de certains pays étrangers et procéder au transfert technologique aux autres pays africains. En utilisant les méthodes de fusions et d'acquisitions, ils peuvent avoir accès aux technologies de pointe. Ils peuvent identifier dans les pays développés des petites entreprises à technologie très avancée en détresse qui sont prêtes à vendre leurs procédés technologiques pour sauvegarder leur survie. Ils peuvent recruter comme tuteurs des ingénieurs étrangers de haut niveau.

Créer le climat propice à la maîtrise technologique

Les facteurs qui influencent le rythme de maîtrise technologique dans les entreprises sont : un gouvernement focalisé sur l'industrialisation, le statut des entreprises, l'éducation, la politique industrielle, la stratégie de transfert technologique et la stratégie de promotion du secteur privé local. Les économies d'échelle font partie intégrante des technologies bien affermies. Les gouvernements doivent favoriser le statut des sociétés anonymes pour les unités industrielles de façon à promouvoir de grandes sociétés nationales et régionales. Les gouvernements doivent renforcer les institutions de formation, particulièrement les écoles techniques secondaires et les grandes écoles d'ingénieurs. Les gouvernements faciliteront la création de grandes sociétés anonymes qui peuvent attirer les techniciens et les managers les plus qualifiés et développer rapidement une grande capacité technologique, qui disposent des ressources techniques pour négocier et financer le transfert de technologies étrangères et qui peuvent organiser des programmes internes de formation et mener à bien des activités de recherche et développement.

Des sociétés anonymes multinationales seront créées dans le domaine de l'aciérie, de l'aluminium, du cuivre, des produits pharmaceutiques, chimiques et pétrochimiques, dans la construction des bateaux, des locomotives et la fabrication des produits de consommation durables et des produits électroménagers. Cette double poursuite de la politique de substitution aux importations et de la politique orientée vers les exportations par chaque grande industrie va avoir un effet bénéfique sur la maîtrise de la technologie dans l'industrie. Cette stratégie va créer plus d'opportunités d'affaires et obliger les firmes à investir dans la maîtrise technologique en vue de soutenir la compétition relative aussi bien à la qualité qu'au prix du produit fabriqué sur le marché international. Les grandes firmes industrielles africaines doivent recourir aux agences spécialisées dans le marketing des produits industriels sur le marché international.

Les firmes industrielles multinationales africaines doivent employer des cadres africains compétents à tous les niveaux de la hiérarchie de l'entreprise dans le but de promouvoir le transfert technologique et de renforcer la compétitivité de ces firmes. Les gouvernements africains doivent encourager vivement les grandes firmes industrielles d'entreprendre des programmes de recherche conjoints avec les instituts de technologie africains, pour que ces instituts gouvernementaux soient impliqués dans les programmes qui intéressent le secteur privé africain. De ce fait, les instituts de technologie africains fourniront de l'assistance technique au secteur privé africain pour l'aider à renforcer son pouvoir de négociation en vue des transferts des technologies étrangères.

Certains domaines de recherche ayant trait a l'agriculture, l'environnement, la santé publique et l'énergie nucléaire seront entrepris par les instituts régionaux de recherche. Quand la technologie envisagée est simple et bien rodée et que les patentes sont arrivées à expiration, il est alors possible de fabriquer les produits par rétro-ingénierie. Quand la technologie est complexe et suffisamment au point pour faire l'objet de transfert libre par les sociétés étrangères aux entreprises africaines, les firmes africaines devraient acheter la patente, avec les spécifications des produits, le manuel de production et demander que leur personnel de production soit formé pour faire fonctionner l'usine. Quand la technologie est à un stade de développement avec des patentes non encore expirées et que les sociétés étrangères ne sont pas disposées à transférer la technologie aux entreprises africaines, si les entreprises africaines ont assez développé leur expertise grâce aux travaux de recherche des institutions régionales africaines de recherche et développement, elles peuvent arriver à maîtriser ces technologies par rétro-ingénierie ave l'assistance de certaines firmes étrangères de petite dimension.

Cette démarche pourrait forcer les grandes firmes étrangères à vendre la patente en guise d'une normalisation légale. Certaines firmes africaines de premier plan pourraient envisager d'établir des branches de recherche et développement dans les pays industrialisés tels que les Etats Unis d'Amérique, le Japon et l'Europe pour suivre le développement d'une technologie émergente, ou prendre des parts d'actions dans des sociétés qui disposent de cette technologie. Les firmes africaines pourraient nouer des alliances stratégiques pour développer une technologie particulière. Dans le domaine des ordinateurs par exemple, les partenaires probables pourraient inclure des firmes telles qu'IBM, APPLE, INTEL, FUJITSU, XEROX, MICROSOFT et TOSHIBA.

L'industrialisation requiert un gouvernement fort avec une administration étoffée de technocrates compétents

La maîtrise technologique rapide dans l'industrie explique une industrialisation accélérée. Les pays développés avancent que leurs firmes devraient se refreiner de transférer des technologies aux pays en voie de rattrapage économique pour protéger leurs propres intérêts, car à long terme, cela influe négativement sur leur compétitivité internationale. Cependant, il est bien probable aujourd'hui que si un fournisseur de technologie refuse de transférer sa technologie, un acheteur averti de technologie dans les pays en voie de rattrapage peut se tourner vers une autre source. Il peut aussi utiliser la rétro-ingénierie et louer les services d'experts étrangers en retraite comme consultants.

Du côté de l'offre, les sources alternatives de technologie ne font qu'augmenter et les firmes qui les possèdent, sont peut-être appelées à les transférer en vue de répandre leur vente et maximiser leur profit. Du côté de la demande, il est important pour les pays africains de renforcer continuellement leurs capacités afin d'exercer un important pouvoir de négociation pendant l'acquisition des technologies étrangères, de maîtriser les technologies importées et d'entreprendre des activités de recherche et développement pour développer leurs propres innovations technologiques.

Si les pays africains n'ont pas la capacité d'absorption, les fournisseurs vont se servir abusivement de leur puissance technologique et les faire souffrir des syndromes de la dépendance technologique. Si les pays africains développent leur capacité d'absorption, les fournisseurs de technologies des pays développés vont craindre les effets boomerang de transfert. Les fournisseurs de technologie devraient par conséquent profiter de cet avantage pour étendre leur marché par l'intermédiaire des investissements directs étrangers. Les sociétés d'économie mixte et les investissements directs étrangers constituent-ils une bonne stratégie d'acquisition de la technologie étrangère ? Certains estiment que des investissements directs à 100 % ou des sociétés d'économie mixte comme instruments de transfert de technologie pourraient conduire soit à une dépendance étrangère soit à des conflits.

Les firmes étrangères sont enclines à transférer des technologies simples. Elles répugnent à donner des formations spécialisées aux sociétés locales, à transférer des savoir-faire et à développer les capacités de maîtrise technologique des ouvriers ou la capacité d'ingénierie de l'économie locale. Pour cette raison, certains soutiennent que si l'on investit agressivement dans la maîtrise technologique pour renforcer la capacité productive, il serait préférable d'éviter la participation étrangère au capital de ces entreprises. Par conséquent, si l'on n'est pas agressif à acquérir la capacité technologique, il serait préférable de prendre avantage des sociétés d'économie mixte.

En effet, il est à craindre que la maison-mère contrôle le rythme du savoir et le transfert du savoir va dépendre entièrement de la maison mère. Ce qui est intéressant dans l'investissement direct étranger, c'est que le fournisseur garantit la bonne performance de la technologie transférée. Il appartient aux pays africains d'adopter une attitude agressive en ce qui concerne la maîtrise technologique. Lorsque les pays africains acquièrent des technologies des sources multiples et décident de la responsabilité de les insérer dans un système fonctionnel, ils prennent un risque majeur. Si la maîtrise technologique n'a pas été développée concurremment, ce sera le chaos.

Le manque d'investissement dans l'éducation, particulièrement au niveau universitaire et des grandes écoles, constitue un obstacle majeur à la maîtrise d'une technologie innovatrice.

La quantité et la qualité de l'éducation sont parmi les principaux facteurs déterminants du rattrapage économique visant les pays développés. Beaucoup de pays en voie de rattrapage économique ont atteint le même niveau d'éducation primaire que les pays développés. Les disparités de niveau de l'éducation secondaire et de l'éducation universitaire expliquent les disparités des revenus nationaux. Pourquoi l'éducation est-elle si importante ? L'éducation développe la capacité de l'économie d'absorber une connaissance et une technologie nouvelles. Un petit nombre de cadres très bien formés n'est pas suffisant pour piloter l'industrialisation.

Pour déclencher une industrialisation accélérée, il est nécessaire de fournir une éducation de qualité au niveau secondaire et universitaire à la population du pays. Une protection des marchés nationaux créera les premières opportunités d'affaires. Mais une protection durable risque de ne pas créer des marchés locaux compétitifs et de stimuler la maîtrise de la technologie dans l'industrie. Pour cette raison, la politique de substitution aux importations couplée avec la politique orientée vers l'exportation des produits industriels dans chaque grande industrie va assurer la maîtrise technologique et une expansion rapide des industries africaines vers la maturité. Les économies africaines doivent construire des structures industrielles équilibrées pour soutenir une croissance rapide. Des liaisons industrielles en aval et en amont sont susceptibles de réduire les coûts des approvisionnements d'inputs parmi les industries. Elles ont besoin de firmes à grande échelle de production telles que les aciéries, les complexes alumine/aluminium, les fonderies de cuivre, les constructions d'automobiles, de bateaux, mais aussi de petites unités industrielles.

Les technologies importées incluent non seulement les usines, les machines et équipements industriels, mais aussi les ingénieurs et techniciens étrangers pour réduire au minimum les tantonnements dans la tentative de faire des duplications. L'assimilation complète des technologies importées conduira rapidement à des imitations créatives et permettra de rattraper assez vite les pays développés. Maîtriser l'imitation créative demande que l'on apprenne en observant, c'est-à-dire que l'on suive le cheminement acquisition, assimilation et amélioration du savoir-faire extérieur.

Cela implique la maîtrise de la technologie extérieure, le recrutement des spécialistes étrangers, la participation aux expositions étrangères des technologies, l'invitation des fournisseurs de technologies à faire des démonstrations, l'envoi des ingénieurs et des managers des firmes industrielles dans les universités étrangères et la participation à plusieurs réunions technologiques, des visites des usines étrangères, des contacts directs avec les instituts de recherche locaux et étrangers. Les pays africains doivent développer en commun des grandes capacités de recherche de base dans les universités pour soutenir les institutions de recherche et de développement dans le domaine industriel. La création des institutions de Recherche et Développement dans les pays développés peut devenir la condition indispensable de l'acquisition de certaines technologies spécifiques.

Pour disposer d'un pouvoir de négociation dans l'établissement des contrats de transfert de technologies, l'Union Africaine et les pays africains devraient faire appel à des ingénieurs et scientifiques africains de très haut niveau qui travaillent dans les pays développés. La diffusion de la technologie entre les différentes firmes peut se faire de façon effective si la mobilité des ingénieurs et techniciens ayant beaucoup d'expérience est assurée. La mobilité des ingénieurs africains de haut niveau doit être garantie parmi les pays membres des CER.

L'augmentation des importations des marchandises de seconde main venant de l'extérieur rend difficile la survie des petites entreprises africaines sur les marchés africains. On devrait octroyer aux universités africaines des contrats de construction des bateaux standards et les livrer aux constructeurs de bateaux dans la région.

Comme une industrie atteint sa maturité, la compétition devient plus intense en ce qui concerne le prix ; le processus de production devient plus automatisé, plus intégré, plus systématique et orienté pour produire des produits standard.

Les méthodes de production de masse seront introduites par des experts expérimentés, soit locaux, soit étrangers. Aujourd'hui, les pays africains se trouvent au stade initial de transfert de technologie totalement basé sur la technologie importée avec l'assistance technique des ingénieurs étrangers. Les gouvernements transfèrent aussi l'activité industrielle des sociétés publiques au secteur privé, malheureusement surtout aux firmes privées étrangères. Le procès doit être accompagné par l'assimilation des technologies importées par les ingénieurs et techniciens locaux. Le procès de développement technologique doit être vigoureusement lancé d'abord en commençant par les industries agro-industrielles, particulièrement le textile, le cuir, la construction des bateaux pour la navigation fluviale et lacustre et le cabotage maritime.

Les écoles techniques doivent construire des locomotives en rétro-ingénierie y compris les moteurs sous la supervision des ingénieurs étrangers en retraite. Il est indispensable que les pays africains protègent leurs marchés pour permettre à ces industries naissantes d'atteindre la maturité et pour donner l'occasion aux pays africains de maîtriser ces technologies malgré les règles de l'OMC. Ces industries doivent être érigées par tous les moyens.

Tout produit pour lequel la patente est arrivée à expiration devrait être fabriqué par la rétro-ingénierie dans les instituts régionaux de technologie et par les industries africaines. Les partis politiques doivent promouvoir une direction forte au niveau gouvernemental qui a une vision claire et la détermination de procéder aux changements structurels de l'économie pour le meilleur.

Le développement de systèmes éducationnels compétitifs, en particulier au niveau secondaire et universitaire est essentiel à l'industrialisation et à la création de services modernes. Une très grande priorité sera accordée aux écoles secondaires techniques. Mais l'expansion d'écoles polytechniques supérieures sera nécessaire si l'on veut maîtriser les technologies complexes.

Créer de nouvelles relations entre les banques et les industries

Quand on examine le service de la dette africaine, on peut déclarer que tout développement est bloqué en Afrique aussi longtemps que les pays africains payeront la dette car ils n'auront pas les moyens nécessaires de financer leur développement. En outre, le paiement du service de la dette compromet à jamais l'avenir des pays africains. Il empêche l'accumulation de capital et est cause de la stagnation économique. Avec la détérioration des termes de l'échange résultant du commerce inégal, le développement d'un processus d'accumulation devient pratiquement impossible. En effet, les revenus de l'exportation des produits primaires et des ressources minérales brutes ne peuvent s'acquitter du paiement du service de la dette et des dépenses d'importation de biens alimentaires, de biens intermédiaires et de biens d'équipement.

De 1995 à 1999, bien que les pays africains au Sud du Sahara aient payé une moyenne annuelle de 31 milliards de dollars, le niveau de la dette dans cette région est resté stationnaire à 140.4 milliards de dollars (African Development Report 2001). Pour pallier au plus vite au manque de financement des entreprises africaines, il est proposé ici de forger un partenariat banque/industrie. Ce partenariat devrait permettre de drainer une grande partie des fonds bancaires vers l'expansion industrielle. Les banques deviendront, de ce fait, les conseillères avisées des industriels. Elles auront aussi pour mission d'organiser en leur sein l'actionnariat et de promouvoir le marché financier axé sur le développement industriel.

Il est, en effet, légitime que les banques qui sont fortement pénalisées en cas de détérioration de la solvabilité de l'entreprise se préoccupent de sa gestion et soient parfaitement informées sur les comportements de dirigeants. La banque-industrie constitue une forme d'organisation bien placée pour mettre en œuvre des fusions-acquisitions, favoriser les restructurations indispensables en termes de ménagement ou de partage de richesse entre créanciers et actionnaires et régler un certain nombre de conflits potentiels en cas de détérioration de la solvabilité d'une entreprise.

La banque dispose a priori d'une meilleure information que d'autres investisseurs car elle détient dans l'exercice de son métier de nombreuses données sur la conjoncture, la solvabilité des entreprises, les anticipations des agents économiques. C'est pourquoi la présence d'une banque dans le capital d'une entreprise est un signe favorable. Ainsi, une relation de partenariat avec une banque permet-elle à une entreprise de bénéficier de conseils avisés, et ainsi, de prendre les meilleures décisions de gestion.

L'entreprise, ayant l'assurance de pouvoir se financer, n'est pas dans l'obligation de communiquer en permanence des informations sur ses projets aux marchés, informant par-là même ses concurrents. Il existe une corrélation positive entre la performance des entreprises et le degré de détention du capital des banques. Les banques exercent en ce moment des fonctions de banques commerciales et celles de banques d'investissement. Les banques exercent une influence sur les décisions des entreprises, soit par le biais des titres détenus directement, soit aussi par les droits de vote qui leur sont confiés par les déposants détenteurs d'actions.

Les banques peuvent également participer au redressement des entreprises en difficulté en augmentant leur participation au capital. S'il y a un pool de banques dans l'entreprise, le pool détenant une partie du capital nomme une banque chef de file, chargée de gérer les financements syndiqués.

En France, le Crédit Lyonnais a pris des participations dans de nombreuses entreprises et détenait en 1993 plus de 1500 lignes de participations au capital des entreprises et consolidait les donnés de plus de 500 entreprises dans ses comptes. La société générale participait au capital des entreprises de télécommunications, de l'industrie électrique et électronique ainsi que des services non financiers (communication et hôtellerie-restauration).

La banque-industrie permet d'être mieux informée sur les pratiques des dirigeants et donc de diminuer les risques inhérents au métier de banquier et d'autre part, de générer les flux d'affaires supplémentaires. En effet, la banque actionnaire est généralement privilégiée dans la relation commerciale, le chef d'entreprise ne la considérant pas de la même manière que les autres banques.

Dans le cas d'une émission de valeurs mobilières ou d'une opération de fusion acquisition, la banque actionnaire est nommée chef de file, obtenant ainsi les commissions les plus importantes. Une banque renommée qui prend 5 % du capital d'une entreprise a un effet catalyseur car les autres actionnaires qui n'ont pas à leur disposition les services d'ingénierie économique et financière, d'évaluation, les services d'études, l'équipe d'ingénierie conseil qui évalue les entreprises et l'avenir des secteurs où elles se trouvent, se disent que si cette grande banque participe au capital, elle a tous les moyens de venir à bout des difficultés ; aussi y viennent-ils !

Certains pays qui ont réussi à s'imposer dans la compétition internationale sont des pays dans lesquels les entreprises ont noué des relations stables et durables avec les banques. Les avantages de ce type de liens sont pour l'entreprise une plus grande stabilité de l'actionnariat et des alliances, la possibilité de ne pas divulguer certaines informations aux marchés financiers, une flexibilité financière plus importante, une diminution des coûts de faillite etc. La plupart des entrepreneurs africains sont contraints de recourir à des prêts bancaires à court terme pour financer des projets d'investissements de long terme.

Sur le marché des capitaux, une petite partie du financement s'effectuait par l'émission d'actions. Le financement obligataire commence à prendre une part importante dans le financement total des émetteurs des pays africains. Le développement de marchés obligataires représente une alternative au financement des prêts bancaires. Un certain nombre de raisons expliquent pourquoi le financement obligataire accuse un coût de capital plus faible et donc est plus susceptible de favoriser la croissance industrielle.

L'usage excessif du crédit bancaire peut entraîner une crise bancaire et affecter soudainement l'activité économique. Si les entreprises n'ont plus accès au crédit, les investissements seront réduits. Il y aura une réduction des emplois et une diminution de la demande générale.

Le développement d'un marché obligataire domestique va accroître les investissements dans les pays. Certains investissements industriels seront attractifs même aux petits investisseurs. Le développement des marchés obligataires domestiques va entraîner une baisse des coûts d'intermédiation. Les coûts d'octroi de crédits ne sont pas soumis à une concurrence en Afrique et sont par conséquent élevés. Les entreprises peuvent réduire le risque de défaut en différant les maturités des actifs et des créances et éviter le risque de change lié aux variations des cours des devises.

En Afrique, il est urgent d'adopter une réforme bancaire permettant d'impliquer la banque comme créancière de l'entreprise ou comme actionnaire. En contrôlant une partie du capital, la Banque va essayer d'influer sur la direction de l'entreprise pour qu'elle la gère efficacement et maximise la valeur de l'entreprise pour les actionnaires. Cependant, il est important de promouvoir des sources de financement alternatives pour le secteur privé par le biais du marché des capitaux.

Les taux d'intérêt élevés découragent les investisseurs éventuels à investir leurs fonds dans les bonds et les actions du marché des capitaux. Il est donc essentiel d'encourager la participation du public dans l'achat des actions de sociétés et de stimuler la mobilisation des fonds en vue d'assurer un développement économique auto-entretenu. Il convient par conséquent de faire en sorte que les compagnies d'assurances, les fonds de pension, les individus très riches achètent une grande partie des bonds et des actions. Une compagne publicitaire est nécessaire pour amener les sociétés privées et les individus à investir dans le marché financier. Le but est d'allouer aux entreprises des investissements en portefeuille plutôt que de recourir systématiquement à des prêts bancaires et de leur permettre de se doter du personnel de management de haut niveau. Des institutions semi-publiques seront mises en place pour émettre des actions et des bonds.

Les politiques industrielles communes

Les politiques industrielles visent à corriger les insuffisances des structures industrielles des pays membres. Il importe par conséquent de bien connaître les contraintes au développement industriel dans les CER, d'identifier les insuffisances des structures industrielles tant au point de vue des branches industrielles que des politiques industrielles pour suggérer les mesures politiques susceptibles d'améliorer leur performance et la productivité des unités industrielles et d'encourager les investisseurs vers les branches industrielles prioritaires. La part de l'industrie manufacturière dans le PIB des pays membres est très faible, (7 à 26 %). Les principales contraintes au développement industriel dans les CER sont bien connues :

- L'étroitesse des marchés intérieurs ;
- La faible productivité des unités industrielles et les difficultés d'accès au financement et aux technologies ;

- L'agroalimentaire et le textile représentent les 2/3 de la valeur ajoutée manufacturière ;
- Les unités industrielles sont handicapées par le développement insuffisant des industries de soutien telles que les emballages et le machinisme agricole ; etc.
- Au niveau macroéconomique, les pays sont peu attractifs à l'investissement industriel à cause de l'étroitesse des marchés nationaux, la qualité limitée de services, l'insuffisance des infrastructures de base ;
- La faiblesse des investissements tant dans les infrastructures que dans le secteur manufacturier ainsi que des coûts élevés des facteurs de production ;
- Au niveau des entreprises, on note les déficiences dans le management des entreprises ;
- Enfin les accords de l'Organisation Mondiale du Commerce vont entraîner l'érosion des préférences régionales non seulement pour les produits tropicaux à l'exportation, mais surtout un abaissement des taux des droits d'entrée pour les importations en provenance des pays tiers.

Le développement industriel en Afrique a été et demeure déficient à cause de la défaillance de la structure industrielle qui se caractérise par l'absence des industries intermédiaires et des biens d'équipement. Cette absence crée un besoin croissant de l'importation des biens intermédiaires. La balance des paiements accuse des déséquilibres de plus en plus graves.

L'absence de produits intermédiaires et de biens d'équipement ralentit la modernisation de l'économie nationale, freine la productivité des secteurs économiques clefs et réduit considérablement le rythme d'industrialisation. En outre, elle réduit le taux de création d'emplois, de formation de la main d'œuvre spécialisée et empêche la diversification économique. La structure économique n'est pas apte à attirer des investissements directs étrangers. La stagnation des investissements industriels conduit à la stagnation économique générale. Il y aura fuite de capitaux locaux vers l'extérieur, à la recherche de gains élevés. Or, en Afrique, à l'exception de l'Afrique du Sud, de l'Algérie, de l'Egypte, de la Lybie et du Zimbabwe, les complexes sidérurgiques par exemple, n'existent nulle part sur le Continent. Pas de production d'équipements industriels pour la fabrication des machines lourdes électriques et de machines-outils ni de fabrication de machines lourdes de terrassement et de construction ou d'équipements d'usines de fabrication de ciment, de papier, etc.

Il n'y a pas de production de produits chimiques et de produits pétrochimiques de base : engrais azotés, acide sulfurique, urée, acide phosphorique, phosphate de potassium, soude caustique, sulfate de soude, pénicilline, fibres synthétiques, explosifs industriels, polystyrène, chlorure de polyvinyle, (PVC), bicyclettes, machines à coudre, produits électriques, machines de fabrication de tissu, de sucre. Il n'existe même pas de développement de la petite mécanique et électromécanique.

En somme, les principaux produits industriels qui font défaut sont les produits d'acier, les engrais, les équipements industriels, les produits de la forge, de la fonderie, du moulage et de l'usinage des métaux, etc. Il n'existe presque pas de firmes d'ingénierie capables d'assister les entrepreneurs africains dans le design de leurs usines et la conception de procès de fabrication.

Le financement de ces unités industrielles pourrait venir de l'investissement direct étranger et des entreprises d'économie mixte. En effet, la transformation industrielle des ressources minières en produits intermédiaires vise à approvisionner non seulement les marchés africains, mais aussi à exporter une partie des biens intermédiaires pour satisfaire les besoins extérieurs.

La politique industrielle vise à améliorer la productivité industrielle

L'objectif de la politique industrielle de l'Union Africaine est d'améliorer les avantages concurrentiels de ces pays membres dans leur effort d'industrialisation. Dans les pays africains, les points centraux de la politique industrielle seront :

La recherche des économies d'échelle.

Il s'agit d'améliorer l'efficacité des systèmes de production, soit en accroissant l'échelle de production de certaines unités industrielles, soit en améliorant les conditions de concurrence, soit encore, en assurant la mobilité des facteurs de production. Les zones de libre-échange et les unions douanières ne pourront pas constituer de grands marchés domestiques pour les CER, de par leur seule existence. Dans ce marché, l'industrie doit pouvoir maximiser le profit grâce à un marché plus large ; elle doit pouvoir jouir des économies d'échelle et bénéficier du développement technologique et des avantages du grand marché grâce à la suppression des barrières douanières pour libérer les flux commerciaux communautaires, promouvoir la concurrence entre les entreprises des différents pays membres des CER et assurer l'abolition des barrières techniques au commerce intracommunautaire des produits alimentaires et autres produits industriels. Les autres mesures d'élargissement du marché sont :

- La construction du marché interne en ce qui concerne la libéralisation des marchés publics, l'harmonisation des normes et des standards et la suppression des barrières légales et fiscales au commerce et à l'investissement. L'objectif central est d'encourager un environnement favorable à la coopération industrielle ;
- La politique de la concurrence devra réguler les subventions des Etats aux unités industrielles ainsi que les problèmes de monopole d'Etat ;
- La politique industrielle est le point focal de la stratégie d'intégration économique régionale. Elle touche tous les secteurs clefs des pays membres des CER ;
- Le développement de la cohésion physique au niveau de chaque CER par la construction des infrastructures de transport, d'énergie et de communication va stimuler l'accroissement de la productivité et de la compétitivité industrielles.

Les autres facteurs importants de la productivité industrielle sont :

- Le principe sacro-saint d'économies nationales à marché ouvert et à concurrence libre avec les pays membres des CER ;
- Le principe fondamental de la formation de la main d'œuvre ;
- La diversification de la structure industrielle ;
- La solution du problème de financement de l'industrialisation étant entendu que le manque de financement industriel conduit à la stagnation économique générale.

La politique de compétition dans les CER

L'objectif de la compétition dans la Communauté est d'émuler les firmes à produire au plus bas prix et à offrir les produits de meilleure qualité dans le but de conquérir une part plus grande du marché. Il importe par conséquent de développer et de défendre la compétition sur le marché communautaire en supprimant les abus :

- L'élimination des accords qui limitent la compétition et des abus résultant d'une position dominante, par exemple, deux compétiteurs majeurs qui s'accordent sur les prix en vue de sauvegarder leurs seuls intérêts ;
- Le contrôle de fusions entre les firmes (fusion de deux grands groupements industriels qui aboutit à une domination du marché et qui met en péril plusieurs firmes qui pourraient contribuer à un meilleur approvisionnement du marché) ;
- La libéralisation des secteurs industriels qui faisaient l'objet de monopole (ex : télécommunication d'Etat..) dont la libéralisation constitue la condition majeure de leur expansion ;
- Le contrôle de l'aide fournie par l'Etat ;
- L'élimination des dons d'Etat visant à maintenir une industrie qui faisait des pertes et qui n'a aucune chance de devenir profitable.

Une compétition effective entre des firmes industrielles bénéficie aussi bien aux consommateurs qu'aux industries elles-mêmes. En effet, les petites et moyennes industries souffrent le plus de la domination du marché et des méthodes monopolistiques des grandes entreprises. En outre, la politique de compétition permet l'entrée sur le marché de nouvelles entreprises qui sont pour la plupart des PMI.

Dans le domaine de la technologie, les entreprises d'économie mixte et les expositions organisées par les fournisseurs d'équipements industriels constituent des instruments d'accès à la technologie. L'absence du marché de capital pour les PMI retarde l'expansion rapide d'un secteur de petites et moyennes industries africaines, particulièrement, celles qui sont dans le domaine agro-industriel et qui ont réellement besoin de flux réguliers de capitaux provenant du marché financier. Les pays membres et les CER devraient améliorer leur mécanisme de consultation et de négociation des PMI pendant la formulation conjointe des politiques qui vont affecter la vie de ces entreprises. Il est nécessaire que ces organisations participent pleinement à la définition des politiques industrielles qui les affectent. Dans le moyen et long terme, l'éducation et la formation devraient viser à développer une culture d'esprit d'entreprise qui devrait aboutir au lancement de beaucoup d'entreprises industrielles et à la création d'emplois.

L'apprentissage devrait recevoir une place de choix qui combine l'éducation secondaire et l'expérience du travail pratique. On devrait organiser des séminaires de formation à la gestion pour les nouveaux chefs d'entreprise avant le démarrage des activités de leurs entreprises. Les jeunes et les femmes devraient bénéficier de programmes spéciaux de formation.

Un programme de formation continue devrait être conçu pour les technologies nouvelles. Les garanties du fond d'investissement africain devraient faciliter l'accès au crédit. Le coût du premium de la garantie sera pris en charge par le budget de la Communauté régionale. On pourrait aussi organiser un marché de capitaux pour les petites et moyennes industries soit par une initiative privée, soit par le partenariat Etat/privé. Le marché public de toute la région devrait être ouvert aux PMI.

Il importerait aussi de stimuler le commerce intra-communautaire par la suppression des barrières tarifaires et non-tarifaires et créer des grands marchés régionaux dans les régions économiques du Continent.

La construction des structures industrielles régionales

L'utilisation optimale des capacités déjà installées dans les sous-secteurs industriels clefs devrait être effectuée avant la création de nouvelles unités industrielles. Certaines industries dont l'expansion était freinée par l'importation de produits intermédiaires à cause de manque de devises, recevront une impulsion toute particulière. On procédera à l'assemblage des machines lourdes suivantes :

- Les locomotives diesel et électriques ;
- Les tracteurs, camions, équipements électriques ;
- Les machines pour usines industrielles ;
- Les équipements électriques lourds.

En effet, ces industries ne peuvent être assemblées sur place que si plusieurs de leurs composants sont fabriqués localement grâce à la disponibilité des produits intermédiaires. Si l'on mettait l'accent sur les programmes de construction de machines et d'équipements lourds, le développement des capacités de conception et la maîtrise de certaines expertises et savoir-faire recevront la préséance. Dans le domaine de l'assemblage d'automobiles, l'investissement nécessaire pour accroître le contenu local devrait être mené à bien avant d'établir de nouvelles unités d'assemblage ou d'étendre les capacités existantes.

Les avantages découlant d'une industrie efficiente de logiciels ne se réduisent pas à la réalisation des revenus d'exportation et à l'accroissement des flux d'investissements directs étrangers mais ils proviennent également des gains de productivité résultant de l'emploi de ces logiciels dans les structures économiques du pays.

On devrait implanter, dès le départ du processus de croissance économique, de grandes usines d'engrais azotés et phosphatiques dans le but de déclencher la révolution verte.

L'ouverture précoce des économies africaines à la concurrence internationale va freiner l'industrialisation du Continent. Cette ouverture doit intervenir seulement lorsque des capacités productives efficientes ont été développées dans le secteur industriel.

Le développement rapide de l'Asie va s'accompagner d'une élévation des salaires réels et du coût de la main d'œuvre. Les pays africains pourraient s'accaparer d'une part appréciable du marché des pays d'Asie de l'Est, avec l'érosion de leur compétitivité industrielle, s'ils parviennent à maîtriser et à réduire les coûts de l'énergie, des transports et de l'investissement. La libéralisation du marché doit intervenir d'abord au niveau régional et continental avant d'être appliquée à l'extérieur. En fait, c'est la protection de l'agriculture des pays riches qui est la cause de la stagnation des pays en développement, surtout des pays en développement qui ont réussi a développer une agriculture à haut rendement. Les pays en développement perdent 40 % du revenu total du commerce agricole à cause de l'ensemble des mesures de protection prises par les pays développés.

Politique industrielle axée sur le développement des capacités locales

Les pays africains doivent faire des efforts énormes pour améliorer leurs infrastructures qui faciliteront la production agricole et industrielle et adopter des méthodes d'organisation nouvelles de production et de distribution. Un objectif primordial à atteindre le plus rapidement possible sera de créer les conditions propices permettant aux petites et moyennes entreprises d'atteindre la taille critique les mettant en position de produire efficacement et de faire concurrence avec les produits d'importation. Pour y parvenir, on s'efforcera de les concentrer au départ sur des secteurs de technologies bien maîtrisées, tels que les industries alimentaires, textiles, industries métalliques, transformation du bois, matériaux de construction, etc.

Les défis d'une politique industrielle de l'Union seront d'améliorer l'attractivité des régions africaines comme lieu de production industrielle, d'assurer le transfert et la maîtrise technologique en associant le transfert de la technologie appropriée avec la formation de la main d'œuvre qualifiée et d'identifier des dirigeants d'entreprise compétents et innovateurs. Ensuite, les mesures seront prises pour introduire les technologies de l'information et de communication dans la vie des entreprises.

Les Etats membres s'attaqueront aux facteurs qui entravent l'élévation de la productivité des entreprises :

- Les barrières douanières ;
- Les obstacles techniques (normalisation et standardisation, etc.) ;
- L'absence de financement ;
- Les disparités des fiscalités indirectes qui créent de grandes disparités de prix.

Il est crucial de procéder au renforcement des infrastructures, des institutions et des mécanismes de politique industrielle grâce à l'adoption des politiques suivantes :

- La politique de la formation du marché unique régionale ;
- La politique commerciale ;
- Les politiques de transports ;
- Les politiques énergétiques ;
- La politique de concurrence ;
- La politique macroéconomique au niveau de chaque région ;
- La politique de recherche et développement ;
- Les politiques de la protection des consommateurs.
- L'amélioration du secteur des services ;
- Le financement des banques ;
- Le développement des compagnies d'assurances ;
- Les organismes de traitement des données ;
- Les organismes fournisseurs de services de télécommunications ;
- La recherche par les universités et les laboratoires ;
- L'organisation des services des consultants locaux ;
- La création des bureaux d'études industrielles et d'ingénierie ;
- La formation professionnelle par les centres de formation et d'excellence ;
- La qualité certifiée par les organismes de certification ;
- La commercialisation dans les pays membres par les représentants et les firmes concessionnaires.

L'avantage compétitif acquis grâce au savoir-faire et à l'innovation technologique, va prendre préséance sur l'avantage comparatif habituel marqué par la disponibilité des matières premières.

En résumé, la politique industrielle joue un rôle primordial dans l'accélération de la croissance et du développement économiques. Il faut promouvoir des entreprises industrielles capables de satisfaire la demande intérieure de façon compétitive, de faire face à la concurrence extérieure et de dynamiser tout le processus de croissance économique par la valorisation des ressources agricoles, pastorales, halieutiques et minières des pays membres des CER.

Pour y parvenir, il importe de mettre en œuvre les grands objectifs suivants :

a) la réalisation du marché commun d'abord des produits alimentaires et ensuite des produits agricoles et industriels d'origine

- Le marché commun régional offre les possibilités d'économie d'échelle pour les investissements mais aussi pour le développement de nouveaux produits (diversification) ;
- Les produits originaires des CER, agréés bénéficieront d'une préférence par rapport aux produits similaires importés de l'extérieur ;
- Quant aux produits industriels originaires des CER qui ne sont pas encore agréés, ils devraient bénéficier lors de l'importation dans un pays membre, d'une réduction des droits d'entrée par rapport aux produits similaires originaires des pays tiers ;
- L'harmonisation des droits d'entrée des produits des pays tiers sera régie par un tarif extérieur commun ;
- En outre, la suppression des barrières non tarifaires, le bon fonctionnement des règles de concurrence, la libre circulation des personnes, des services et des capitaux et le droit d'établissement sont des conditions indispensables pour rendre le marché unique effectif.

b) La mise en place d'un environnement macro-économique stable et harmonisé

La maîtrise de l'inflation est essentielle pour renforcer les monnaies régionales et pour attirer un volume important d'investissements directs. Les flux d'investissements privés dépendent principalement de l'amélioration du cadre macro-économique.

c) L'Etat doit réhabiliter les infrastructures économiques et valoriser les ressources humaines

La mise en place d'un environnement juridique propice résoudra les problèmes suivants :

- La simplification des régimes fiscaux et l'harmonisation des taux de fiscalité indirecte ;
- Le code communautaire des investissements ;
- Les garanties diverses à l'investisseur ;
- L'adoption de la convention créant le Centre international pour le règlement des différents relatifs aux investissements.
- La mise en œuvre du Traité de l'Organisation pour l'Harmonisation des droits des affaires en Afrique (OHADA).
- Le droit commercial général ;
- Le droit des sociétés commerciales et du groupement d'intérêt économique ;
- L'organisation des sûretés ;
- Les procédures simplifiées de recouvrement et les procédures collectives d'apurement du passif.

d) Le développement des infrastructures physiques de base

- Le développement des infrastructures de transport, de télécommunications, et de production énergétique constitue une composante de la politique industrielle de l'Union ;
- Le développement des infrastructures transrégionales vise à faciliter les échanges intra-africains et à donner à toutes les économies nationales des CER les possibilités d'accès au marché africain et de valoriser leurs ressources naturelles grâce à la réduction des coûts des facteurs de production. Dans la CEDEAO, par exemple, il y a une grande disparité des prix d'électricité et de transport ;
- En 1996, le prix du KWh dans l'UEMOA représentait 4 à 6 fois les prix du Ghana et du Nigeria et 2 fois le prix de plusieurs pays d'Asie du Sud Est ;
- Les coûts des transports internationaux représentaient 16 à 21 % de la valeur totale des échanges extérieurs des Etats côtiers et 19 à 32 % celle des pays sahéliens de l'UEMOA.

e) La valorisation du capital humain et de la technologie

La capacité d'assimiler de nouvelles technologies et de nouvelles méthodes organisationnelles est un préalable au développement industriel.

Il importe donc :

- De promouvoir une meilleure adéquation entre les besoins de l'industrie et l'offre fournie par le système éducatif ;
- De renforcer le développement de la formation professionnelle et technique ;
- D'effectuer des échanges accrus de compétences et de technologies entre les Etats membres.

f) Renforcement des structures d'appui de la recherche et développement

Le développement agricole doit viser à assurer la régularité de l'approvisionnement.

- Les agro-industries sont soumises aux aléas de la production agricole.
- Les coûts des produits agricoles entrant dans la fabrication des produits agro-industriels influent fortement sur les prix de revient.

g) Coopération régionale

- Compte tenu de l'accroissement de la concurrence provenant de l'ouverture des marchés, d'autres politiques sectorielles devront être mises en œuvre pour consolider les structures industrielles au niveau des CER.

  1. La diversification du tissu industriel fait appel à la création de nouvelles industries s'appuyant sur le marché régional pour atteindre la taille critique. La diversification du tissu industriel conduira à la création de PMI dans les secteurs de l'agro-industrie et les services de soutien à l'industrie.

  2. La rationalisation va conduire à la spécialisation. Trois principes visent à maximiser la performance du secteur industriel.
- Certaines pratiques telles que les ententes, les concentrations, l'acquisition de position dominante par certains groupes, les situations monopolistiques ou oligopolistiques ne doivent pas faire obstacle au libre jeu du marché et de la concurrence.
- Le principe de coopération doit stimuler la mise en place des sociétés anonymes multinationales, multiplier les partenariats, faciliter des accords commerciaux avec l'extérieur et contribuer à l'amélioration de l'image internationale des pays africains.
- Le principe de solidarité doit viser à prendre en compte les problèmes spécifiques des zones les plus défavorisées.
- Les programmes de promotion de la qualité.

- La maîtrise de la technologie en vue de produire des biens de qualité.
  Les industries doivent avoir la capacité de fabriquer des produits conformes aux normes internationales et acquérir des labels. La concurrence impose un relèvement du niveau de qualité des produits exportés en se conformant aux normes imposées par le marché. La normalisation à l'échelle communautaire est essentielle pour faciliter les échanges au sein de l'Union. Elle constitue également un instrument de protection de la production locale, de la santé et de la sécurité des consommateurs.
  Il faut créer un office régional de normalisation, de certification et de métrologie. Le renforcement des structures d'appui liées à l'organisation, à la gestion et à la formation.
- Les conditions d'accès à l'information permettant de disposer de compétences, de capitaux requis, de technologies et d' opportunités d'affaires et de marchés et réduire les coûts des facteurs de production.
- La création d'un réseau régional de bourses de sous-traitance doit permettre le développement des contacts et des échanges au sein de l'Union et la mise en place de partenariat avec le secteur privé international.

Les actions proposées ci-dessus devraient déclencher dans les CER une expansion du secteur de l'agroalimentaire qui soutiendra une productivité élevée dans l'agriculture. L'augmentation du pouvoir d'achat qui en résultera justifiera l'assemblage d'un grand nombre d'industries électroménagères et de transport dans les CER. Les investissements dans le domaine industriel s'accroîtront de façon cumulative. Ils vont s'effectuer dans le domaine de la transformation des ressources minières pour bénéficier des coûts bas des facteurs de production, (énergie, transport, main d'œuvre). Les pays africains auront en ce moment réalisé la condition nécessaire principale de l'attrait des investissements directs étrangers en devenant eux-mêmes des pays émergents.

Le cas particulier des petites et moyennes industries

Il importerait de créer au niveau de chaque région un comité d'action en vue de coordonner les politiques des Etats membres concernant les petites et moyennes industries de chaque grande communauté régionale.

Ce Comité prendrait des décisions sur les points suivants :

Les aspects légaux, la facilitation des procédures d'établissement et d'opération des petites et moyennes industries, PMI, le problème de financement, l'accès aux services, l'accès à la technologie appropriée.

- L'harmonisation des politiques nationales et communautaires ;
- La mise en place d'un système de consultation et de négociation entre les gouvernements et les organisations représentant les petites et moyennes industries permettra d'adopter les voies et moyens pour atteindre les résultats suivants ;
- Etablissement au niveau de la Communauté d'institutions susceptibles d'adopter une stratégie de formation pour les PMI, de leur fournir un système d'information pour les besoins de leurs opérations, et de leur assurer un personnel bien qualifié.

Certains de ces besoins sont :

- Un environnement administratif transparent ;
- La disponibilité de capital et de crédits de fonctionnement ;
- Des informations fiables relatives à l'achat des équipements industriels appropriés et des intrants et matériels ;
- L'accès à des programmes de formation adaptés pour faire face aux besoins spécifiques de l'industrie. La création d'un environnement favorable à l'expansion des PMI implique la réalisation d'un certain nombre de programmes dans la Communauté ;
- Le développement de l'esprit d'entreprise, l'acceptation du rôle de l'entrepreneur indépendant dans la société, la vulgarisation des méthodes de gestion les plus efficientes et la formation et l'appui aux jeunes et aux femmes entrepreneurs ;
- L'achèvement rapide du marché intérieur communautaire en vue d'accroître les débouché des PMI : abolition des barrières physiques, harmonisation des standards techniques et l'accès des PMI aux marchés publics ;
- L'adoption d'une législation des sociétés dans ce domaine, par exemple en matière de comptabilité ;
- La mise en place d'un cadre de compétition saine ;
- L'adoption d'une taxation appropriée ;
- L'amélioration d'un environnement social propice aux PMI, notamment en matière de coopération.

Les besoins spécifiques des PMI sont :

- Une formation visant à assimiler les changements technologiques ;

- L'information portant sur les équipements industriels, intrants et matériels industriels ainsi que sur le marché ;
- L'assistance aux industries d'exportation : accès au marché des pays étrangers, la formation pour améliorer les produits d'exportation et maîtriser les techniques d'exportation ;
- Les activités promotionnelles et de marketing ;
- L'appui donné aux nouvelles industries en vue de faciliter la maîtrise des nouvelles technologies ;
- La coopération entre les firmes industrielles au niveau national et régional ; la coopération visant à créer un cadre régional et national et de renforcer les relations de sous-traitance entre les grandes et les petites industries ;
- La mobilisation effective de l'épargne intérieure pour faciliter l'accès des PMI au financement, leur apprendre comment utiliser mieux les prêts octroyés, accéder au marché financier et aménager un marché de capitaux pour les PMI.

Les programmes des PMI incluront :
- L'organisation de la compétition des firmes dans une économie où l'information circule ;
- La simplification et l'amélioration des procédures administratives pour permettre l'expansion de la recherche, des innovations et la création des PMI ;
- L'amélioration des sources de financement ;
- La facilitation de l'accès des PMI aux programmes, aux services de soutien et aux réseaux mis en place par la Communauté ;
- L'organisation des tables rondes des banquiers et des petits et moyens industriels pour définir les meilleures méthodes de gestion, améliorer les relations entre banques et industries ;
- L'organisation des séminaires sur les différents aspects de financement des PMI comprenant le marché des capitaux, les garanties mutuelles, le leasing, l'accès au crédit à long terme, le marché obligataire et la mise en place des petites sociétés d'investissement ;
- Des sociétés d'économie pourraient prendre des formes diverses de partenariat entre au moins deux petites industries de deux pays différents, dans lesquels aucun des partenaires ne contrôlera pas plus de 75 % des actions du capital social ;
- Le concept de société d'économie mixte comprend toute forme de consortium, de partenariat, relative à l'industrie, au commerce et au service. L'objectif principal étant la mise en place

d'unités qui créent des emplois nouveaux. L'Union Africaine et les CER devraient assister financièrement à l'établissement des sociétés d'économie mixte ;
- L'organisation des réunions pour encourager des contacts entre PMI.

Pendant ces réunions, les chefs d'entreprises auront des discussions tête à tête avec leurs collègues d'autres pays. Les grandes entreprises industrielles seront encouragées à offrir des contrats de sous-traitance aux petites industries dans le but de les emmener à se spécialiser dans les domaines clefs et de réduire la dimension de leurs activités. Des programmes spéciaux seront mis en place pour les jeunes entrepreneurs et les femmes entrepreneurs.

Chapitre III

L'importance de la valorisation des ressources minières

Les industries basées sur les ressources minières en Afrique

La grande majorité des pays africains dotés de ressources minières industrielles se contentent actuellement d'exporter soit les minerais de fer, soit de bauxite, soit encore des minerais de cuivre, de manganèse, etc. Des entreprises multinationales se sont constituées, très souvent sous l'impulsion des Institutions de Bretton Woods, pour exploiter et exporter les ressources minières africaines. Bien que les revenus d'exportation provenant de ces exploitations minières ne soient pas importants pour déclencher le décollage économique et qu'ils ne génèrent aucun effet notoire, leur contribution au financement du budget national de ces économies étranglées par le paiement de la dette extérieure apparait essentielle. L'absence de valorisation de ces ressources minières sur place provoque un moins à gagner qui explique pourquoi les économies africaines languissent dans la stagnation économique depuis leur indépendance. Si l'on prend le cas des pays producteurs de bauxite, une tonne de bauxite se vend a 30 US dollars et une tonne d'alumine à 300 US dollars. Mais une tonne d'aluminium se vend à 1450 dollars, approximativement.

Pour produire une tonne d'alumine, il faut approximativement 4 tonnes de bauxite, et pour produire une tonne d'aluminium il faut 2 tonnes d'alumine provenant de 8 tonnes de bauxite. Le moins à gagner du pays producteur de bauxite pour une tonne d'aluminium est de 1210 dollars. Le cout d'établissement d'une fonderie d'aluminium de 250.000 tonnes d'aluminium est estimé à environ 1.3 billion US dollars. Cette production d'aluminium est équivalente à un revenu annuel brut de 362.500.000 millions de dollars ; il est permis de dire que le coût de l'investissement total peut être remboursé en quatre ans.

Pour diverses raisons, absence de sécurité et de stabilité politique, manque d'infrastructures adéquates, marché intérieur exigu, insuffisance de formation de la main d'œuvre, les ressources minières africaines sont exportées sur d'autres continents et contribuent au développement économique des pays étrangers. Cependant, la firme multinationale Billiton a porté la production d'aluminium en Afrique de 600.000 tonnes à 1.350.000 tonnes de 1995 à 2000. L'exemple de Billiton montre que l'Afrique peut s'engager dès aujourd'hui dans la valorisation de ses ressources minières pour satisfaire ses exigences de croissance et de développement et répondre à la demande extérieure.

Essai de définition d'une stratégie

L'industrialisation basée sur les ressources naturelles devrait faire naître en Afrique des industries intermédiaires qui se situeront en amont des structures industrielles nationales qui sont plus ou moins désarticulées. Cette industrialisation conduira au renforcement de la base industrielle dans chaque CER. Elle déclenchera une accélération de la croissance des pays africains. Grâce à l'établissement des relations intersectorielles et interindustrielles, elle va provoquer une diversification rapide des structures industrielles nationales. Alors que ces pays ne sont actuellement que des exportateurs de matières premières, particulièrement minières, d'or et de diamant, ils pourront promouvoir des unités d'assemblage d'appareils électroménagers et des industries automobiles ainsi que la fabrication des pièces détachées. Cependant, les pays africains devraient se focaliser, au préalable, sur un certain nombre de tâches importantes.

Des investissements importants seront effectués dans la construction des infrastructures physiques telles que les routes, les chemins de fer, les infrastructures portuaires, les centrales électriques, les infrastructures sociales, écoles, hôpitaux, etc.

La création et le renforcement des marchés régionaux de biens et de services vise à intégrer le composant « industrialisation » au processus de croissance et de développement économiques. Il y a lieu d'éviter une carence majeure qui pourrait réduire considérablement les avantages de cette industrialisation. L'industrialisation basée sur les ressources naturelles fait appel à un développement simultané des chaînes de valeur des produits intermédiaires qui font l'objet de demande des populations. En effet, le manque de diversification, de productivité, partant de compétitivité du secteur industriel d'une part, et l'augmentation des revenus d'exportation provenant de la vente des produits intermédiaires d'autre part, pourraient aboutir à une dépréciation des monnaies locales si les entrepreneurs locaux en partenariat avec des investisseurs étrangers n'utilisent pas ces demi-produits pour fabriquer plusieurs catégories de biens industriels destinés à satisfaire la demande des populations.

En effet, un excès de demande pour les biens et services pourrait apparaître puisque les importations ne pourront pas satisfaire cette demande et que l'offre intérieure est déficiente. Les prix des produits importés vont s'accroître plus rapidement que les revenus des particuliers à cause de la lenteur de la croissance économique provenant du manque de diversification économique.

La main d'œuvre, et particulièrement la main d'œuvre bien formée va exiger des salaires plus élevés. Les investissements effectués dans le pays feront appel à des taux de profit plus élevés et les capitaux, à des taux d'intérêt plus hauts. Les facteurs de production vont fuir les autres secteurs de l'économie, et regrettablement, l'agriculture, pour venir s'investir dans le domaine minier et du nouveau secteur de production de biens intermédiaires. La production locale ainsi que l'exportation vont décroître à cause de la baisse des prix réels tandis que les importations vont s'accroître.

Le niveau des recettes budgétaires de l'Etat, l'équilibre de la balance des paiements et le volume de l'emploi vont tous dépendre de ce nouveau secteur minier et métallique. L'avantage comparatif certain dont bénéficie l'industrialisation basée sur les ressources naturelles, couplé avec d'autres avantages majeurs découlant des facteurs de production peu chers, tels que des coûts d'électricité très bas, les salaires peu élevés de la main d'œuvre, fera ressortir les opportunités d'établissement des industries compétitives dans la chaîne de valeur de ces produits intermédiaires. L'objectif capital sur le marché régional est donc de conquérir une position compétitive dans les filières industrielles de ces produits intermédiaires.

Il y a actuellement un grand marché de pièces détachées et de composants en Afrique. La fabrication de ces pièces détachées et de ces composants sera justement le point de départ de l'activité manufacturière dans les CER.

Les techniciens africains pourraient avoir des difficultés pour fabriquer certaines pièces détachées ou de composants, surtout au bout de la chaîne, tels que, par exemple, les cabines des camions parce que d'autres inputs additionnels pourraient s'avérer nécessaires. Mais, grâce aux alliances stratégiques judicieusement sélectionnées et grâce à l'existence réelle de larges marchés régionaux, ils parviendront à manufacturer tous ces biens durables de consommation.

Les mesures de sauvegarde

D'autres obstacles extérieurs pourraient menacer l'application de cette politique d'industrialisation si des mesures de protection ne sont pas adoptées. Les subventions de l'Union européenne se chiffrant à 80 milliards de dollars, seulement en faveur des aciéries des pays membres de l'Union européenne, les barrières tarifaires, les mesures de rétorsion contre le dumping et l'application des normes et des standards relatifs à l'environnement et au travail en application dans l'Union européenne, par exemple. Dans le domaine des tarifs, les pays industrialisés n'appliquent pas de tarif aux minerais de fer et aux minerais pelletisés ; ils appliquent des tarifs bas aux métaux et aux alliages, tandis que les tarifs affectant les demi-produits sont élevés et ceux relatifs aux produits finis sont encore plus élevés. Les pays de l'Union européenne ont en outre adopté deux politiques de protection. Protection contre une compétition jugée inégale qui pourrait causer du préjudice à l'industrie de l'Union européenne et protection en faveur des industries stratégiques de l'Union.

Les choix fondamentaux

Pour s'embarquer dans l'industrialisation basée sur la valorisation des ressources minières, les pays membres de l'Union africaine doivent faire un certain nombre de choix fondamentaux. Le premier choix stratégique à faire est l'identification de leurs partenaires véritables qui trouvent leur intérêt dans la valorisation sur place des ressources minières africaines. La valorisation des ressources minières africaines servirait d'abord à moderniser les secteurs économiques prioritaires des CER et à renforcer et à diversifier les structures industrielles nationales. Les pays partenaires importeraient les produits intermédiaires africains dont ils sont co-producteurs pour les besoins de leur développement économique accéléré, dans des conditions beaucoup plus avantageuses.

Aujourd'hui, quelques firmes multinationales contrôlent la production d'acier, d'aluminium, de cuivre, etc.. La Chine et l'Inde auront intérêt à avoir leurs canaux d'approvisionnement propres en produits intermédiaires de ces metaux. La mise en valeur de ces ressources minières demande que les pays africains, la Chine et l'Inde mettent en place des sociétés anonymes multinationales pour la transformation industrielle de ces ressources minières africaines sur place.

Deux conditions préalables importantes seront accomplies en premier lieu. D'une part l'Union Africaine avec son Agence d'exécution, le NEPAD, établira la Société d'Investissement Africaine, composée uniquement d'actionnaires africains dont la tâche principale sera de mobiliser les fonds nécessaires pour le démarrage des grandes infrastructures africaines et la mise en place des sociétés anonymes multinationales africaines. D'autre part, le gros du financement proviendra d'un consortium de sociétés commerciales, bancaires, d'assurances et industrielles Indiennes et Chinoises.

Dans certains cas, particulièrement quand il s'agit de grands projets d'infrastructures, la formule Build, Operate and Transfer pourra être utilisée. Il n'y a aucun doute que cette formule intéressera la Chine notamment pour le développement électrique des grands barrages africains, l'exploitation et le transport du pétrole et du gaz des pays de l'intérieur par le biais des gazoducs et des oléoducs.

Les cas d'exemple

Plusieurs pays développés, tels que la Finlande, la Suède, le Canada, etc., ont utilisé leurs ressources naturelles pour promouvoir une industrialisation très avancée. Ils se sont spécialisés dans le développement de filières industrielles de leurs ressources naturelles, particulièrement dans la fabrication des pièces détachées et des composants qui utilisent beaucoup de main d'œuvre bien formée et la production de certains biens d'équipement.

Par ailleurs, le succès des pays du Sud-Est Asiatique est manifeste dans la transformation industrielle du bois. L'Indonésie est passée en quelques années du statut d'exportateur de bois de grumes à celui de premier exportateur mondial de contreplaqués tropicaux, tout en se dotant d'une puissante industrie de transformation de bois. Le pays est en train de se débarrasser des relations de dépendance qu'on observe dans les pays africains exportateurs de produits primaires. La stratégie d'industrialisation basée sur la valorisation des ressources naturelles se traduit en Indonésie par un ensemble de mesures administratives qui vont des incitations fiscales visant à promouvoir la transformation du bois, à l'interdiction d'exporter du bois brut, en passant par les quotas, ou les taxes d'exportation sur les grumes.

Cette politique de transformation locale repose sur un pacte social de l'ordre économique et social nouveau qui promeut la croissance et le développement économiques, l'enrichissement des classes moyennes et la création d'emplois, dans le but, de contenir le niveau de chômage dans des proportions tolérables.

En 1990, les recettes d'exportation de l'industrie du bois de l'Indonésie, constituées principalement de la vente de contreplaqués ont atteint plus de 3 milliards de dollars, représentant 15 % des recettes d'exportation totales en devise du pays. En outre, l'Indonésie plante des espèces d'arbres à croissance rapide, destinées principalement à la production de pâte à papier. Autre exemple, les Philippines. Ce pays est devenu importateur net de bois brut pour son industrie locale de bois. La fabrication de meubles qui sont exportés avec succès, dans le monde entier, repose sur des réseaux décentralisés de petites entreprises plus que sur des industries de grande dimension.

L'industrialisation basée sur la transformation des ressources minières, considérée comme la stratégie d'industrialisation du Continent

Un processus vigoureux d'industrialisation peut être déclenché sur le Continent Africain si les décideurs africains réussissent, au préalable, la combinaison de deux éléments stratégiques : L'accroissement de la productivité agricole et le développement d'un secteur agroalimentaire spécifique aux grandes régions respectives du Continent. Cette agriculture s'appuiera sur l'utilisation des engrais chimiques, phosphatiques, azotés et potassiques, produits sur le Continent, sur l'usage des équipements et machines agricoles assemblés dans les usines africaines en partenariat avec les investisseurs étrangers, sur le développement progressif des surfaces irriguées en utilisant les barrages de réservoirs, sur l'emploi des semences et des plantes sélectionnées et sur la transformation industrielle de matières premières agricoles en faisant appel aux technologies des pays qui se situent dans les zones écologiques similaires à celles des pays Africains.

- Le premier objectif poursuivi est d'accroître le pouvoir d'achat des paysans africains qui constituent à peu près 65 % à 70 % de la population totale et par conséquent d'élever le taux d'épargne national.
- Le deuxième objectif est d'atteindre un haut niveau d'autosuffisance alimentaire, de réduire donc les dépenses d'importation des produits alimentaires et d'affecter les épargnes ainsi obtenues au développement des infrastructures et à l'expansion du secteur agroalimentaire.
- Le troisième objectif recherché est d'augmenter le revenu national et le pouvoir d'achat des populations locales et de stimuler ainsi la promotion d'industries électroménagères, électroniques

et automobiles. Ces industries seront établies en association avec les industriels étrangers dans le cadre des unités d'assemblage avec une intégration locale de plus en plus importante. La valorisation des matières minières dans le but de produire des biens intermédiaires s'intègre parfaitement à ce processus d'industrialisation propulsée par la demande régionale. La production locale des biens intermédiaires viendra améliorer la performance de ces industries électroménagères, automobiles, etc., en leur fournissant des pièces détachées, des composants fabriqués localement et moins chers.

En plus, ces biens intermédiaires accéléreront le renforcement des infrastructures physiques. Par exemple, la production des profilés lourds aidera à la construction des réseaux de chemins de fer africains et la production de l'acier plat stimulera la construction navale, notamment pour le cabotage maritime, améliorera la compétitivité des unités d'assemblage de voiture et le transport fluvial et lacustre par barges. Le trait capital de cette industrialisation, c'est qu'elle est grande consommatrice d'énergie, en particulier d'électricité. Le coût de l'énergie dans la production de l'aluminium à partir des fonderies d'alumine représente jusqu'à 45 % du coût de revient de l'aluminium. Le poids de l'énergie dans la production du ciment représente entre 35 à 40 % du prix de revient du ciment. La consommation d'électricité par tonne de ciment se situe entre 1200 Kcal/et 1000/Kcal. L'industrie sidérurgique est aussi grande consommatrice d'énergie. Le coke, l'électricité, le gaz et le mazout lourd constituent les sources d'énergie pour les aciers. Par exemple, l'aciérie du Zimbabwe, le ZISCOSTEEL d'une capacité de 1 million de tonnes approximativement, utilise 434 700 tonnes de Coke par an, 621 900 tonnes de charbon/an et consomme 197 200 MW/h par an ainsi que 184 tonnes de GPL.

L'industrialisation par la valorisation des ressources minières cherchera à déployer un certain nombre de moyens stratégiques pour atteindre son but principal qui est de contribuer au développement économique. Plus spécifiquement :

- Créer une base industrielle dans chaque CER dans le but de renforcer les infrastructures physiques, de rendre plus performant le tissu industriel national existant et de promouvoir la diversification industrielle. Dans ce but, une partie de la production des aciéries, des fonderies d'aluminium, de cuivre, etc., sera destinée à la consommation locale ;

– Travailler en association avec les pays partenaires pour leur fournir les biens intermédiaires dont ils ont besoin pour leur développement économique et l'amélioration de leur compétitivité. Dans ce but, les pays partenaires seront invités à développer un ensemble de projets intégrés, tels que le tracé de lignes de chemin de fer reliant les mines au complexe industriel et au réseau ferroviaire régional, la construction soit d'un barrage hydroélectrique, soit d'une centrale thermique à gaz ou au charbon et la construction du complexe industriel lui-même. Dans certains cas, le paiement se fera par le système « Build, Operate and Transfer » jusqu'au remboursement total des dépenses engagées ; dans d'autres cas le paiement se fera par nature : pétrole, or et diamant ou poisson. Compte tenu de l'importance économique de ces projets, il n'y a aucun doute que la finance internationale sera vite impliquée dans la mise en place des fonds d'investissements. Des groupes financiers seront créés avec comme chefs de file les institutions financières des pays partenaires.

La condition préalable : le développement de l'énergie électrique

Cependant, le point central de tous ces projets ou programmes intégrés, c'est la production d'énergie électrique à des coûts les plus bas. C'est là où se situe le défi de ce programme d'industrialisation. Par conséquent, le défi de l'Afrique c'est de produire de l'électricité au coût le plus bas non seulement pour les besoins des villes et des campagnes africaines, mais surtout pour le développement des infrastructures et des industries de base et pour la transformation des ressources minières africaines en biens intermédiaires pour les pays membres de l'Union Africaine et pour les besoins de ses partenaires.

L'objectif est donc de constituer des réseaux électriques régionaux et de les renforcer par des interconnexions interrégionales grâce à l'interconnexion de grandes centrales hydroélectriques ou thermiques au gaz ou au charbon, en vue de stabiliser ces réseaux.

Le réseau de l'Afrique du Nord

Le réseau électrique de l'Afrique du Nord est principalement constitué d'interconnexions des lignes électriques à haute tension des centrales à gaz. L'Algérie dispose des réserves de gaz naturel les plus importantes du Continent. Elles sont évaluées à 4.5 trillions de mètres cubes. La Libye et l'Egypte ont respectivement 1,3 trillion de m^3 et 1,2 trillion de m^3. Le potentiel hydroélectrique de la région est pauvre. Le pays le plus doté de ressources hydroélectriques, l'Egypte, ne dispose que de 5000 MV, suivi de l'Algérie 500 MW. L'interconnexion électrique est déjà bien avancée dans la région. L'infrastructure énergétique est concentrée le long de la côte méditerranéenne et dans la vallée du Nil.

Les principaux réseaux électriques des pays du Maghreb Arabe et de l'Egypte sont interconnectés sur les principaux axes suivants :

- Egypte – Libye- Tunisie – Algérie – Maroc
- L'interconnexion Libye – Egypte de 220 KV est entrée en service en 1998.
- L'interconnexion Libye – Tunisie de 220 KV est mise en service en 2001. La liaison 220 KV entre la Tunisie, l'Algérie et le Maroc fonctionne depuis 1997.

La Mauritanie, un pays de l'Afrique de l'Ouest, est interconnectée avec les réseaux sénégalais et maliens. Une interconnexion entre le Maroc et la Mauritanie est envisagée et assurera l'interconnexion interrégionale entre le réseau Ouest africain et le réseau de l'Union du Maghreb arabe. Les grands producteurs de gaz de l'Afrique du Nord, l'Algérie, la Libye et l'Egypte sont reliés par des gazoducs avec la Tunisie et le Maroc. Les interconnexions permettent d'approvisionner en gaz les usines thermiques de la région. La région est appelée à utiliser pleinement le gaz pour l'approvisionnement des centrales thermiques et accroître sa production d'électricité qui est estimée actuellement à 11210 MW.

Le réseau de l'Afrique de l'Ouest

La production d'électricité en Afrique de l'Ouest dépend de deux sources principales : l'hydroélectricité et le gaz pour approvisionner les centrales thermiques. Les pays suivants disposent des capacités hydroélectriques exploitables les plus importantes : le Nigeria 9500 MW, La Guinée 2585 MW, le Ghana et le Liberia 1100 MW respectivement, la Côte d'Ivoire 1200 MW, La Sierra Leone 1700 MW et le Mali 500 MW. Les réserves en gaz du Nigeria sont estimées à 3,5 trillions de m^3.

L'Autorité Nationale Nigériane de l'Electricité (NEPA) a prévu une liaison de 330 KV de Lagos au Bénin. Ainsi le réseau Nigérian sera-t-il connecté au réseau Bénin/Togo/Ghana / Côte d'Ivoire. Le Ghana prévoit une interconnexion avec Ouagadougou, au Burkina Faso. Il existe une interconnexion entre le Burkina Faso et la Côte d'Ivoire. Enfin cette interconnexion rejoindra le Mali.

Une deuxième ligne d'interconnexion prévoit la liaison le Mali/la Guinée et la Sierra Leone.

Les projets d'interconnexion du Pool de l'Energie Ouest-Africain (WAPP) sont en voie d'être financés.

En outre, le projet de Gazoduc de l'Ouest Africain (WAGP) prévoit de construire un gazoduc qui alimenterait le Bénin, le Togo, le Ghana et probablement, plus tard la Côte d'Ivoire, en gaz. Ce gazoduc alimentera particulièrement les centrales thermiques au gaz. Il permettra notamment d'accroître la production d'électricité du Ghana qui produira plus de 2000 MW supplémentaires. Cependant tout le bassin du Golfe du Bénin devra investir massivement dans la construction des centrales thermiques au gaz pour mettre fin au brûlage du gaz au Nigeria. Ce pays produit 7 milliards de m^3 dont la grande majorité est brûlée.

En outre, le Niger dispose de 70 millions de tonnes de houille et le Nigeria de 21 millions de tonnes. La production de houille du Niger chiffrée à 168 000 tonnes par an, devrait approvisionner une centrale thermique utilisant la houille comme combustible.

Le réseau de l'Afrique de l'Est

Les pays qui disposent de grandes potentialités hydroélectriques sont l'Ethiopie 30, 000 MW, la --Tanzanie 2000 MW, L'Ouganda 700 MW, le Kenya 900 MW et le Soudan 1900 MW.

- La Tanzanie dispose en outre de 200 millions de tonnes de houille.
- Les pays suivants ont des réserves moyennes de gaz naturel : l'Ethiopie, 25 milliards de m^3, le Rwanda 57 milliards de m^3, le Soudan, 85 milliards de m^3 et la Tanzanie, 28 milliards de m^3. Le plan directeur pour l'Energie d'Afrique de l'Est devrait donner la priorité à l'utilisation des sites hydroélectriques de l'Ethiopie. En outre, il est essentiel que les centrales de l'Ethiopie soient interconnectées avec les grandes lignes d'interconnexions électriques reliant Inga à l'Egypte. Le développement des projets hydroélectriques de l'Ethiopie justifie pleinement les interconnexions Ethiopie/Soudan/Ethiopie/Kenya et Ethiopie/Ouganda.

- La Tanzanie devrait aussi construire des centrales thermiques et exploiter son gisement de houille pour les approvisionner. De même les gisements exploitables de gaz naturel seront mis en valeur pour approvisionner les centrales thermiques au gaz.

Le réseau électrique de l'Afrique Australe

Trois pays de l'Afrique Australe ont des potentialités hydroélectriques moyennes, le Mozambique 3800 MW, la Zambie 2900 MW et le Zimbabwe 1800 MW. De même la Namibie, le Mozambique et l'Afrique du Sud ont des réserves appréciables en gaz, respectivement, 85 milliards de m^3, 57 milliards de m^3 et 19 milliards de m^3. Cependant, la plus grande source de production de l'électricité est la houille en Afrique Australe. Les réserves sud-africaines sont estimées à 49 520 millions de tonnes, celles du Botswana à 4300 millions de tonnes, du Zimbabwe à 502 millions de tonnes, du Mozambique à 212 millions de tonnes et du Swaziland à 208 millions de tonnes. L'Afrique du Sud a produit 223 510 milliers de tonnes de charbon en 1999, le Botswana, 945 milliers de tonnes et le Swaziland 426 milliers de tonnes. Grâce à l'utilisation de la houille comme combustible dans les centrales thermiques au charbon, l'Afrique du Sud arrive à produire 16 170 MW et le Zimbabwe 1050 MW. Mais l'utilisation de la houille comme combustible dans les centrales thermiques au Botswana, au Mozambique, et l'utilisation du gaz en Namibie et au Mozambique devraient permettre d'accroître la production de l'électricité dans la région. Les Réseaux électriques nationaux en Afrique Australe sont déjà bien intégrés.

Il existe plusieurs liaisons en construction : Zambie/Tanzanie ; Renforcement des lignes d'interconnexion Afrique du Sud/Mozambique, Afrique du Sud/Namibie (400 KV), Afrique du Sud/Zimbabwe via Botswana (200 KV) et via Cahora Bassa (535 KV), Afrique du Sud/Mozambique (275 KV). Il faut faire remarquer que le coût moyen de l'électricité produite à partir des centrales thermiques utilisant la houille et le gaz est très bas. Ainsi l'ESCOM vendait-il en 2001 le KWh à un coût moyen de 0,01 cent.

Le réseau électrique de l'Afrique centrale

Le réseau électrique de l'Afrique centrale est dominé par les potentialités hydroélectriques du Congo, 44 000 MW. Le potentiel hydroélectrique du pays est estimé à 77 400 MW. En outre, le Cameroun dispose d'un potentiel hydroélectrique de 55,2 GW avec un productible de 294 TW/h par an. Le potentiel équitable est estimé à 115 milliards de Kilowatt-heures. La puissance déjà installée est de 719 millions de Kilowatts. Il se dispute la seconde place en termes de potentiel hydroélectrique du Continent, après la République Démocratique du Congo, avec l'Ethiopie.

L'Angola dispose de 9000 MW et le Gabon 8000 MW, En outre, le Congo Brazzaville dispose de 90 milliards de m^3 de gaz naturel, l'Angola de 46 milliards de m^3, le Cameroun de 110 milliards de m^3 et la Guinée Equatoriales de 37 milliards de m^3. Une grande quantité de gaz est brûlée dans la région. Au Gabon, sur une production de 2,6 milliards de m^3 en 1999, 1,8 milliards de m^3 ont été brûlés et 0,6 re-injectés. Au Cameroun la totalité de la production de gaz soit 2,1 milliards de m^3 a été brûlée ainsi que 900 milliards de m^3 en Guinée Equatoriale.

Le problème qui se pose est ceci : Ne faut-il pas rendre obligatoire aux compagnies d'exploitation du pétrole brut la valorisation du gaz produit ? Il leur incomberait alors l'obligation de construire des centrales thermiques à gaz et de les exploiter à leur profit en partenariat avec les gouvernements.

La construction du Grand Inga pose un certain nombre de problèmes d'importance stratégique. La construction du Grand Inga, par l'installation de 52 générateurs de 750 MW chacun, produisant 39 000 MW permettra de jeter les bases d'un réseau pan-africain. En renforçant les réseaux régionaux à l'Ouest, à l'Est, au Centre, au Sud et au Nord l'électricité d'Inga enlève les doutes qui pourraient encore exister sur la valorisation industrielle des ressources minières du Continent. Un tel projet n'est justifié actuellement que si les décideurs africains prennent la décision ferme de mettre un terme à l'opération d'exportation des ressources minières et de valoriser sur place ces ressources avec leurs partenaires au développement industriel.

Le coût extrêmement bas de cette électricité qui ne coûtera que 1.08 cent par KWh ou au plus 1,44 cent par KWh permettra de l'exporter sur les autres réseaux électriques du Continent. Inga sera connecté au réseau de l'Afrique Australe.

- Inga/Kolwezi en DRC/Nord Kariba en Zambie
- Sud Kariba/au Zimbabwe/Phokoje au Botswana
- Manaba en Afrique du Sud

Le renforcement de cette ligne permettra d'envisager un débit de 1000 MW à moyen terme. Une autre route irait de la

DRC/Angola/Namibie/Afrique du Sud. Inga sera connecté aux autres pays de l'Afrique centrale et à l'Afrique de l'Ouest. Inga/Brazzaville (connexion achevée), Kwilu en DRC/Nord de l'Angola (en construction). Pointe Noire au Congo Brazzaville à Cabinda, Angola. Cette ligne pourrait être étendue jusqu'au Cameroun et au Nigeria. Inga sera connecté à l'Afrique de l'Est et à l'Afrique du Nord. L'axe nord d'une liaison de 5300 km passera par la République Centrafricaine, le Soudan et le Tchad avant d'atteindre l'Egypte. Il est suggéré qu'une ligne de haute tension parte d'Addis Abeba et rejoigne cette ligne d'interconnexion au Soudan afin de stabiliser le débit du courant et d'apporter le surplus de la production d'électricité éthiopienne aux consommateurs Egyptiens.

Les industries à grande échelle de production

En Afrique, les industries à grande échelle de production telles que les fonderies d'alumine, les aciéries, les complexes pétrochimiques et chimiques, etc., sont des industries basées sur la transformation industrielle des ressources minières. Elles doivent être planifiées et mises en œuvre dans le cadre des programmes d'intégration économique régionale. Ces industries requièrent des investissements considérables. Mais leurs coûts d'investissement et leurs coûts de fonctionnement diminuent proportionnellement aux capacités et volumes de production. Si le marché régional ne peut absorber leur production, elles devront exporter une partie de leur production soit pour couvrir leurs coûts marginaux, soit pour satisfaire les besoins des pays partenaires. En outre, elles auront besoin de diversifier leur production et leurs marchés pour réduire leur coût de revient et leurs taux de risque qui résulterait d'une production insuffisante. Ces industries doivent non seulement s'appuyer sur le marché régional pour atteindre une production compétitive, elles doivent aussi nouer des alliances stratégiques avec les firmes transnationales qui contrôlent ces branches industrielles. Le rôle qu'elles jouent dans le renforcement des tissus industriels des régions respectives, est crucial. En tant que producteurs de produits intermédiaires, elles créent et renforcent les relations économiques en amont et en aval.

Elles déterminent la productivité et le compétitivité industrielle en ce qui concerne les coûts de revient des divers produits industriels en fournissant des intrants peu chers aux unités industrielles en aval. L'intégration régionale accroîtra leur capacité de production et permettra aux diverses filières de la branche industrielle de développer leur production et d'intensifier les relations interindustrielles et les échanges inter-firmes dans la région.

L'Impératif de la mobilisation de l'investissement direct des firmes multinationales

La deuxième condition préalable de la mise en œuvre de la stratégie d'industrialisation par la valorisation des ressources minières réside dans la capacité des régions africaines d'attirer les investissements directs étrangers. Cette condition préalable est en fait un impératif pour la réussite de la stratégie. Le problème consiste à réunir les conditions nécessaires à l'attraction des capitaux extérieurs et intérieurs. La stabilité économique et politique s'impose tout d'abord. Ensuite, il faut avoir des instruments de politique industrielle efficaces, qui se rapportent au commerce, à la fiscalité et au crédit.

- Les accords sectoriels doivent être négociés par les industriels impliqués dans ces secteurs et ratifiés ensuite par les Etats respectifs.
- Le marché exerce un effet certain sur l'investissement.
- Les grands marchés possèdent la capacité d'attirer des investissements directs étrangers.
- Les firmes régionales africaines doivent faire l'apprentissage de la compétition internationale grâce aux règles de la concurrence appliquées dans le cadre du marché régional.

La libéralisation du commerce stimulera l'expansion du commerce intra-industriel à cause du degré de rationalisation et de spécialisation qui s'effectueront dans la région et à cause aussi de l'augmentation des économies d'échelle. Un grand pourcentage du commerce intracommunautaire des produits industriels s'effectuera par le commerce intra-industriel. Dans le Mercosur, ce taux atteint actuellement 60 % du commerce des biens industriels. En ce qui concerne le tarif extérieur commun, certains secteurs industriels seront bien protégés soit par des tarifs élevés soit par le système de quotas. Les autres obstacles qui pourraient s'opposer à la pleine réalisation des unions douanières dans les CER se réfèrent non seulement au régime commercial appliqué aux pays tiers, mais aussi à la fluctuation du taux de la protection, à la lenteur administrative, aux déficiences infrastructurelles et aux contraintes des flux commerciaux intra-régionaux, telles que les contraintes monétaires.

Cependant, le point fondamental ici, c'est que la protection n'est pas l'autarcie. C'est une nécessité économique. Aucun pays africain ne pourra ni développer son agriculture, ni son industrie, sans appliquer une protection adéquate.

En faisant abstraction des effets d'emploi et des effets multiplicateurs des investissements, les produits importés, par exemple, les produits intermédiaires, pourraient exercer les mêmes effets, à condition d'être rendus disponibles dans le pays dans les mêmes conditions de prix et de quantité, ce qui semble peu vraisemblable si l'on tient compte de l'impact sur la balance commerciale. En comparant aussi les prix d'importation au prix de revient des produits, on arrive à voir si les projets sont rentables. Mais là, encore, on oublie d'ajouter le effets d'emploi et les effets multiplicateurs des investissements.

Aucun pays qui poursuit un programme d'industrialisation ne décide d'arrêter ses efforts d'industrialisation au vu des comparaisons de ses prix avec ceux de l'étranger. Il n'aurait pu mener son industrialisation à terme. Tous les pays recourent systématiquement à la protection, après avoir épuisé toutes les mesures d'accroissement de la productivité.

La situation des investissements directs en Afrique

Les pays africains ne reçoivent qu'un petit pourcentage des investissements directs étrangers. De 1995 à 1998, les pays au Sud du Sahara ont reçu les 1.8 % des flux totaux des investissements directs étrangers. Ce résultat médiocre s'explique par la mauvaise perception que les investisseurs ont à l'égard du Continent. Cette image négative est reflétée dans les évaluations médiocres effectuées par les financiers et les bailleurs de fonds. Elles se rapportent aux risques politiques et financiers que l'on court en investissant en Afrique.

Jusqu'à ce jour, très peu de pays africains sont capables d'attirer de flux d'investissements directs étrangers importants, si ce n'est dans le secteur de l'exploitation des ressources naturelles. En fait, durant cette période, 41 % de flux des investissements directs étrangers allant à ce secteur et 33 % des accroissements des investissements directs étrangers dans ces pays ont bénéficié aux pays exportateurs de pétrole : l'Angola, la République du Congo, la Guinée Equatoriale et le Nigeria. Pourtant ces pays ont les plus mauvais scores en ce qui concerne les risques politiques et financiers.

Cependant, le Botswana est parvenu à incorporer les investissements directs étrangers dans ses stratégies de développement. Les mesures politiques, à cet effet, incluent l'ouverture commerciale et les politiques d'investissement adéquates. Ce pays utilise les taxes payées par les firmes internationales pour construire les infrastructures physiques et développer des programmes sociaux. Contrairement à ce qui se passait au début des années 1990, lorsque les entreprises déficitaires ont été purement et simplement liquidées, la privatisation vise maintenant les grands services d'utilité publique, notamment les télécommunications, l'électricité, l'eau, etc. Certains pays ont réussi à attirer d'énormes flux d'investissements étrangers dans ces domaines.

Il faut faire remarquer en outre que les pays africains au Sud du Sahara n'ont pas réussi à attirer les fonds d'investissements directs dans les structures de production et d'exportation de leurs secteurs manufacturiers. L'Afrique du Sud constitue la seule exception. Son secteur manufacturier a reçu 40 % des flux d'investissements directs du pays de 1994 à 1997.

Même les pays qui ont mis en œuvre des réformes économiques continuent d'attirer des fonds d'investissements directs seulement vers le secteur primaire et les infrastructures physiques. Le problème de fond est que les pays africains doivent améliorer l'environnement général d'investissement et d'affaires. Ils doivent renforcer les infrastructures physiques, développer une masse de main d'œuvre bien formée, améliorer le système financier et combattre la corruption.

Pour attirer les fonds d'investissements directs étrangers dans le secteur manufacturier, ils ne peuvent se limiter à avoir une politique macroéconomique stable. Ils doivent perfectionner les structures de marché, diminuer les coûts des transactions et développer les capacités de la main d'œuvre. Actuellement, les pays africains ne sont pas des localisations idéales pour produire compétitivement à cause des risques politiques et économiques, de l'insuffisance de formation de la main d'œuvre et des infrastructures insuffisamment développées. La réduction de la protection commerciale a presque supprimé la rentabilité des industries de substitution des importations. La demande a baissé et plusieurs industries étrangères, comme locales, qui bénéficiaient de mesures de protection sur le marché ont subi de grandes pertes.

De 1995 à 1998, les flux d'investissements directs étrangers annuels moyens affectés aux pays en développement ont augmenté de 17 milliards à 138 milliards de dollars environ, soit de 10 % à 31 % des investissements directs totaux. Les pays africains ont reçu durant cette période 5,5 milliards de dollars, soit 4 % des investissements directs allant aux pays en développement. Les principaux composants de ces investissements directs sont les valeurs mobilières, les bénéfices réinvestis et les prêts internationaux. L'impact des investissements des sociétés multinationales dépend des mesures d'incitation et de la capacité des structures de production dans lesquelles ces investissements sont effectués. La maximisation des profits des investissements directs étrangers impose les conditions suivantes :

- Un régime macroéconomique stable ;
- Des capacités productives compétitives ;
- Des stratégies commerciales orientées vers l'exportation ou bien axées sur des marchés intérieurs bien intégrés et larges ;
- Des politiques de concurrence interne libérale ;
- Des politiques relativement ouvertes aux flux internationaux de services et de connaissances.

La capacité des structures de production qui accroisse l'efficacité des investissements résulte de la haute qualification de la main d'œuvre, d'un réseau d'entreprises locales pourvoyeuses d'intrants, stimulant des spécialisations industrielles et permettant des coûts compétitifs et de la construction d'infrastructures physiques, scientifiques et institutionnelles adéquates.

Dans les pays où les investissements directs étrangers ont été affectés aux industries de substitution des importations et où les profits réalisés par les activités d'importation étaient supérieurs à la valeur ajoutée manufacturière totale produite, ce type d'investissements peut provoquer des taux de change négatifs s'il y a rapatriement de bénéfice, sortie massive de revenus d'investissements ou prix élevés des intrants importés.

Les investissements directs étrangers ont très peu contribué à l'accroissement de l'emploi et au développement des techniques de management en Afrique. Les sociétés multinationales peuvent nuire aux pays en développement si elles s'engagent dans les activités suivantes : fraude fiscale, attitude prédatrice à l'égard de la compétition locale, réalisation de hauts bénéfices résultant d'une position monopolistique, maintien des barrières douanières à un niveau élevé, refus de laisser une place aux entrepreneurs locaux, manque d'attention accordée aux fournisseurs locaux ou refus d'exploiter la compétitivité des filières locales pour exporter, par exemple.

Les effets des investissements directs étrangers

Les effets négatifs des investissements des multinationales proviennent du manque de compétitivité des marchés des intrants et des produits finis dans les pays de localisation et des distorsions créées par les mesures d'incitations locales. Dans les pays où les investissements directs étrangers sont affectés aux industries de substitution aux importations, on peut constater un accroissement de l'emploi. Cependant, le taux de croissance pourrait ralentir car la protection conduirait à quelques inefficiences et l'on pourrait assister à un transfert de technologies plus lent.

Les politiques locales orientées vers l'exportation et la compétitivité peuvent promouvoir une croissance plus robuste car elles opposent moins de barrières à l'entrée de nouvelles entreprises et font preuve de plus flexibilité. Les effets d'emploi indirects créés par les entreprises multinationales peuvent être importants particulièrement pour les activités qui impliquent un grand nombre de fournisseurs d'intrants, pour les entreprises de sous-traitance et pour les entreprises de services. Le transfert de technologie représente un des avantages les plus importants des investissements directs étrangers si la technologie qui est transférée est bien assimilée et si elle est utilisée et diffusée dans le pays hôte.

Les pays africains ont besoin de développer des compétences techniques nouvelles, des connaissances, des institutions et des structures organisationnelles pour maîtriser la technologie importée. Les exportations par les filiales des multinationales constituent une des catégories du commerce international qui a subi une expansion très rapide. Les entreprises multinationales accroissent la compétitivité des exportations des pays hôtes de plusieurs façons :

- Elles donnent aux filiales l'accès privilégié aux flux de produits, de services et d'information à l'intérieur du système de la société ;
- Elles accroissent le niveau des compétences techniques et des capacités dans l'économie hôte ;
- Elles renforcent les liaisons en amont et en aval au niveau de la firme industrielle et elles procèdent à la restructuration des industries existantes.

Les entreprises multinationales peuvent promouvoir plusieurs types de liaisons avec les firmes industrielles locales.

- Des liaisons en aval avec les firmes locales qui fournissent les pièces de rechange, les composants et les services. Le problème

principal relatif à l'approvisionnement local réside dans les capacités des firmes locales et dans la lacune d'information ;
- Très souvent, les sociétés multinationales ont besoin de grandes quantités de produits qui dépassent la capacité de production de ces petites industries. Elles exigent, en outre, un haut degré de qualité et de sérieux et le respect des dates de livraisons car elles travaillent dans le domaine de la haute technologie et dans le domaine des industries d'exportation.

En Afrique, le risque élevé est compensé par des taux de rentabilité élevés des investissements. En 1995, ces taux variaient entre 35 % et 60 %. Durant les années récentes, plusieurs pays africains sont parvenus à établir la paix et la stabilité macroéconomique. Cependant, il y a eu une résurgence de la corruption dans les économies nationales où la libéralisation et la privatisation ont été introduites. Les hauts responsables de l'Etat ont souvent exploité le fait d'accéder à des informations privilégiées pour s'approprier des gains privés. Même si, depuis 1991, la gouvernance s'est améliorée en Afrique au Sud du Sahara, les bailleurs de fonds continuent à attribuer les scores les plus bas à ces pays. Cette lente amélioration de la gouvernance reflète le fait que les variables structurels et économiques changent plus lentement que les variables politiques. La privatisation non seulement attire les investissements privés étrangers par le biais de la vente des entreprises publiques, mais elle contribue aussi à l'amélioration du climat d'investissement car elle réduit les interventions gouvernementales et supprime la corruption au sein des entreprises publiques.

La vague de privatisations de 1994 à 1997 était axée sur les grandes entreprises publiques, particulièrement les sociétés de services publics : l'énergie, les chemins de fer, l'électricité, l'eau et notamment les télécommunications. La privatisation des services d'utilités publiques, notamment les infrastructures, peut améliorer l'environnement économique en réduisant les coûts des transactions et en supprimant les freins provenant des lacunes d'infrastructures. Cependant, ces privatisations des services d'utilités publiques n'ont de sens que si l'entreprise actionnaire apporte une meilleure organisation et qu'elle effectue d'investissements nouveaux pour développer l'ampleur des services d'utilité publique mis à la disposition des populations.

En récapitulant les principaux points qui méritent d'être soulignés sur les investissements directs étrangers en Afrique au Sud du Sahara, la part de l'Afrique du Sud dans les investissements directs étrangers allant à l'Afrique au Sud du Sahara a atteint 28 % des investissements totaux de 1995 à 1998.

Lorsque l'on considère la répartition par secteur d'activité des investissements directs étrangers au Sud du Sahara, pendant la période 1994-1999, 16 % des investissements ont été alloués aux télécommunications, 15 % à l'énergie, notamment le pétrole et plus de 40 % au secteur manufacturier. Les fusions et les acquisitions représentent 60 % de ces investissements totaux, l'expansion des unités existantes 17 % et l'environnement 16 %. L'évaluation des flux d'investissements directs étrangers peut être effectuée selon quatre critères :

– Un changement quantitatif dans les flux d'investissements de 1995 à 1998 ;
– Le pourcentage des investissements directs étrangers sur le produit intérieur brut ;
– Le pourcentage des investissements directs étrangers sur les investissements intérieurs bruts ;
– Le pourcentage des investissements directs étrangers sur les exportations totales.

Les investissements directs étrangers se dirigent soit vers le secteur primaire, (pétrole), soit vers les infrastructures.

L'Afrique du Sud mise à part, les pays au Sud du Sahara n'ont pas bénéficié de flux d'investissements directs étrangers vers le secteur manufacturier.

Cependant, malgré l'instabilité politique et sociale, l'Afrique a attiré une part appréciable d'investissements directs étrangers à cause de ses ressources naturelles considérables.

En effet, en plus du pétrole, de l'or, du diamant et du cuivre, le Continent possède plus de la moitié du cobalt et du manganèse dans le monde, un tiers de bauxite et plus de 80 % des réserves de chrome et de platine.

Le boom des ressources naturelles a eu tendance à réduire la compétitivité des autres secteurs tels que l'agriculture, l'industrie, et à accentuer la politique de recherche frénétique de rentes pétrolières et autres.

Les réserves de pétrole qui sont le plus souvent sous le contrôle de l'Etat, ont particulièrement stimulé cet esprit de recherches des rentes pétrolières. Les investissements directs étrangers n'ont pas contribué, dans ce cas, à un taux plus élevé de développement économique et social. Les investissements étrangers sont importants, particulièrement dans le secteur diamantaire. Aussi, Botswana bénéficie-t-il d'un taux d'investissement direct étranger par habitant des plus hauts en Afrique.

A l'Ile Maurice, la mise en œuvre des stratégies de développement par les exportations à réussi à diversifier l'économie et à développer des avantages concurrentiels dans le secteur manufacturier.

De 1996 à 1997, l'investissement direct étranger allant au produit industriel représentait seulement 18 % des investissements directs étrangers totaux en Afrique au Sud du Sahara, 22 % pour la France, et 53 % pour l'Allemagne.

Cependant, 80 % des investissements directs Américains ont été investis en Afrique du Sud. Les investisseurs industriels français se sont retirés de l'Afrique de l'Ouest pendant les années 1980 parce que la réduction de la protection des industries de substitution des importations avait pour résultat de réduire les chiffres d'affaires et les profits. De même on a assisté à un retrait des entreprises britanniques du Kenya, du Nigeria, de la Zambie et du Zimbabwe pendant les années 1990.

Pendant la période 1994-1998, l'Afrique au Sud du Sahara a reçu 5.1 milliards de dollars qui ont été affectés principalement aux infrastructures alors que pendant la période 1990/1993 les investissements étaient évalués à 4.6 milliards de dollars. La majorité de flux d'investissements étaient concentrés dans le secteur de télécommunications, 6 % dans l'énergie et 5 % dans le transport.

En conclusion, les investissements directs étrangers dans les ressources naturelles, pétrole et ressources minières, et dans les infrastructures sont et vont continuer à être prévalents dans ces secteurs. Ces secteurs ont besoin d'importants volumes d'investissements. Les pays africains au Sud du Sahara ont réussi à accroître leur pourcentage d'investissements directs par rapport au produit intérieur brut plus que n'importe quelle autre région du monde, tout en restant au haut de l'échelle des risques politiques et économiques ainsi que des risques financiers. Mais, ces pays n'ont pas réussi à attirer les investissements industriels qui sont associés à la technologie, à la formation technique et aux marchés extérieurs. Il est important d'attirer ce type d'investissements pour enclencher la croissance économique en Afrique. Il n'y a aucun doute que les bonnes politiques macroéconomiques et la stabilité sociale sont cruciales pour attirer les investissements directs étrangers dans l'industrie.

Cependant, les pays africains doivent s'efforcer dans les années à venir à :

– 1) diminuer les coûts de production et de transactions ;

- 2) adopter les politiques de concurrence et d'ouverture commerciale à l'intérieur des CER ;
- 3) mettre en place une législation des affaires transparentes ;
- 4) adopter des mesures d'incitation appropriées et ;
- 5) améliorer la performance administrative.

Les conditions véritables de la mobilisation des investissements directs étrangers

Les pays africains doivent devenir des économies émergentes, c'est-à-dire des économies ayant entamé leur croissance économique auto-entretenue et capables d'attirer les capitaux internationaux. Ce dynamisme des mouvements de capitaux s'observe tant pour les investissements directs que pour les placements de portefeuilles sur les bourses des valeurs créées dans les pays émergents.

- En effet, l'expérience montre que les capitaux internationaux ne s'investissent que dans les économies qui ont mis en place les institutions et les structures favorables à la croissance économique ;
- La stabilité sociopolitique est la première condition de l'entrée des investissements directs ;
- La stabilité macro-économique est une condition essentielle, comme en attestent les mouvements inverses de sorties de capitaux lors des crises macro-économiques.

Par conséquent, la mise en œuvre de politiques incitatives spécifiques pour tenter d'attirer des capitaux étrangers ne devrait pas être une priorité pour un gouvernement cherchant à promouvoir le décollage économique :

- Si les conditions internes préalables à la croissance ne sont pas réunies, les investisseurs internationaux n'auront pas de perspectives de rentabilité suffisante et ne seront pas motivés par les facilités fiscales ou douanières que pourrait leur offrir le gouvernement du pays d'accueil ;
- En revanche, si un processus de réformes économiques est engagé, de sorte que l'économie se trouve bien placée sur la voie de la modernisation, les facilités attribuées aux investisseurs étrangers peuvent incontestablement stimuler les entrées de capitaux ;
- Les investissements à consentir visent à mettre en place les infrastructures minimales et à former la main d'œuvre qualifiée

nécessaire. Ils sont coûteux et peuvent représenter des dépenses qui excèdent les capacités de financement locales ;
- La conception et la mise en œuvre d'une véritable stratégie de croissance adaptée aux réalités locales supposent de la part des responsables politiques, la construction d'une vision stratégique à long terme.

Compte tenu de l'importance du développement du capital humain sur la croissance économique, l'ouverture extérieure dont l'efficacité sera d'autant plus réduite que la main-d'œuvre qualifiée sera absente, risque de ne pas donner son plein rendement.

Les administrations centrales ont aussi besoin de cadres compétents en nombre suffisant pour concevoir et administrer la politique économique. Pour que les politiques économiques soient efficacement appliquées, aucune incertitude ne doit planée ni sur ces politiques ni sur les institutions nationales correspondantes. L'instabilité politique et la mauvaise gestion des affaires publiques peut constituer un lourd passif.

La mise en œuvre d'une stratégie de croissance à long terme nécessite évidemment un gouvernement stable ; en effet, il s'agit d'entreprendre des mesures de suivi sur de nombreuses années, telles que le renforcement du système scolaire, la construction d'infrastructures de base ou encore la modernisation des institutions économiques ou encore le développement des surfaces irriguées.

L'économie doit s'appuyer dans toute la mesure du possible sur les forces du marché. Mais cette politique de libéralisation doit être menée de manière réaliste, en tenant compte des faiblesses initiales de l'appareil productif. La stratégie mise en place ne peut pas réussir si elle néglige la contrainte de compétitivité des activités de biens échangeables, et notamment l'industrie manufacturière ; la modernisation de l'économie passe nécessairement par le développement des industries intermédiaires et de biens d'équipement et la fabrication des biens de consommation courants.

L'industrialisation, source de progrès technique, peut aider à réduire la dépendance à l'égard des accidents conjoncturels sur les marchés de matières premières. L'industrialisation détermine en fin de compte, la réussite de l'insertion de l'économie nationale dans l'économie mondiale. Bien sûr, le marché interviendra pour identifier les secteurs les plus performants, en analysant la consommation. Mais l'Etat, s'appuyant sur la volonté politique et sur le marché a un rôle à jouer pour mettre en place les institutions nécessaires au bon fonctionnement des mécanismes de marché en aidant à la maîtrise des coûts de transaction, en mettant en place d'infrastructures et de règles institutionnelles efficaces et en favorisant une bonne allocation des ressources aux secteurs clefs grâce au marché financier.

Il est en effet nécessaire de s'appuyer sur des intermédiaires financiers et un marché des capitaux efficaces pour financer l'industrialisation. Des réformes en profondeur sont nécessaires pour provoquer des transformations des comportements des agents économiques en faveur de la recherche de gains de production plutôt que de situations de rente, de l'amélioration de l'efficacité économique, du perfectionnement des outils de travail et des connaissances. Des institutions économiques orientées vers l'économie de marché, nécessaires pour fournir des incitations au progrès. Des infrastructures économiques et sociales qui assurent le meilleur fonctionnement possible des mécanismes de marché : une politique éducative pour que la main d'œuvre soit à même de tirer parti des opportunités offertes par le progrès technique ; un environnement macro-économique stable qui améliore la visibilité de l'avenir.

Les sociétés transnationales et l'exploitation des ressources naturelles

Les pays qui disposent de ressources énergétiques peu chères et de ressources minières peuvent s'adonner efficacement à la transformation industrielle locale. En fait, les décisions d'investissement relatives à la transformation industrielle de ces ressources minières doivent être prises sur le mérite des facteurs de production existants, coûts des intrants industriels, coûts des transports et en tenant compte des économies d'échelle. En plus de ces arguments économiques, les leaders africains, par le biais des négociations bilatérales avec les multinationales, doivent chercher à accroître le nombre des unités de transformation des matières premières minières dans les pays africains. En effet, ce sont les grandes sociétés transnationales qui contrôlent la production, la distribution et le marketing des produits industriels dérivés du pétrole, de l'industrie d'aluminium, de la sidérurgie, etc.

Le marché intérieur des pays développés joue un rôle crucial dans l'expansion des industries d'aluminium et de cuivre. C'est pourquoi les firmes multinationales de ces pays contrôlent entièrement ces branches industrielles. Cependant, les sociétés d'économie mixte se trouvent davantage dans les industries d'aluminium que dans l'industrie de cuivre qui sont très souvent entièrement possédées par les firmes transnationales. En procédant à l'analyse des facteurs économiques favorables et défavorables à la localisation des industries de transformation des matières premières industrielles en Afrique, il faut tenir compte des facteurs suivants :

Les coûts des frets sont une fonction de la teneur en métal du minerai. Ces coûts devraient favoriser en principe la transformation locale des minerais de teneur métallique faible tels que le cuivre, le zinc et le lead.

Les problèmes environnementaux peuvent dicter la localisation de ces industries dans les pays africains qui sont généralement plus disposés à accepter la pollution industrielle. Comme toutes ces industries sont grandes consommatrices d'énergie, les pays africains qui abondent en énergie peu chère, gaz naturel, charbon naturel, hydroélectricité, etc sont les localisations privilégiées de ces unités industrielles.

- L'exportation des produits intermédiaires permettra aux pays africains d'avoir un prix plus juste ; en effet, les prix des demi-produits sont plus stables que ceux des matières premières minières ;
- La transformation industrielle de ces matières premières minières provoquera une diversification industrielle de la base économique de ces pays, ce qui engendrera un effet d'entraînement sur le développement de la technologie, de la main d'œuvre bien formée et des méthodes managériales ;
- Cependant les produits intermédiaires peuvent surmonter les obstacles de barrières douanières si les multinationales n'ont pas conclu des accords commerciaux particuliers avec les pays développés importateurs ;
- Malgré la politique délibérée du Japon et de la Chine d'avoir accès aux ressources minières, les firmes d'extraction de minerai Japonaises et chinoises rencontrent des difficultés certaines d'entrer dans ce marché qui est dominé par les sociétés multinationales américaines et européennes.

OZAWA a bien vu des intérêts mutuels entre le souci croissant des pays africains de jouer un plus grand rôle dans l'exploitation des ressources naturelles et les difficultés du Japon d'obtenir des approvisionnements réguliers en ressources minières et sa volonté de contrôler ses propres sources d'approvisionnement. La solution envisagée par les firmes Japonaises est de créer un consortium dans lequel un groupement de sociétés de commerce, d'industriels, de banquiers et d'agences gouvernementales Japonaises établirait une société anonyme multinationale dans un pays africain avec une participation minoritaire dans le capital. Cependant compte tenu du fait que la position des pays africains est affaibli par le fardeau de la dette, les firmes Japonaises devraient non seulement se contenter d'une participation minoritaire, mais aussi exiger l'allègement de la dette, participer au financement de l'équipement industriel et passer des contrats d'achat à long terme de produits intermédiaires avec ces pays.

Dans ce contexte, les pays producteurs de pétrole devraient s'intégrer dans des opérations verticales de développement des chaînes de valeur en établissant des raffineries et les filières du gaz naturel (pétrochimie). Les pays africains doivent viser non seulement à diversifier leur base industrielle, mais aussi à améliorer leurs compétences technologiques et managériales et leur savoir-faire, à renforcer leurs infrastructures, à établir d'autres industries et à œuvrer à la formation de la main d'œuvre.

Les filières du minerai de fer et de la bauxite

Dans la dernière partie de la stratégie basée sur la transformation des ressources minières du Continent, deux branches industrielles seront examinées : les filières du minerai de fer et celles de la bauxite. Ces branches industrielles ont une importance cruciale dans le renforcement des relations intersectorielles et inter-industrielles pour développer un système productif performant.

Les filières du minerai de fer

L'industrie sidérurgique est basée sur la demande de ses propres produits dérivés, c'est-à-dire sur la demande des domaines d'activités qui utilisent l'acier : construction, infrastructures, transport, industrie automobile, menuiseries métalliques, emballages métalliques et industries métalliques et mécaniques.

L'industrie elle-même se divise en industries en amont et en aval de la sidérurgie ainsi qu'en industries situées au milieu de la chaîne de valeur. La demande pour les produits longs et pour les produits plats va provenir des industries du milieu de la chaîne. Leur demande va accroître la production d'acier.

Comme la construction des complexes sidérurgiques demande un grand montant de capital, l'érection des complexes commencera par les industries se trouvant au milieu de la chaîne de valeur, telles que les laminoirs, et les industries en aval : les industries métalliques et mécaniques. De ce fait, la cause majeure de l'absence d'aciéries dans les pays africains est la stagnation des industries métalliques qui végètent à cause des marchés étroits. Les produits sidérurgiques trouvent donc leurs utilisations dans les domaines de la construction, (rond à béton, treillis soudés et poutrelles, etc.), des infrastructures, (fabrication des structures métalliques) de l'agriculture, (canalisations, fil de fer barbelé pour élevage) et l'agroalimentaire, (les emballages métalliques, notamment). Les aciers longs et plats sont donc utilisés par les industries métalliques, mécaniques et électriques.

Les industries mécaniques qui seront prises en considération en premier lieu sont les outillages et le matériel agricoles, des moyens de transport, wagons, remorques ; les industries métalliques fabriqueront le mobilier métallique, des réservoirs, des clous, etc. et les industries électriques produiront le matériel électrique avec une part d'intégration locale de plus en plus élevée.

Les filières de la bauxite

L'aluminium intervient considérablement dans le renforcement des relations intersectorielles. L'utilisation des produits plats a lieu dans le domaine de la construction (tôles, bandes), dans le domaine alimentaire, (feuilles et feuillards pour les emballages). Les produits d'extrusion, barres, profilés et tubes et les produits tréfilés sont utilisés dans l'agriculture ; les fils dans l'électricité, pour les câbles électriques et cordages. Les demi produits tréfilés, profilés, bandes sont utilisés dans les industries secondaires : menuiserie en aluminium, fabrication des ustensiles de cuisine, etc. Il apparaît donc que la mise en place d'une production locale d'acier et d'aluminium engendrera une dynamique de la consommation de ces métaux.

Dans les pays africains où l'acier et l'aluminium sont importés, leur consommation est réduite pour éviter un déficit grave de la balance des paiements. Mais dans les pays où l'acier et l'aluminium sont produits sur place, leur utilisation provoque une expansion des filières sidérurgiques et de l'aluminium. Le développement des activités d'aval, (forges, fonderies) propulsent les activités d'amont.

Le développement de ces deux types d'industries de base nécessite le démarrage immédiat de l'interconnexion des lignes de chemin de fer existant dans les Communautés régionales respectives et leur extension dans les pays continentaux. En effet le rail, système de transport lourd va déterminer les localisations des aciéries, des raffineries de bauxite et des fonderies d'alumine. Les rails vont déterminer la multiplication des filières sidérurgiques et d'aluminium. Il est indispensable de localiser certaines de ces industries dans les pays de l'intérieur pour propager les effets d'entraînement de l'industrialisation dans tout l'espace des Communautés économiques régionales. Il faut chercher, en effet, à équilibrer les échanges entre les économies membres des CER pour que chaque pays membre trouve un avantage plus grand à son appartenance à la Communauté. Il ne s'agit pas de saupoudrer dans chaque petit pays de projets industriels plus ou moins profitables, mais de concevoir l'industrialisation à l'échelle de la Communauté économique régionale. Par conséquent, il importe de minimiser les coûts de transport engendrés par la dimension et la localisation des unités industrielles.

- Il faut tenir compte des économies d'échelle ;
- Il faut générer les effets d'entraînement sur tout l'espace communautaire qui doit par conséquent être le plus homogène possible.

Nous allons passer en revue les réserves de minerai de fer et de bauxite en Afrique et apprécier comment ces ressources naturelles ont été transformées industriellement.

Les réserves exceptionnelles de bauxite de Guinée

En Afrique, la Guinée dispose de réserves exceptionnelles de bauxite qui sont estimées à 41 milliards de tonnes, soit les deux-tiers des réserves mondiales. En plus des trois mines, Friguia, Debelé et Sangaredji qui sont exploitées actuellement, d'importantes réserves existent dans les régions de Dabola et de Tongué estimées à 2 milliards de tonnes de bauxite et dans la région de Gaoual, dont les réserves sont aussi évaluées à 2 milliards de tonnes. Le taux de concentration d'aluminium atteint 58 à 69 % tandis que la concentration des mines de bauxite en Australie, Brésil, Inde et en Jamaïque se situe entre 30 et 50 %.

La société Friguia produit 2.3 millions de tonnes de bauxite, transformées en 640,000 tonnes d'alumine. Elle s'appelait FRIALCO. Son nom actuel est la Société d'Alumine de Guinée, ACG. La compagnie de Friguia est une société mixte avec 49 % des actions appartenant au gouvernement et 51 % des actions appartenant au groupe. Elle était la seule usine d'alumine en Afrique de l'Ouest. Un accord a été conclu entre le gouvernement Guinéen et Reynolds qui stipulait que Reynolds gèrerait l'usine d'alumine de Friguia. Reynolds approvisionnait la

Fonderie du Nigeria et la Fonderie de Volta au Ghana avec l'alumine produite en Guinée.

En 2002 la gestion de la Société d'alumine de Guinée a été confiée à Rusal pour une période de 22 ans. En 2006, la compagnie a été privatisée. La Compagnie se proposait d'accroitre la production d'alumine à 800000 tonnes en fin de l'année 2013. Mais depuis avril 2012, des grèves pertubent le bon fonctionnement de l'usine d'alumine de Fria.

La Compagnie des bauxites de Guinée (CGB) a exploité environ 12.15 million de tonnes de bauxite en 1999. Depuis 2012, la CBG produit chaque année approximativement 17 millions de tonnes de bauxite, correspondant à un revenu annuel de 10 milliards de dollars Americains. La Guinée ne percoit que le 1,8 % de ces recettes, soit 180 millions de dollars. La CBG projette de produire 20 millions tonnes de bauxite par an à partir de 2020 et d'etablir une usine d'alumine de 1,2 millions tonnes d'alumine pour repondre à un contrat d'approvisionnement à long terme de Mubadala, Emirates Arabs Unis. C'est une société d'économie mixte entre le gouvernement de Guinée, 49 % des parts du capital et HALCO, consortium qui contrôle 51 % du capital.

Les investisseurs d'HALCO comprennent ALCOA, ALCAN, COMALCO, Reynolds et VAW.

La bauxite de CGB approvisionne les raffineries d'Alumine de P^{t}. Comfort, au Texas, San Ciprian, en Espagne, la raffinerie d'Alcan à Jonquiere, Quebec, la raffinerie de Sherwin, Texas, une raffinerie qui appartenait au préalable à Reynolds et une raffinerie à Stadt, en Allemagne, appartenant à VAW. Alcoa World Alumina et Alcan ont signé un protocole d'Accord avec le gouvernement de la République de Guinée, visant à établir une raffinerie d'alumine d'une capacité de 1,5 million de tonnes métriques par an en Guinée. Alcoa et Alcan vont assurer l'approvisionnement en bauxite de l'usine d'alumine. La production d'alumine devait débuter en 2008. La raffinerie pourrait accroître sa capacité au-delà de la production initiale de 1,5 Mt/a.

En outre, SBK a exploité environ 1,5 million de bauxite en 1999. Sa production a atteint 2,5 millions tonnes de bauxite en 2012, qui est exportée en Ukraine. L'Aluminium de Sibérie a établi un partenariat avec le gouvernement de la Guinée pour la mise en exploitation des mines de bauxite de Belondugu.

En 2004, Global Alumina Products Corporation et le Gouvernement de Guinée ont signé un accord de concession visant à etablir une usine d'alumine de 2,8 millions tonnes à Conakry. La capacité de l'usine est de 3,3 millions tonnes.

Un groupe de Sociétés chinoises projette de construire un fonderie d'aluminium. Le groupe comprend Sinozonto Mining Investment qui est soutenu financièrement pat China Development Bank. Il envisage d'exploiter le Bloc bauxique attribué à l'Eximbank Chinoise à Fria. Les investisseurs se proposent de réaliser également l'ensemble des barrages hydroélectriques sur le Konkouré, à savoir Souapiti, (324 MW), Kaleta (240 MW) et Amaria (550 MW). Le projet de Complexe Intégré de Fonderie d'Aluminium de Konkouré constuira une usine d'aluminium de l'ordre de 250000 tonnes à laquelle sera annexée une centrale hydroélectrique de 3496 GWh/an dont les 4/5 ème seront consommés par l'usine.

L'Aluminium africain

En Afrique, le pourcentage de l'alumine extraite de la bauxite est très faible. Et le taux de l'alumine transformée en aluminium est encore plus faible. Le manque d'infrastructures, notamment le déficit de la production électrique, en quantité comme en qualité, est la raison principale du faible nombre d'usines d'aluminium. L'autre facteur défavorable est le faible niveau de la consommation d'aluminium en Afrique. En 1995, l'Afrique produisait approximativement 600.000 tonnes d'aluminium par an. Avec la mise en opération de l'usine d'Hillside, en Afrique du Sud, en 1996, la production d'aluminium a atteint en 1997, 1,1 million de tonnes, soit une croissance de 47 %. En 1997, l'usine d'Alscon au Nigeria, d'une capacité de 193.000 tonnes a été achevée. En l'an 2000, l'usine Mozal au Mozambique a porté cette production annuelle à 1.35 million de tonnes.

Billiton, propriétaire de Hillside, a été le principal promoteur du projet Mozal au Mozambique. En 2002, le groupe Billiton est devenu le troisième producteur mondial d'aluminium avec une capacité de production de 1 million de tonnes.

L'usine d'aluminium d'Egypte, Egyptalum a accru sa capacité de production de 37 %, soit 55 000 tonnes additionnelles par an, portant sa production totale annuelle à 190.000 tonnes et sa capacité de production à 300.000 tonnes.

Valco, au Ghana voit au contraire sa production diminuer de 25 % en 1998 à cause de la sécheresse qui affecte la performance du barrage hydroélectrique d'Akosombo. L'usine n'arrive pas à atteindre sa production théorique de 120.000 tonnes durant plusieurs années consécutives. La production de l'Afrique du Sud s'élève à peu près à 700.000 tonnes. La production est assurée par Alusaf, une filiale à 100 % de Billiton.

Alusaf possède deux fonderies d'aluminium en Afrique du Sud : la fonderie d'Aliminium de Hillside, 490, 000 tonnes par an, et celle de Bayside, 170.000 tonnes par an.

Le Surinam et l'Australie sont les principaux pourvoyeurs d'alumine des usines d'Alusaf car Billiton est en partie propriétaire de l'usine de l'alumine, Worsley Alumina d'Australie. Billiton a aussi conclu avec Alcoa, un contrat à long terme de fourniture d'alumine qui expire en 2015. Billiton bénéficie ainsi d'un coût de production plus bas, variant entre 11 et 14 % du prix de l'aluminium sur le marché mondial.

Les 85 % de l'aluminium, produit par Alusaf est exporté et 40 % de ces exportations relèvent d'accords à long terme liés à ses contrats de fourniture d'alumine.

La fonderie d'alumine de Hillside a été mise en service en 1996 après 3 ans de construction pour un coût de 1,4 milliard de dollars. La capacité de l'usine est de 466 000 tonnes par an mais elle arrive à atteindre une production de 500.000 tonnes. L'usine de Bayside, située à Richards Bay, a une capacité installée de 210.000 tonnes.

Alusaf dispose d'un contrat avec Eskom (Afrique du Sud) pour la fourniture de 1160 mégawatts d'électricité jusqu'en 2020. Le coût énergétique réel se situe actuellement aux alentours de 16.4 % du prix de la tonne d'aluminium sur le London Market Exchange. Un des succès d'Alusaf est d'avoir lié ses fournitures d'alumine et d'électricité au prix de l'aluminium sur le marché londonien. Grâce à cette stratégie, Alusaf dispose de coûts de production d'aluminium parmi les moins élevés du monde.

L'Egypte est le deuxième producteur d'aluminium en Afrique avec une production d'environ 190 000 tonnes par an. Cette société d'Etat a vendu 17,8 % de son capital au public, a cédé 10 % aux employés et le reste du capital aux investisseurs institutionnels. Egyptalum opère la fonderie de Nag Hammadi, près de Louxor, dont la capacité atteint actuellement 300.000 tonnes par an grâce à un récent programme de modernisation d'un coût total de 500 millions de dollars. Egyptalum s'approvisionne en alumine grâce à un contrat de fourniture de cinq ans avec le groupe Billiton.

Mozal a produit son premier lingot d'aluminium le 18 juin 2000, avec six mois d'avance sur le calendrier initial et après 25 mois de travaux. Le coût de l'usine s'élève à 1,125 milliard de dollars. La capacité de production initiale est de 245 000 tonnes. Billiton détient 47 % du Capital de Mozal, Mitsubishi Corporation, 25 %, Industrial Development Corporation of South Africa, 24 % et l'Etat Sud Africain 4 %. Mozal jouit des coûts de production les plus compétitifs au monde, en raison de faibles coûts énergétiques, du statut de zone franche accordé à la région et d'une localisation favorable à côté du port de Maputo. La production de l'usine a dû atteindre 500.000 tonnes en 2004.

L'américain Kaiser a contribué au financement du barrage d'Akosombo, d'une capacité de 700 mégawatts. En échange, le groupe devait recevoir les ressources électriques nécessaires à l'exploitation de son unité d'aluminium, Volta aluminium company, Valco qui dispose d'une capacité de 200.000 tonnes. Elle est située au port de Tema. Elle est toujours détenue à 90 % par Kaiser Aluminium. La Volta River Authority avait été obligée de rationner de 50 % les fournitures d'électricité à VALCO à cause de la sécheresse. La production d'aluminium est passée de 150 000 tonnes en 1997 à 56 000 tonnes en 1998, remontant à 114 000 tonnes en 1999. Valco importe la totalité de son alumine de la mine de Kaiser de Jamaïque et réexporte 90 % de sa production en Europe. Valco dépense actuellement 150 000 dollars par jour pour acheter 40 % de l'électricité produite par le barrage hydroélectrique d'Akosombo soit approximativement 40 millions de dollars par an. Le groupe dépense ainsi 150 000 dollars par jour pour l'achat d'autres combustibles. Son chiffre d'affaires était estimé à 150 millions en 1997. VALCO estime qu'elle paie le prix le plus élevé d'électricité pour le traitement de l'alumine en Afrique, soit 3 cents par KW/heure. Ce coût est cependant inférieur au coût payé par les deux tiers des concurrents de VALCO. 11 % de la production d'aluminium du Ghana sont utilisés par les usines de transformation d'aluminium pour la consommation locale.

Aluminium Smelter Company of Nigeria, Alscon est le seul producteur nigérian d'aluminium. Le groupe est une joint venture entre le gouvernement du Nigeria,(70 %) le groupe allemand Ferrostaal, (20 %) et l'américain Alcoa (10 %) depuis le rachat de Reynolds. L'usine a une capacité de 193 000 tonnes par an.

L'usine devrait démarrer sa production en 1996 ; mais elle n'a débuté qu'en novembre 1997. La production en 1998 est passée 25 000 à 30 000 tonnes. Une grève en octobre 1998 a endommagé 25 % des cuves en service, ce qui avait réduit la production à 100 tonnes, 5 % de la capacité. Le remplacement des équipements endommagés a coûté 100 millions de dollars.

Les principaux produits intermédiaires de cette usine sont : 350 000 tonnes d'alumine, 80 000 tonnes de coke de pétrole et 20 000 tonnes de brai de pétrole ; ils sont importés. Ferrostaal a eu des divergences sérieuses avec le gouvernement nigérian sur l'estimation des coûts et la nécessité de les réduire. La fourniture d'énergie électrique provenant d'une seule centrale électrique à gaz n'était pas régulière. L'usine ne fonctionne pas actuellement.

Le Nigeria dispose aussi de deux laminoirs d'une capacité totale de 30 000 tonnes par an. Le groupe First Aluminium Nigeria est l'opérateur d'un laminoir à Port Harcourt (Sud est) et le groupe Tower Aluminium (Nigeria) opère un laminoir à Otta près de Lagos. Ces usines produisent des bobines et des feuilles en laminé plat pour la transformation locale. La demande domestique des produits en laminé plat est estimée à 15 000 tonnes par an, ce qui est bien en dessous de la capacité de production.

L'usine a été implantée dans la région productrice de pétrole et de gaz car elle a besoin de 33,6 milliards de pieds-cube de gaz par an pour assurer sa production. Les réserves de gaz du Nigeria sont estimées entre 90 trillions et 140 trillions de pieds-cube. Pourtant l'approvisionnement en gaz d'Alscon n'a pu être assuré du fait du mauvais fonctionnement des raffineries et de la désorganisation des services de distribution du gaz. Cela a provoqué l'arrêt de l'usine d'aluminium. En outre, le Nigerian Gaz Company et Shell Gas qui fournissent du gaz à l'usine, exigent qu'Alscon paye $1 pour 1000 pieds cube de gaz. Alscon n'est disposé à payer que la moitié de ce prix.

Recommandations finales relatives à l'industrie d'alumine/aluminium

L'emplacement d'une fonderie d'aluminium est dicté par l'abondance et le coût bas de l'électricité pour les raisons suivantes : Le prix de revient d'une tonne d'aluminium est constitué de 45 % du coût total de la production, représentant le coût d'énergie ; la production d'une tonne d'aluminium consomme entre 14 et 18.5 mégawatt/h d'électricité. En fait, les plus vieilles fonderies utilisent 20 000 Kilowatt/heure par tonne d'aluminium et les fonderies les plus modernes et les plus récentes entre 14 000 et 15.500 Kilowatt/heure. C'est pourquoi il est proposé aux Etats dans lesquels existent les fonderies d'aluminium de garantir aux usines d'aluminium les plus bas prix d'électricité pendant une longue période. Par contre, les Etats membres et les acteurs nationaux privés devraient participer au capital de ces entreprises au moins à concurrence de 25 %. En effet, une fonderie d'aluminium dont le coût de construction est estimé à 1.3 billion de dollars pourrait générer un revenu annuel équivalent au tiers de cet investissement.

Les usines de Fonderie d'aluminium dans les CER respectives doivent être considérées comme des entreprises communautaires des CER. A ce titre, elles doivent consacrer une partie de leur production d'aluminium au marché régional des CER ; les produits de la Fonderie d'aluminium ainsi que les produits des laminoirs d'aluminium circuleront librement dans les marchés des CER, sans paiement des droits de douanes ou d'effets équivalents.

La Guinée doit devenir le grand producteur d'alumine en Afrique dont la mission sera d'approvisionner les fonderies d'alumine du Ghana, du Cameroun, du Nigeria et si possible de Mozambique et de l'Afrique du Sud. En plus de la production d'alumine d'Alcoa et d'Alcon, le gouvernement guinéen pourrait inviter Billiton à investir dans la production d'alumine.

Elle devra établir aussi une société régionale de fonderie d'alumine en Guinée d'une capacité de 500.000 tonnes d'aluminium pour satisfaire une partie du marché de la CEDEAO et exporter de l'aluminium sur le marché extérieur. La production d'aluminium du Cameroun devra être portée à 300 000 tonnes pour satisfaire la demande de l'Afrique Centrale et exporter la majeure partie sur le marché extérieur. L'usine de MOZAL devrait établir des unités de traitement secondaire d'aluminium non seulement dans la partie Nord Est de la SADC, mais aussi le long de la Côte Est de l'Afrique de l'Est, à Mombassa. Un laminoir de grande dimension pourrait être localisé à Djibouti pour satisfaire la demande en produits d'aluminium de l'Ethiopie, de Djibouti et de l'Erythrée s'il s'avère que la localisation de l'usine à Djibouti a un effet positif important sur les prix de vente des produits d'aluminium usinés en Ethiopie. Sinon, l'usine sera établie à Diredawa, avec mission de satisfaire les besoins de l'Erythrée et de Djibouti en aluminium. La République Démocratique du Congo abritera son propre complexe bauxite/alumine/aluminium en vue de l'exportation et de la consommation intérieure.

Le minerai de fer

Les potentialités de développement de l'industrie d'acier dans les pays africains peuvent être évaluées en considérant les ressources naturelles entrant dans la fabrication de l'acier et des alliages : les minerais de fer, les minerais non ferreux, les sources énergétiques, les réducteurs, l'énergie, l'eau, et les additifs. La région africaine dispose de grandes réserves de minerai de fer, de manganèse, de chrome, de cobalt et de nickel ainsi que des réserves considérables de charbon, de gaz naturel et de pétrole. Elle a des réservoirs immenses d'eau et un potentiel hydroélectrique très grand.

Si l'on exclut l'Afrique du Sud, les réserves de minerai de fer de l'Afrique sont estimées à 34 milliards de tonnes, soit les 15 % des réserves mondiales totales. Onze pays disposent chacun de réserves évaluées à plus d'un milliard de tonnes. En procédant à une répartition géographique, 20,4 % des réserves africaines sont situées en Afrique du Nord, 40 % en Afrique de l'Ouest, 24,5 % en Afrique Centrale et 15.1 % en Afrique de l'Est et en Afrique Australe. Les plus grandes réserves se trouvent dans les régions suivantes :

- Les réserves d'hématite à Kilomoto en République Démocratique du Congo (5 milliards de tonnes).
- Les réserves avec une teneur pauvre en fer de Manesi au Zimbabwe (3.3 milliards de tonnes)
- Les réserves de Goro Djebilet en Algérie (3.025 milliards).

De grandes réserves se trouvent en Angola, en Côte d'Ivoire, au Libéria, en Libye, au Mali, en Mauritanie, au Nigeria, au Sénégal et en Sierra Leone. Cependant seuls l'Algérie, l'Egypte, le Liberia, la Mauritanie, le Maroc, le Nigeria, la Tunisie et le Zimbabwe se classent parmi les pays qui exploitent le minerai de fer. L'accès difficile de plusieurs de ces réserves nécessitant d'investissements considérables dans le transport et autres infrastructures, s'oppose à leur mise en valeur. Le Liberia, la Mauritanie et l'Algérie sont les seuls pays africains qui exportent le minerai de fer. L'Egypte, le Maroc, le Nigeria, la Tunisie et le Zimbabwe produisent pour les besoins de leur aciérie.

En Guinée, le Massif de Simandou s'étend du Nord au Sud sur 110 km entre les Préfectures de Kerouané et de Beyla. La qualité du minerai de fer de Simandou est exceptionnelle. Elle est comparable à celle du Mont Nimba. En effet, ces gisements représentent les plus riches du monde avec des teneurs moyennes comprises entre 68 et 68.5 % de fer. Les réserves sont estimées à 5 milliards tonnes. La Compagnie Rio Tinto detient depuis 1987 quatre permis de recherche couvrant l'ensemble de la chaine de Simandou.

Un projet d'extraction minière a ete mis en place par Rio Tinto, le Chinois Chalco, la Société Financière Internationale, SFI, et l'Etat

Guinéen pour exploiter le minerai de fer de Simandou. Ce projet vise à extraire 100 millions de tonnes de minerai de fer de Simandou. par an. Rio Tinto propose le démarrage de l'exploitation à partir de 2018 à cause de ses contraintes budgétaires tandis que Chalco et le Gouvernement Guinéen veulent lancer les opérations dès 2017.

Les métaux non ferreux et les alliages

Les pays de l'Afrique Centrale abondent en métaux non ferreux. La région possède les 65 % de la production mondiale de cobalt, 95 % de la production mondiale de chrome. La grande partie de la production vient de Zimbabwe qui dispose de 500 millions de réserves prouvées et du Nigeria, qui dispose aussi de presque la totalité de la production mondiale du tantale. Le minerai de cuivre le plus riche du monde se trouve à cheval sur le Haut Shaba, en République Démocratique du Congo et en Zambie. En outre, la région contient l'étain, le zinc, le plomb, etc. L'Afrique contient 78 % des réserves connues de manganèse dont la grande partie est exploitée par le Gabon qui dispose de 26 % des réserves mondiales, et le Ghana. De réserves appréciables existent au Burkina Faso, en République Démocratique du Congo, en Angola, en Côte d'Ivoire, au Mali et au Togo. Les réserves de nickel de l'Afrique sont évaluées à 10 % des réserves mondiales. En plus des réserves de la République Démocratique du Congo, d'autres réserves sont localisées principalement au Burundi, au Botswana, en Ethiopie et au Zimbabwe, le plus grand producteur.

- Les réserves de cuivre de Kolwezi, en RDC, sont estimées à 1.440.000 tonnes de cuivre et 275 000 tonnes de cobalt. Les mines de Ruashi situées à côté de la ville de Lumumbashi, sont estimées à 1.700 000 tonnes de cuivre et 220 000 tonnes de cobalt. Il existe aussi en République Démocratique du Congo des réserves de nickel, estimées à 22 millions de tonnes à 1,45 % et des réserves de chrome estimées à 48 millions de tonnes à 3,88 %, à proximité de la ville de Kananga, en République Démocratique du Congo.
- L'Angola, pays voisin de la RDC, possède également de gisements de titane, de cuivre et de manganèse.
- La République Démocratique du Congo, l'Angola et la Zambie réunissent toutes les conditions favorables pour l'installation des fonderies de cuivre à partir des concentrés pour la production des barres de tréfilerie à haute conductibilité,

- Des usines fabriquant des produits filés ou laminés, des produits en tubes, des fils machine, etc, et des laminoirs alimentés par des barres de tréfilerie coulées horizontalement fabriquant de fils machines. La République Démocratique du Congo et l'Angola possèdent les plus riches réserves de minerai de fer du monde dans deux sites principaux.
- Le gisement de fer de Cassinga en Angola dont les réserves en minerai de fer sont estimées à 1 milliard de tonnes et les réserves en minerai de fer de la région de Banalia, estimées au moins à 20 milliards de tonnes dont les réserves de la région de Walsa avec 68 % d'hématite estimées à 1 milliard de tonnes.

L'industrie sidérurgique en Afrique

La capacité actuelle installée des complexes sidérurgiques intégrés en Afrique devrait passer de 31,4 à 39,3 million de tonnes par an de 2009 à 2012. La grande partie de cet accroissement provient de l'Afrique du Nord. En Afrique Centrale et Australe, malgré la demande croissante d'acier, la production reste plus ou moins stationnaire. Les aciéries semi-intégrées produiraient 1.7 million de tonnes d'acier environ.

La production de l'acier suit deux filières différentes. Avec la filière fonte, le minerai de fer préparé, mélangé à des fondants est fondu dans un haut fourneau. Ensuite, cette fonte est traitée dans des fours Maritn, des fours électriques ou des convertisseurs.

La fabrication de l'acier par les processus de traitement direct :

Selon la fabrication du fer par réduction directe, l'oxyde de fer, sous forme brute ou de boulettes, est introduit par le haut du fourneau. En même temps que le minerai descend dans le four, il est chauffé par un flux gazeux ascendant en teneur élevée en H_2 et CO_2. Ces gaz réagissent avec l'oxyde de fer (Fe_2O_3) pour réduire et le convertir en métal. Ce fer réduit peut être extrait chaud du fourneau et introduit dans un four à arc électrique.

Huit usines intégrées, 29 usines semi-intégrées à base de ferraille ou de billettes et 59 laminoirs existent actuellement sur le Continent.

- La production du fer est estimée à 8.50 tonnes ;
- La production de l'acier à 10.40 métrique tonnes ;
- La production de produits longs, à 8.00 MT ;
- La production des produits plats à 3.30 MT.

Les produits plats comprennent les tôles minces et les plaques. Ils sont utilisés dans les industries de l'automobile, de la construction navale, de l'électroménager, de l'emballage, du bâtiment, etc. Les produits longs comprennent les fils. Ils sont utilisés pour fabriquer des treillis soudés, des câbles ... Les profilés lourds servent à la fabrication des rails.

Les tubes et tuyaux sont utilisés dans les canalisations et le transport du pétrole par oléoduc et dans l'industrie du pétrole. En Afrique, la capacité des complexes sidérurgiques intégrés varie de 190.000 tonnes, en Tunisie, à 2 millions de tonnes en Afrique du Sud.

La grande majorité de ces unités intégrées produisent principalement des produits longs à l'exception de l'Afrique du Sud et de l'Egypte qui produisent des produits plats, des tubes et des tuyaux. Ces usines fonctionnent à 50 % de leur capacité installée.

Par contre, la Société Delta Steel, au Nigeria utilisant le procédé de réduction directe n'a fonctionné qu'à 15-20 % de sa capacité installée tandis qu'une autre usine intégrée similaire de réduction directe, El Dikhelia, en Egypte fonctionne à 100 % de sa capacité installée.

En ce qui concerne les usines semi-intégrées, quinze pays disposent de 29 unités. Les usines semi-intégrées utilisent un four à arc pour fondre la ferraille. Afin d'éviter les fluctuations d'approvisionnement en ferrailles, on peut utiliser aussi des billettes. Ces unités semi-intégrées comprennent aussi le laminoir et la machine a coulé en continu. La capacité de ces aciéries semi-intégrées varie de 10.000 tonnes/an en Mauritanie, 64.000 tonnes en Ethiopie, etc. à plus de 200.000 tonnes/an au Nigeria et en Egypte.

Des barres finies, des fils et de profilés légers qui sont habituellement utilisés dans les constructions, constituent les productions de ces mini-aciéries. Il existe la production de produits plats en Afrique du Sud, en Egypte et en Algérie. Les tubes et les tuyaux sont fabriqués en Afrique du Sud, en Algérie, en Egypte, en Libye, au Maroc, au Kenya et au Zimbabwe. L'Algérie, l'Afrique du Sud, l'Egypte et le Zimbabwe sont les seuls pays qui produisent des ferroalliages sur le Continent.

La situation de l'industrie d'acier en Afrique

A l'exception de l'Afrique du Sud, de l'Egypte, de l'Algérie, du Nigeria, du Zimbabwe, de la Libye et de la Tunisie, l'industrie sidérurgique est inexistante ou se trouve à un état embryonnaire dans la majorité des pays africains.

L'Afrique du Sud dépasse certains pays développés d'Europe et d'Asie en ce qui concerne la production d'acier. ISCOR, le plus grand producteur d'acier en Afrique du Sud, produit 6.2 million de tonnes d'acier brut. Il se classe le 28ème producteur d'acier dans le monde si l'on tient compte de la production totale de ces unités industrielles. La production totale annuelle de l'acier liquide de l'Afrique du Sud ne dépasse pas 6.5 million de tonnes. Ce sont les aciéries semi-intégrées, utilisant la ferraille qui ajoutent une production de 300.000 tonnes d'acier supplémentaire à la production de 6.2 million de tonnes d'ISCOR. De nombreuses usines métalliques et mécaniques dépendent de la production de billettes et de produits plats d'ISCOR.

L'Afrique du Sud exporte de l'acier aux Etats Unis d'Amérique et dans certains pays africains.

Au Nigeria, deux complexes sidérurgiques intégrés : l'aciérie d'Ajaokuta et les complexes sidérurgiques de Delta Steel appartiennent au secteur public. Des laminoirs fonctionnent aussi à Jos, à Katsina et à Oshogbo. Ils ont une capacité de production de 210000 tonnes chacun. En une première phase, les complexes sidérurgiques d'Ajaokuta étaient conçus pour produire 1.3 million de tonnes d'acier liquide. Le procédé de base utilisé est le haut fourneau avec de l'air enrichi en oxygène insufflé. Basic oxygen (BF) technology. Le complexe sidérurgique de Delta Steel a été conçu aussi pour produire un million de tonne d'acier liquide utilisant le procédé de réduction directe.

Il existe un certain nombre d'usines semi-intégrées privées ayant des capacités de production variant entre 50.000 et 100.000 tonnes. Leur production totale est estimée à 300.000 tonnes annuellement. Les gouvernements militaires n'ont pas accordé une grande importance aux complexes sidérurgiques intégrés. Les travaux de construction des usines sont arrivés à terme en janvier 1982. Le manque d'octroi de crédit de fonctionnement suffisant n'a pas permis à ces complexes de dépasser les 25 % de leur capacité installée. Sous un régime de privatisation partielle, Voest Alpine et OSAKA vont réhabiliter et mettre en marche cette usine pour un coût total de 80 million de dollars.

Les complexes d'Ajaokuta seront aussi réhabilités par les Russes, les constructeurs de l'usine. Après que cette usine ait été abandonnée pendant plus de cinq ans, plusieurs composants et pièces détachées ont été pillés et saccagés.

Au Zimbabwe, l'Etat a hérité d'une usine d'aciérie d'un million de tonnes. L'usine est renommée la Société d'Aciérie de Zimbabwe, ZISCO. L'usine a été rétablie avec la coopération chinoise. Un nouveau haut fourneau a été construit et les usines de laminoir ont été aussi rétablies. Cette usine totalement réhabilitée a atteint les 70 % de sa capacité, soit 1 million de tonnes d'acier. Il existe des laminoirs comme celui de Kwekwe produisant 50.000 tonnes de fil d'acier et l'usine de tubes et de tuyaux d'une capacité de 7000 tonnes.

- L'Ethiopie possède une fonderie et une forge d'une capacité de 64 000 tonnes.
- Le Kenya possède des laminoirs à Nairobi, à Dandora, à Runi, à Kikuyu et à Mombasa, ayant une capacité totale de 300.000 tonnes.
- Le Ghana a une mini-aciérie semi-intégrée utilisant de la ferraille, couplée avec un laminoir et une forge. La capacité totale de l'usine est 80.000 tonnes.
- La Mauritanie a une mini-aciérie d'une capacité de 5000 tonnes.
- La République Démocratique du Congo a une aciérie semi-intégrée d'une capacité de 100.000 tonnes. Elle est située à Maluku.
- L'Angola a aussi une petite usine semi-intégrée de 75 000 tonnes.
- La Mozambique, 80.000 tonnes.
- L'Ouganda, 40.000 tonnes.
- L'Ile Maurice, 75.000 tonnes.
- Le Liberia, 20.000 tonnes.
- Le Madagascar, 32.000 tonnes.
- Et le Cameroun, 40.000 tonnes.

En Algérie, le complexe sidérurgique d'El-Hadjar a été réalisé en phases sur une période de 15 ans. Durant la première phase, une unité intégrée d'une capacité de 400.000 tonnes d'acier liquide a été mise en place pour fabriquer des produits plats en 1972. Durant une deuxième phase, une aciérie électrique a été érigée en vue de la fabrication des tubes sans soudures, fin 1977. Durant la phase finale de construction, des installations nouvelles et complémentaires ont porté la capacité installée à 2, 000, 000 de tonnes/an d'acier liquide – 1978-1981. La Société Nationale de Sidérurgie, qui a été restructurée en 1985 a été décentralisée en onze entreprises nationales publiques qui relèvent toutes de la branche sidérurgie /métallurgie. En 1996, un Holding Sidérurgie/ Métallurgie a été mis en place. Certains de ces entreprises nationales sont :

- Entreprise nationale de tubes et de transformation de produits plats ;

- Entreprise nationale des Emballages métalliques ;
- Entreprise nationale de transformation de produits longs.

Les produits élaborés trouvent leurs utilisations dans les domaines de la construction, des infrastructures, de l'agriculture et de l'hydraulique. Les demi-produits sont utilisés par les industries métalliques, mécaniques et électriques. La capacité totale des aciéries est d'environ 2. 300.000 tonnes/an. Le laminoir à chaud a une capacité de 1.320 000 tonnes.

La tuberie à soudure en spirale a une capacité de 100.000 tonnes. La tuberie sans soudure, une capacité de 70.000 tonnes et le laminoir à fil et rond a une capacité de 540 000 tonnes.

En Egypte, l'usine sidérurgique d'Hélouân dispose de deux hauts fourneaux, d'une cokerie et d'une aciérie. Elle utilise le minerai de fer d'Assouan qui est acheminé par barges sur le Nil. Sa production totale est de 1.5 millions de tonnes de produits d'aciers divers. Il existe, en outre, trois petites aciéries qui traitent les ferrailles.

Ces industries alimentent les unités de montage de véhicules automobiles et des unités de fabrication de l'électroménager avec une demande forte et des industries d'armement.

Les Projets sidérurgiques Africains

- En Algérie, le projet d'une usine sidérurgique de réduction directe confié à une Société mixte Algéro-Qatarie, d'une capacité de 1 200 000 tonnes par an de pré-réduits avec possibilité d'extension à deux modules sera installé au port de Djendjen.
- Le Royaume Uni a créé une aciérie au Maroc, Maroccan Iron Steel, d'une capacité de 2 millions tonnes par an.
- La Société de relaminage de produits plats, Maghreb Steel, construit une unité de production de brames de 1 million tonnes par an.
- En Egypte, Al Ezz Steel Rebars, EFS, a mis en production une unité de produits plats de 1,3 millions tonnes et un atelier de fusion de 1,2 millions dont la capacité passera de 1,3 à 2,5 millions tonnes,
- Une aciérie de 1,6 millions tonnes et une unité de production de billettes ont été lancées également.
- Beshay Steel, une unité de production de barres et de fil machine, d'une capacité de 1,3 millions tonnes, a été installée.

- Suez Steel, une aciérie DRI, a accru sa capacité de fonderie de billettes de 1,95 millions tonnes à 2,6 millions tonnes,
- En Libye, The Libyan Iron & Steel Company a porté sa capacité de production d'acier de 1,79 à 4,16 millions tonnes de 2012 à 2013.
- Au Nigeria, l'usine sidérurgique d'Ajaokuta n'a jamais fonctionné et n'a fabriqué la moindre barre d'acier. Quant aux complexes de Delta Stee, l'usine complètement réhabilitée, fonctionne entre 20 % à 40 % de ses capacités. Son coût de production est 3 fois plus élevé que le coût moyen du marché mondial. Par conséquent, l'usine ne peut produire pour exporter.
- Au Nigeria toujours, African Steel Mills, a commencé à produire en 2004 ; l'usine utilise les fours électriques de capacité totale de 200000 tonnes.
- Au Mali, la Société Indienne, Sandeep Gorg, procède à la réalisation d'une d'une usine d'aciérie. Sandeep Energy Teel SA aura un four d'une capacité de 100000 tonnes, une Centrale thermique de 70 MW à 300 MW, un atelier de fonte d'acier de 324000 tonnes et un laminoir de 300000 tonnes. Elle produira 300000 tonnes de barres avant d'atteindre une capacité d'un million de tonnes.
- Pasco Steel, une firme Coréenne, a signé avec le Gouvernement Camerounais une convention relative à la construction d'un complexe dans la région de Kribri. Le coût estimatif du projet est de 275 milliards de FCFA, La production annuelle de fer est évaluée à 100000 tonnes. Le projet envisage de produire 500000 tonnes de billettes et de fer à béton en une première phase et en une deuxième phase, un million de tonnes de billettes.
- L'Etat Camerounais apporte les 30 % du capital, Pasco, 20 %, la Société Financière Internationale, 20 %, les privés Camerounais, 10 % et 10 % pour les autres partenaires.
- Une Société Industrielle à capitaux Ivoiro-Libanais a construit une aciérie d'une capacité de 50000 tonnes de profilés de fer à béton par an à partir des ferrailles. La Société a commencé sa production en février 2010.
- En Zambie, l'Aciérie de Kafue, Universal Mining and Chemical Industries, a été établie avec une capacité initiale de 100000 tonnes qui sera portée à 200000 tonnes.

La région privilégiée de l'Afrique centrale

La disponibilité d'une hydroélectricité abondante et bon marché, le potentiel de la région de développer une puissante industrie sidérurgique, l'exploitation méthodique des métaux non ferreux font de cette région les localisations privilégiées pour la production des alliages aciers et métaux non ferreux. Il faut aussi souligner qu'une exploitation judicieuse des mines de diamant et d'or ainsi que la valorisation des produits pétroliers permettraient de financer ce développement industriel.

Les pays producteurs de l'acier pourraient envisager la production des alliages suivants :

- L'alliage de l'acier et de l'étain qui donne un métal nommé fer blanc. La ferblanterie est utilisée dans l'industrie agroalimentaire pour fabriquer des boites de conserve, des canettes de boisson et des ustensiles de cuisine, comme des plats, des casseroles et des couverts.
- L'acier en alliage avec le nickel 8 %, le chrome 18 %, donne de l'acier inoxydable qui ne se détériore pas au contact de l'eau et des détergents. Il n'est pas toxique et n'altère ni le goût ni la couleur des aliments. Ces alliages sont utilisés dans les domaines suivants :
- Le secteur de l'énergie : le transport du pétrole et du gaz au moyen des installations de gazoducs et d'oléoducs, la construction des centrales nucléaires, la fabrication des câbles électriques, le transport des produits chimiques et l'usage de l'acier spécial à des hautes températures, etc.
- L'acier contenant une forte dose de nickel donne un alliage résistant à la corrosion. On pourrait fabriquer de l'acier inoxydable aux agents corrosifs et aux oxydants industriels, en ajoutant 10 à 20 % de chrome et des aciers réfractaires en atteignant une teneur de chrome de 25 %.
- Les aciers au manganèse possèdent une bonne résistance à l'usure pour la fabrication des rails de chemins de fer.
- Enfin, la fabrication des aciers spéciaux, utilisant l'acier en alliage avec le cobalt pour la fabrication des aimants permanents.

Recommandations finales relatives à l'aciérie

Le potentiel hydroélectrique de la Guinée et de la Sierra Leone devrait être développé en vue d'accroître la capacité de production d'alumine de la Guinée et deuxièmement d'établir une sidérurgie de réduction directe à Buchanan, au Liberia. Cette usine pourrait atteindre une capacité de production de 1.2 million de tonnes. Une partie de la production couvrira la demande de la CEDEAO, le Nigeria exclu ; l'autre partie sera exportée pour le marché des pays partenaires à l'industrialisation de l'Afrique.

Les aciéries du Nigeria doivent produire pour couvrir non seulement la demande intérieure du Nigeria, elles doivent aussi satisfaire les besoins d'une partie des pays membres de la CEDEAO. En attendant, des laminoirs de grande capacité seront établis au Ghana, en Côte d'Ivoire, au Mali et au Sénégal, d'une capacité totale de 800.000 tonnes, approvisionnés en demi produits, billettes et brames, à partir des aciéries du Nigeria et de l'aciérie de Buchanan. Le Cameroun doit développer une aciérie de 800.000 tonnes pour couvrir ses besoins et les besoins des pays membres de la CEMAC.

- La République Démocratique du Congo doit développer une aciérie intégrée à Maluku d'une capacité de 1. 000 000 de tonnes d'abord.
- L'Angola doit établir une aciérie intégrée à partir d'un port minéralier d'une capacité de 2 millions de tonnes. Une partie de la production couvrira les besoins du pays, l'autre partie de la production sera exportée par les partenaires à l'industrialisation de l'Afrique.
- L'aciérie de l'Afrique du Sud établira des laminoirs au Botswana et en Mozambique ainsi qu'en Namibie pour couvrir les besoins de ces pays en produits d'acier.
- L'aciérie du Zimbabwe, le Zisco-Steel deviendra une entreprise régionale pour couvrir les besoins du Zimbabwe, de la Zambie et du Malawi. Des laminoirs seront implantés dans ces pays.
- La Zambie devra transformer une partie de son cuivre sur place pour couvrir la demande régionale de la SADC (le transport d'électricité, fabrication de fils, de câbles, tuyauteries d'eau, les pièces moulues, l'industrie de laiton).
- Le Kenya, l'Ouganda, la Tanzanie, l'Ethiopie et le Soudan devront accroître leur production hydroélectrique et renforcer leurs interconnexions électriques en vue de produire de l'acier bon marché en Ethiopie et au port de Mombassa. En outre, il s'avérera nécessaire d'interconnecter les réseaux ferroviaires pour permettre le transport du minerai de fer, de la houille et des demi-produits d'acier entre les pays de cette région.
- Avant la mise en œuvre de ces projets d'aciéries, les pays des régions de l'Afrique de l'Ouest et du Centre devraient d'abord

bénéficier de demi-produits d'acier de l'Afrique du Sud et de l'Afrique du Nord qu'ils ne sont pas en mesure de fabriquer actuellement. Alors que d'énormes possibilités de coopération industrielle et commerciale existent entre ces régions, certains de ces pays ne rêvent que de conclure des accords de zones d'échanges préférentiels avec l'Union Européenne, compromettant ainsi la cohésion institutionnelle des CER et leur effort de créer des marchés communs régionaux et le grand marché continental. Ainsi les industries intermédiaires de l'Afrique du Sud et de l'Afrique du Nord développeraient les filières de ces produits intermédiaires en Afrique au Sud du Sahara. Ainsi l'Algérie, l'Egypte, la Tunisie, le Zimbabwe et bientôt le Nigeria pourront-ils exporter ou mieux fabriquer des produits sidérurgiques et de mécanique générale sur leur territoire : moteurs, turbines, pompes, machines et matériels agricoles et équipements de manutention. La construction navale pourrait particulièrement stimuler les industries en amont de ces pays et élargir leur marché intérieur.

– Finalement, compte tenu du programme important des interconnexions des réseaux de chemins de fer dans chaque CER, il importe de donner la priorité à l'installation d'une unité de production de profilés lourds et de rails dans chaque CER. Ces unités doivent être installées au plus vite à partir d'aciéries existantes dont la localisation permettrait la distribution des rails dans les CER respectives.

DEUXIÈME PARTIE

Le nouveau rôle stratégique de l'industrialisation

INTRODUCTION. Conspiration contre l'industrialisation du Continent Africain

Deux facteurs contribuent puissamment à freiner et même à bloquer l'industrialisation de l'Afrique, particulièrement l'industrialisation de l'Afrique au Sud du Sahara : l'hostilité de la grande majorité des leaders des pays industrialisés à la simple idée de voir l'Afrique s'industrialiser et l'absence d'engagement politique du leadership africain, qui cultive une multiplicité de relations coupables avec plusieurs de ces leaders de l'Ouest. Cette hostilité occidentale peut résulter inconsciemment de la rancœur du colonisateur d'hier qui répugne au fait que l'ancien colonisé puisse s'approcher de sa performance économique et de son niveau de vie. D'autres représentants des pays industrialisés s'opposent à l'industrialisation du continent parce qu'ils estiment, au mépris des lois de la concurrence internationale qu'ils prônent, que cette industrialisation irait à l'encontre de leur intérêt national. Les matières premières stratégiques, telles que le minerai de fer, la bauxite, le minerai de cuivre, le pétrole et le gaz, l'uranium, manganèse, cuivre, cobalt, etc. font défaut à l'Europe.

En rejetant le concept des intérêts mutuels et en s'opposant à la valorisation de ces ressources naturelles en Afrique, ils ne laissent aux Africains qu'une seule option, celle d'exporter ces matières minérales à l'état brut. Ils viennent ainsi dépouiller les économies africaines des ressources véritables qui leur permettraient de sortir de la pauvreté. Il faut souligner ici, comme preuve à l'appui, qu'en 2005, 27 industries européennes des métaux qui dépendent de l'importation de leurs matières premières principalement de l'Afrique, ont fait un chiffre d'affaires de 316 milliards d'euros et ont employé plus de 1,1 millions de personnes.

Plusieurs moyens machiavéliques sont employés pour dissuader les pays Africains d'envisager une politique d'industrialisation. Ces pays refusent catégoriquement d'affecter leurs fonds à la construction d'infrastructures lourdes susceptibles de servir de support à une politique d'industrialisation, telles que les chemins de fer qui constituent les moyens de transport les moins chers pour déplacer de grandes quantités de produits, la construction de grands barrages hydroélectriques en vue d'approvisionner ces industries grandes consommatrices d'énergie en énergie abondante et peu chère, la formation, dans le domaine du travail des métaux, etc.

Le développement des phases II et III du barrage d'Inga, le plus grand barrage hydroélectrique de l'Afrique d'une capacité finale de 39000 MW, a tardé à recevoir l'aval de la Banque Mondiale. Ainsi, la République Démocratique du Congo avec ses immenses potentialités de ressources naturelles, dont la transformation demanderait beaucoup d'énergie, reste-t-il un pays en friches ! La même Banque Mondiale s'est empressée de s'allier à l'assistance économique chinoise en Afrique pour contrecarrer les activités de celle-ci quand elle a constaté que les fonds d'investissements chinois s'orientaient de plus en plus vers la construction d'infrastructures lourdes. La tactique est de faire semblant d'aider techniquement les pays africains. Mais l'art consiste à gaspiller ces fonds sur une multitude de petits projets sans effet d'entrainement. Ils réussissent dans leur entreprise parce qu'ils savent que les leaders africains raffolent d'argent frais, cash. Eux alors, de clamer que l'Afrique reçoit des centaines, sinon des milliers de milliards de dollars de l'Occident. Mais, comme ces fonds ne laissent la moindre trace, il faut conclure que l'argent a probablement rebroussé chemin.

Certains moyens déloyaux sont employés pour faire avancer leur cause : ils placent leurs hommes, des citoyens Africains, à la tête d'Organisations Internationales ou africaines. Ces hommes sont encore plus hostiles qu'eux à l'industrialisation africaine. Par exemple, à la Commission Économique pour l'Afrique, les études de préfaisabilité industrielles faites sous le patronage du Professeur Adebayo Adedeji ainsi que les études sur les projets de transport multimodal en Afrique au cours de deux décennies écoulées, ont été soit déchirées en lambeaux par le « shredder », soit brulées. On n'a gardé que certaines études relatives aux politiques sectorielles, qui ont été révisées.

Après le départ du Professeur Adedeji, et de Diallo Issa de la CEA, la Division de l'Industrie a été abolie par leur successeur. L'Organisation des Nations Unies pour le Développement Industriel continue à afficher son nom alors que toutes les Divisions relatives à l'Industrie ont été abolies et remplacées par d'autres fonctions disparates : réduction de la pauvreté, renforcement des capacités commerciales, énergie non renouvelable et environnement. Ce n'est qu'il y a deux ou trois ans qu'on a enfin entendu de la part d'un responsable de la FAO que la sécurité alimentaire en Afrique pourrait être réalisée par l'accroissement de la productivité agricole grâce aux facteurs de production tels que les engrais, l'irrigation dans les zones sèches, les outils et les machines agricoles améliorés. Il faudrait au même responsable peut-être encore 15 ans pour admettre que ces engrais et ces machines agricoles, pour être disponibles en quantités suffisantes, devraient être fabriqués principalement en Afrique. Combien de temps les leaders africains ont-ils besoin pour réaliser que ces mêmes organisations qui ont été créées, il y a 40 ans, pour les aider dans leur effort de développement, sont utilisées aujourd'hui pour les empêcher d'atteindre leurs objectifs de développement. Du côté du leadership africain, plusieurs causes peuvent expliquer leur absence d'engagement politique pour l'industrialisation du continent.

Plusieurs de ces leaders africains n'ont pas la faculté de comprendre que l'industrialisation est le facteur de modernisation des structures économiques du pays et d'accroissement de la productivité économique et que par conséquent l'industrialisation conduit au démarrage du processus du développement économique et à la transformation des structures économiques et sociales. Certains pensent que l'industrialisation, c'est la boulangerie du coin de la rue ou le petit atelier de fabrication des objets en plastique appartenant à tel riche commerçant. Le rôle des industries intermédiaires est totalement ignoré.

L'importance de la formation au travail des métaux est négligée, alors que c'est par là qu'on commence à maîtriser la construction des ponts en fer, des gratte-ciel, des machines-outils, etc. Un leader qui ignore l'industrie et la technologie ne peut concevoir une vision économique. Il est incapable de projeter le futur d'un pays car il ne prend pas en compte les forces de transformation des structures économiques et sociales. Il ne peut en fait formuler aucune politique valable car ses capacités d'analyse sont presque réduites à zéro.

Une autre catégorie de leaders africains ne respecte pas leur serment de loyauté à l'égard de l'État qu'il dirige. Ce sont les leaders qui sont devenus leaders parce qu'alliés des leaders des pays industrialisés et dont la raison d'être est de défendre les intérêts des pays étrangers, même au dépens des intérêts nationaux de leur propre pays, On rencontre cette catégorie de personnage véreux parmi des chefs d'Etat qui se targuent d'avoir des relations particulières avec tel ou tel pays occidental, mais aussi parmi les représentants des pays en poste dans les pays développés en quête de bourse scolaire ou d'emploi pour leurs enfants. La solution des problèmes graves est ainsi vite trouvée dans les coulisses des salles de conférence entre un petit envoyé des pays développés et « ces goujats ».

Si l'on se réfère au problème de l'environnement et du changement climatique, il est à craindre que l'Afrique en fasse les frais à cause de la déloyauté de plusieurs de ces responsables. L'atmosphère terrestre se pollue à cause de l'émission de CO2, mais les 56 % des émissions totales de gaz à effets de serres sont provoquées par les industries du Nord.

Il est prédit que dans 25 ans la température moyenne va s'accroître de 0,2 % chaque décennie, ce qui va occasionner la grande sècheresse dans plusieurs parties du globe et causer des intempéries de toutes sortes. Les prétendus environnementalistes et la majorité des politiciens du Nord s'accordent pour réclamer que l'Afrique renonce à l'industrialisation. Cette recommandation à effet décisoire et exécutoire est immorale et irresponsable et constitue bel et bien un complot contre le continent noir, car la non-industrialisation du continent équivaut à son non-développement. Dans cinquante ans, le continent aura une population proche de deux milliards d'habitants. Si des programmes hardis d'industrialisation ne sont pas entrepris dès maintenant, il est à redouter que les grandes villes africaines ainsi que les campagnes offriront les aspects les plus lugubres, (famine, pandémies, guerres civiles, insécurités de toutes sortes).

Quelles que soient les difficultés, les hostilités et les manœuvres de l'extérieur, l'Afrique doit sceller son unité économique et sociale dans un processus vigoureux d'industrialisation. C'est la seule politique qui vaille et qui puisse cimenter l'unité politique et économique de ce grand continent et créer la paix et la prospérité pour ses habitants.

Les pays développés sont les premiers responsables du réchauffement climatique. Ils conseillent hypocritement aux pays africains de ne pas s'engager dans le processus d'industrialisation, quitte à végéter dans la misère et à voir leurs enfants mourir de faim. Malgré cette conduite dénuée de toute éthique et même de toute humanité, les pays africains doivent garder une attitude calme, mais obstinée. Ils doivent exiger que le développement par l'industrialisation serve tout d'abord leurs populations. Pour atteindre ces objectives, les pays africains doivent lier des liens de partenariat avec les nations imbues de justice et d'humanité et être prêts à partager les fruits de ce co-développement.

Si dans les pays développés, la concentration industrielle est cause de la pollution atmosphérique et du réchauffement climatique, dans les pays africains pauvres, l'absence d'industrialisation entraine des effets environnementaux négatifs. Le manque de canalisations en vue de drainer les eaux stagnantes et polluées, l'insalubrité des taudis des grandes villes africaines est causée par le coût cher des grosses canalisations en acier ou même en ciment qui doivent être importées. L'atmosphère des villes est polluée par la poussière transportant toutes sortes de virus et de bactéries. La sécheresse ou les inondations ravagent les zones rurales soit parce que les périmètres irrigués sont très peu étendus, soit parce que les cours des rivières et des fleuves sont obstrués par les végétations, par la boue ou par le sable. Le déblaiement et le dessablement de leur lit requièrent du ciment et des palplanches en acier le long de leurs rives.

La proposition des pays développés doit être rejetée sans tergiversation. Les gouvernements africains qui souscrivent à de telles idées qui frôlent le crime, n'ont pas leur place dans l'Union africaine. Sur le plan des droits humains, un africain n'est ni inférieur à un Européen, ni à un Indien, etc. Il est totalement illogique, dénué de toute rationalité de venir accaparer les minerais métalliques africains et de les valoriser dans les pays déjà pollués. Il n'y a aucune raison objective et valable pour l'Afrique de renforcer la coopération économique avec de tels pays. L'Afrique doit baser son développement sur ses marchés régionaux et sceller un partenariat stratégique avec les pays qui sont disposés à respecter ses objectifs stratégiques de développement.

L'industrialisation de la Chine et de l'Inde ne doit pas avoir pour résultat d'étouffer toute tentative d'industrialisation en Afrique. La Chine a, en une période très courte, jeté une base industrielle solide en Indonésie et en Malaisie.

L'importation des produits manufacturés Chinois ou Indiens, n'est pas la solution finale. La solution qui convient à l'Afrique, c'est de convaincre les industriels chinois, Indiens, Brésiliens, etc., de venir exploiter nos grands marchés régionaux et de faire du co-développement une réalité humaine. Aucun continent ne peut renoncer à l'industrialisation sans aller à son propre suicide. Ceux qui propagent des théories mensongères de développement sans industrialisation, ont l'intention diabolique d'entrainer les Africains à la faillite économique et à la mendicité pour s'emparer par la force de leurs ressources naturelles. Les Chinois et les Indiens savent parfaitement que c'est l'industrialisation qui a sauvé leur pays des affres de la famine. Il y a 60 ans, la Chine et l'Inde, pays atteignant le milliard d'habitants étaient menacés de misère, de maladies et de famine. L'industrialisation c'est-à-dire l'industrialisation de l'agriculture, des infrastructures, de la construction, de la santé, des services, etc., a été la solution pérenne. L'industrialisation a créé des emplois durables et bien rémunérés, généré des services modernes, (banques, assurances, commerce, nouvelles technologies, communications fiables, etc.) qui ont encore triplé les emplois et répandu la prospérité dans ces pays.

En effet, les processus d'industrialisation créé la richesse, (valeur ajoutée). Elle génère les services connexes qui augmentent davantage le nombre d'emplois totaux. L'industrialisation permet encore de formuler et de réaliser pleinement les programmes sectoriels prioritaires (développement de l'habitat, construction des infrastructures viables, autosuffisance alimentaire…).

La formulation et la mise en œuvre d'une stratégie d'industrialisation ne peut se faire à l'échelle de ces pays. Il en est ainsi parce qu'en ce qui concerne les industries intermédiaires et la plupart de leurs filières, par exemple, les économies d'échelle sont telles qu'il serait impossible de concevoir les plus petites unités qui soient économiquement viables pour répondre aux besoins de ces micros marchés nationaux. En effet, chaque unité industrielle devrait minimiser les coûts de transport engendrés par la dimension des unités tandis que leur localisation doit maximiser les économies d'échelle et les effets d'entrainement sur l'espace national.

Dans le cadre d'une espace économique large et intégré, chaque nation doit tirer un avantage plus grand de sa présence dans l'espace communautaire. Les unités industrielles localisées dans les divers pays membres doivent contribuer à équilibrer les échanges entre nations. La planification à l'échelon régional permet de concevoir l'industrialisation comme une articulation des différentes filières clefs à travers l'espace régional.

CHAPITRE I

Les effets de la balkanisation : l'émiettement des investissements industriels

Par exemple, la France a fait éclater la Fédération de l'Afrique de l'Ouest et la Fédération de l'Afrique centrale en petits états indépendants, incapables d'engendrer une croissance autonome et soutenue. L'esclave a été libéré, mais pas avant de lui avoir coupé les tendons de pied, pour l'empêcher de se tenir debout et de marcher. C'est la loi cadre de 1956 appelée la loi Deferre qui a accompli ce travail cruel et scélérat. L'Angleterre, le Portugal et même la Belgique, respectueux de l'éthique politique ne se sont pas livrés à ce travail machiavélique. Aujourd'hui, leurs anciennes colonies, le Nigéria, l'Angola et la République Démocratique du Congo se préparent à être les locomotives du continent, s'ils arrivent à déjouer les jeux des détracteurs de l'Afrique qui n'hésitent pas, quand ils ont l'occasion, à détruire le travail accompli par l'Afrique indépendante.

Cependant, il n'en demeure pas moins vrai que la très grande majorité des pays africains sont de taille minuscule, peu peuplés et ayant une population jouissant d'un revenu maigre et ne peuvent constituer des systèmes productifs autonomes, c'est-à-dire, viable.

L'industrialisation qui ne vise que le marché du pays d'implantation en Afrique se trouve limitée par l'étroitesse des marchés nationaux. De ce fait, il n'existe pas de processus endogène de croissance industrielle et l'industrialisation est soumise aux impulsions externes. Les entreprises doivent importer la quasi-totalité de leurs inputs industriels de sorte qu'elles s'avèrent incapables d'atteindre leur capacité de production maximale. Sans mentionner les coûts de production élevés, une surévaluation du taux de change exclue toute possibilité d'exportations et favorise l'importation. Le problème qui se pose alors c'est le choix entre une politique d'industrialisation et de protection douanière ou l'absence de toute industrialisation dans un contexte de libre-échange. Les pays africains n'abritent que des industries légères : petites transformations agro-alimentaires, textiles ou quelques industries de montage. De ce fait, l'industrie n'offrant pas de réelles perspectives d'emploi, de nombreux ingénieurs se contentent d'emplois administratifs.

Les obstacles de l'industrialisation dans ce contexte de micro-marché résultent des coûts de production industrielle élevés du fait de la faible production, de l'absence d'infrastructures et de l'impossibilité d'accéder aux économies d'échelle que permet un vaste marché interne ou externe. Les biens intermédiaires tels que l'acier, les produits chimiques ainsi que les biens d'équipement et les machines – outils ne sont pas produits par l'Afrique.

La production industrielle, bloquée par les coûts de production exorbitants n'arrive ni à susciter une demande interne suffisante, ni à dégager des produits exportables. Les objectifs de l'industrialisation : satisfaire les besoins essentiels des populations, fournir des emplois mieux rémunérés aux populations des villes, ne peuvent être réalisés.

La soi-disant théorie de croissance et de réduction de pauvreté n'est pas une politique de croissance économique, mais plutôt une simple politique de distribution. Elle n'est valable que si l'économie est en croissance rapide. Dans une économie nationale en croissance rapide, l'industrialisation provoque une expansion de la classe moyenne. La hausse de la demande en aliments, en combustibles, en équipements ménagers et services qui en résultent, exerce une pression sur l'offre industrielle. Or cette politique de réduction de pauvreté ignore l'industrialisation. Elle s'appuie sur des micro-entreprises dont la gestion ne demande aucune formation managériale. Ces micro-entreprises génèrent très peu de profit et donnent lieu à une très faible accumulation de capital. Elles parviennent à peine à refinancer leurs activités et la majorité de ces unités ont une durée de vie très courte.

La frénésie autour de ce programme de réduction de la pauvreté n'a pour but que de se débarrasser des programmes clefs de support à une industrialisation véritable : programme d'interconnexion des réseaux ferrés en Afrique, équipement électrique des sites hydroélectriques, promotion des industries intermédiaires et réalisation du programme d'autosuffisance alimentaire, création d'un marché commun de produits alimentaires, programme de l'habitat, etc.

Personne n'a prétendu aux États-Unis d'Amérique que le programme de pauvreté avec sa composante d'institutions des Centres de Développement des petites entreprises était une politique de croissance. Il a été considéré comme faisant partie des mesures de distribution du revenu national. A cause du succès limité des nouveaux entrepreneurs dans ce domaine, l'Administration de petites entreprises a jugé bon d'accroitre le montant des prêts et d'identifier des promoteurs ayant véritablement l'esprit d'entreprise. Il est surprenant de constater qu'après sa création datant plus de 36 ans, la CEDEAO formule un programme de réduction de pauvreté farfelu et dénué de toute cohérence économique.

L'industrialisation ne se ramène pas à l'implantation d'industries d'une façon éparse et désordonnée. L'industrialisation vise à la transformation des structures économiques et sociales pour les rendre plus efficaces. L'industrialisation doit assurer une attribution des investissements par secteur en vue d'accroitre la production et la productivité de tous les secteurs économiques à un rythme qui permette la satisfaction des besoins de toutes les couches de la population. Elle doit donc aboutir à un accroissement de la productivité du travail grâce au progrès technique, à la formation d'un surplus de production à l'intérieur du pays et à l'accumulation de capital susceptible d'engendrer une croissance autonome.

La mission cruciale de l'industrie est de parvenir à construire un véritable système productif national et communautaire en articulant tous les secteurs entre eux de façon que l'apport du progrès technique aboutisse à une augmentation radicale de la productivité du travail, que l'accumulation de capital rende ce système autonome et viable et que la satisfaction des besoins de l'économie ainsi que celui des populations soit assurée. Pour que l'industrialisation puisse atteindre ces trois objectifs primordiaux : 1) maximation du surplus, 2) affectation du surplus à l'accumulation de capital et utilisation maximale du surplus national ou communautaire aux fins de la croissance accélérée et du bien-être des populations, il est essentiel que l'on parvienne à assurer l'accroissement de la productivité du travail agricole et des autres secteurs de l'économie. L'industrialisation doit contribuer à l'amélioration des techniques agricoles : la fabrication des machines et des outillages agricoles, la production des engrais et des pesticides, la construction des barrages hydrauliques pour permettre l'irrigation des périmètres agricoles dans les zones arides, la transformation des produits agricoles, etc. On parvient ainsi à déterminer les sous-secteurs industriels clefs qui interviennent dans les secteurs économiques prioritaires pour en accroitre la productivité ; ce sont la sidérurgie et la mécanique, la chimie et la pétrochimie et les autres métaux : aluminium, cuivre.

Les semi-produits et les produits finaux de ces sous-secteurs industriels servent d'inputs aux autres secteurs économiques non seulement pour les moderniser mais surtout pour accroitre leur productivité de travail. La transformation du minerai de fer et de la bauxite en acier et en aluminium respectivement et le développement de leurs multiples filières telles que fabrication de camions, de bateaux, etc. créent d'énorme quantité de richesses, (valeur ajoutée), et engendrent une croissance et un développement économiques réels et satisfaisants. Ces industries constituent la base autonome d'accumulation interne ou tout simplement, la base économique. L'effet de ces industries, appelées aussi industries intermédiaires, est capital : 1) elles accroissent la productivité du travail dans tous les secteurs économiques et, 2) elles contribuent à l'accumulation du capital, soustraient les économies précédemment dominées par l'influence économique extérieure et leur octroient la capacité d'un développement indépendant.

En une première étape, la base économique doit être de nature à provoquer la révolution agricole. L'articulation de l'industrie et de l'agriculture est nécessaire pour fournir un revenu élevé à la grande majorité des populations et l'agriculture constituera alors la principale source du revenu disponible pour l'accumulation. Le développement de l'agriculture va élargir le marché des biens industriels grâce à l'augmentation du revenu national et l'élévation du pouvoir d'achat des paysans. Les industries de biens de consommation durable et de biens de consommation finale vont se développer grâce à ces débouchés, en utilisant comme inputs les semi-produits des industries intermédiaires et en créant des emplois plus rémunérés. Les tissus industriels vont se multiplier grâce aux relations interindustrielles et la productivité du travail industriel elle-même va s'améliorer. Les travailleurs agricoles vont abandonner l'agriculture pour aller s'embaucher dans l'industrie.

Une spécialisation industrielle va apparaitre ainsi que des services modernes liés à l'industrie, (services de consultation et d'ingénierie, marché financier, banques d'investissements, assurances, etc.)

Pallier au blocage résultant de l'étroitesse des marchés nationaux

L'un des obstacles principaux à la croissance et au développement des économies nationales des pays membres des Communautés économiques régionales trouve son origine dans la petitesse des marchés intérieurs. Les marchés sont trop étroits pour abriter les industries développantes et tisser des relations intersectorielles fécondes entre ces industries et les secteurs clefs de l'économie nationale. Les secteurs économiques restent, par conséquent, arriérés, notamment les infrastructures et l'agriculture qui elles, demeurent toujours une agriculture de subsistance. Les économies nationales présentent des structures économiques similaires et offrent très peu de produits à échanger entre elles.

Tout le commerce de ces pays est fondé sur l'exportation de leurs ressources naturelles brutes avec les pays industrialisés contre l'importation de quelques produits manufacturés, que leur permettent d'assurer les revenus d'exportation, généralement maigres.

Si ces pays veulent valoriser industriellement leurs matières premières minérales, ils ont deux options, soit devenir un pays dont l'économie est orientée vers l'exportation, soit créer un système productif régional avec d'autres pays dans le cadre d'un système d'intégration économique régionale.

A) Les petits pays axés sur les marchés extérieurs

En effet, dans les pays industrialisés, plusieurs pays, avec des marchés intérieurs relativement petits, ont réussi à développer un secteur industriel de pointe. Ils sont parvenus à pallier aux inconvénients de marchés intérieurs étroits par la conquête de débouchés extérieurs étendus grâce à l'efficacité de leurs systèmes productifs nationaux et à la compétitivité de leurs produits industriels. Les montres suisses sont un bel exemple. Des pays tels que la Belgique, l'Autriche, la Suisse, etc., ont construit des complexes sidérurgiques très performants Les pays Nordiques ne sont point de grands marchés ; cependant, ils jouissent d'un revenu par tête élevé grâce à la bonne performance de leur secteur industriel. Nous allons donc passer en revue certaines composantes clefs du système productif national que les pays Africains devront moderniser afin de renforcer les capacités industrielles de leurs structures économiques nationales. Ces composantes ou domaines sont :

1) *Produits industriels fabriqués localement.* Aucun pays ne peut se développer en se contentant d'importer un volume important de produits intermédiaires qui sont nécessaires à la modernisation de ses secteurs clefs et à l'élévation de la productivité de son économie nationale. Cet Etat devra identifier des investisseurs directs étrangers

intéressés à valoriser les ressources naturelles du pays dans l'intérêt mutuel des deux parties.

2) *Equipements industriels appropriés.* Il est essentiel de fournir aux petites et moyennes entreprises industrielles des informations relatives aux équipements industriels appropriés.

3) *Formation des ingénieurs et techniciens de production.* La formation des ingénieurs et des techniciens de production pour appliquer les techniques de production et de gestion des pièces détachées est une aide essentielle au lancement des petites et moyennes industries.

4) *Constitution d'une masse critique de compétences technologiques.* On devrait parvenir à la constitution d'une masse critique de compétences technologiques dans les secteurs ciblés : des ingénieurs de production et de maintenance, de la main d'œuvre qualifiée. Chaque pays devrait aussi établir des centres d'apprentissage et de perfectionnement par branche d'activités ainsi que des laboratoires d'analyses intégrées.

5) *Construction d'une structure industrielle intégrée.* La construction d'une structure industrielle régionale intégrée grâce au développement des chaines de valeur des industries agro-alimentaires et agro-industrielles ainsi que des industries à base de ressources minières, Préparation des plans sectoriels intégrés nationaux et régionaux.

6) *Renforcement des instituts Africains de Technologies* pour développer le pouvoir de négociation des hommes d'Affaires Africains lors de l'acquisition de technologies nouvelles.

7) *Construction des infrastructures de soutien a l'industrialisation.* Le rôle crucial des Etats Africains dans la construction des infrastructures de soutien a l'industrialisation : construction des infrastructures routières et ferroviaires ainsi que des barrages hydroélectriques

8) *Elaboration d'un Statut -cadre de Société anonyme.* La Commission de l'Union Africaine préparera un statut-cadre de société anonyme communautaire, adapté à l'environnement des affaires de chaque Communauté Economique Régionale, CER, et applicable dans leurs pays membres respectifs. Ce statut de la Société anonyme communautaire servira à la formation des entreprises régionales communautaires et multinationales Africaines.

9) *Intervention des Banques d'investissement.* Des Banques d'investissement pourront être impliquées dans la performance des entreprises non seulement comme créancières, mais aussi comme actionnaires. Elles se préoccuperont ainsi de la bonne gestion des entreprises dans le but de maximiser leur valeur ajoutée pour les actionnaires. Elles pourront former en commun des ingénieurs et des économistes dans l'ingénierie financière, l'évaluation des projets et dans l'ingénierie –conseil aux entreprises.

B) L'option relative à la création d'un système productif régional

Si ces États sont déterminés à s'engager dans un processus de développement accéléré, ils doivent fusionner leurs marchés nationaux dans le but de créer de grands marchés régionaux ; chaque pays doit chercher à développer un nombre limité de productions industrielles pour lesquelles il jouit des avantages comparatifs sur le plan communautaire afin de tirer avantage des économies d'échelle et d'échanger avantageusement ces produits avec les autres pays membres. En effet, dans un espace économique communautaire orienté vers l'exportation, le développement des échanges intra-communautaires se trouve limité.

Si l'on admet que le développement extraverti rend le pays exportateur dépendant de la croissance des pays riches importateurs et que par conséquent le marché intérieur doit être le moteur du développement harmonieux on est amené à soutenir alors que le développement passe par la constitution d'un grand marché intérieur.

Cette approche leur permet d'emblée d'échanger des biens industriels locaux sur le marché communautaire et d'exporter dans un laps de temps des produits manufacturés à l'extérieur. L'économie d'échelle permet de réduire les coûts de production et d'introduire ces pays dans le commerce international sur une base solide.

Cette industrialisation doit se baser sur la transformation industrielle des matières premières minérales, forestières, agricoles et de pêche des pays membres des communautés économiques régionales. L'industrialisation visera deux objectifs principaux : 1) la production des biens intermédiaires métalliques, chimiques et pétrochimiques dont les pays ont besoin pour renforcer leurs infrastructures, 2) fabriquer les biens durables et alimentaires et consolider leur tissu industriel communautaire ainsi que national.

Les pays africains au Sud du Sahara devraient devenir des producteurs des produits intermédiaires sans tarder parce qu'ils produiraient ces semi-produits au coût de production le plus bas. Ils disposent de matières premières en meilleure qualité et en abondance ainsi que des entrants industriels nécessaires pour leur fabrication.

Des minerais de fer avec un contenu en fer s'élevant à plus de 70 % existent dans plusieurs pays africains, en Guinée, en Côte d'Ivoire, au Liberia, Sénégal, Sierra Leone, Angola, au Cameroun, au Mali, en République Démocratique du Congo, etc. La plupart de ces pays possèdent, en autres, de la bauxite de haute qualité en abondance. Ils disposent en plus des sources diversifiées d'énergie : hydroélectricité, gas naturel et charbon. Le continent est doté d'un potentiel hydroélectrique de 1100366 GWH. La RDC, l'Éthiopie, le Cameroun et l'Angola disposent à eux seuls d'environ 63 % du potentiel hydroélectrique. Certains pays sont nettement mieux dotés sur le plan régional. En Afrique de l'Ouest, la Guinée et le Nigeria. En Afrique centrale, la RDC, le Cameroun et l'Angola. En Afrique de l'Est, l'Ethiopie possède les 76 % du potentiel hydroélectrique régional et en Afrique australe, la Mozambique et la Zambie.

Les pays de l'Afrique du Nord possèdent des réserves de gaz naturel importantes en Algérie, (3622 milliards de m^3), en Libye (1307 milliards de m^3) et en Égypte (436 milliards de m^3). En Afrique de l'Ouest, les réserves de gaz du Nigeria sont évaluées à 3396 milliards de m^3.

D'autres réserves secondaires existent en Afrique centrale, au Cameroun, (110 milliards de m^3), au Gabon, (76 milliards de m^3), en Angola, (51 milliards de m^3.)

En Afrique de l'Est, la Tanzanie, (116 milliards de m^3) et en Afrique australe, la Namibie, (147 milliards de m^3), le Mozambique (65 milliards de m^3) et en Afrique du Sud (54 milliards de m^3). L'Afrique dispose aussi d'importantes ressources de charbon. En Afrique du Nord, le Maroc possède des réserves de 70 millions de tonnes, l'Algérie, de 153 millions de tonnes, et l'Egypte de 107 millions de tonnes.

En Afrique de l'Ouest, le Nigeria a des réserves de 1500 millions de tonnes et le Niger, 10 millions de tonnes.

En Afrique centrale, la RDC possède des réserves de 86 millions de tonnes.

En Afrique de l'Est, la Tanzanie possèdes des réserves de 344 millions de tonnes. En Afrique Australe, l'Afrique du Sud dispose d'immenses réserves de 115500 millions de tonnes, le Botswana, de 55000 millions de tonnes, le Mozambique, de 936 millions de tonnes, le Zimbabwe de 214 millions de tonnes et la Zambie de 62 millions de tonnes.

Étant donné que de nombreux pays africains disposent de l'énergie la moins chère pour traiter ces matières premières, dont le processus de production est très intensif en énergie, il est par conséquent tout à fait logique que la production de l'acier et de l'aluminium bruts ainsi que de leurs semi-produits, des semi-produits chimiques et pétrochimiques soit concentrée dans les pôles de développement industriel du continent. Cette production de produits intermédiaires jouirait de l'avantage compétitif sur le marché mondial parce que leurs matières premières sont abondantes et de haute qualité dans plusieurs pays du continent et parce que l'énergie y est abondante et offre les coûts les plus bas. La main d'œuvre africaine, encadrée au départ, de techniciens Chinois, Indiens, et Brésiliens présenteraient également les salaires les plus bas.

Les usines intermédiaires de production de semi-produits d'acier, d'aluminium chimiques et pétrochimiques auraient avantage à se délocaliser dans les pays africains parce que leurs coûts de production pourraient baisser considérablement à cause des coûts bas de salaire dans ces pays et des autres facteurs de production.

La délocalisation industrielle permet au pays industrialisé qui consent à l'appliquer dans les pays en développement, d'étendre davantage son secteur de services moderne, et donc de bénéficier de plus de valeur ajoutée dans ce secteur. Le secteur des services modernes se répand avec l'importation des produits industriels et leur distribution locale. Si le pays cherchait l'autosuffisance tant dans la production agricole que dans la fabrication industrielle de tous les biens industriels dont il a besoin, il est évident que les services industriels et autres seraient moins développés. Cette réduction du secteur des services aura pour effet de diminuer le revenu national et les revenus individuels, étant entendu que les salaires et les bénéfices sont plus élevés dans les services modernes que dans le secteur manufacturier.

Les pays développés et un nombre croissant de pays émergents s'accordent pour exploiter et importer les ressources naturelles brutes africaines en vue de les transformer dans leurs usines, de renforcer leur processus d'industrialisation et d'accélérer leur rythme de croissance et de développement économiques. Pour ce faire, ils corrompent les leaders africains en leur donnant des fonds personnels. La société Arcelor Mittal a acquis en 2005 le droit d'exploiter les gisements de fer riches du Liberia, 1 milliard de tonnes de minerai de fer pour un investissement de 900 millions de dollars. La même Société a obtenue en 2007 le droit d'exploitation des gisements de fer de Falemé pour un investissement de 2,2 milliards de dollars. Bien que la Société ait accepté au moment de la signature du contrat la possibilité de développer à l'aval une aciérie au Sénégal, elle n'a pas tardé à mettre ce projet au « rancart » en prétextant la crise financière mondiale. Le minerai qu'elle extrait est destiné à l'approvisionnement des aciéries de ses clientèles mondiales.

La remarque qui s'impose est la suivante : les projets d'intégration régionale n'ont pas contribué a changer en Afrique, ni la façon de concevoir le développement, ni le comportement des leaders Africains. L'objectif des Communautés régionales est d'établir de grands marchés communautaires pour permettre l'investissement dans des projets de grande échelle qui ne seraient pas rentables au niveau du marché national mais qui pourraient bien voir le jour et prospérer au niveau régional ou même parfois sous régional. Puisque la volonté réelle d'intégration fait défaut, malgré les beaux discours, nous voyons les Etats s'empresser l'un après l'autre à donner leurs gisements de fer en concession et se contenter des royalties dérisoires, de 3 % à 5 % dans certains cas. De ce fait, les pays africains au Sud du Sahara se vident de leurs riches minerais ; ils renoncent alors à la valeur ajoutée, récompense du génie humain et source de richesse.

En effet, lorsqu'une entreprise industrielle, soit un complexe d'alumine/aluminium, utilise par exemple des matières premières, bauxite/alumine, l'énergie ainsi que le travail d'une main d'œuvre formée, et produit un bien nouveau, l'aluminium, la différence entre le prix de vente de sa production et le coût total des biens et services qu'elle a achetés pour obtenir cette production et ce revenu d'exploitation brut représente la valeur ajoutée. Pour 2 tonnes de bauxite coûtant 60 dollars, la valeur ajoutée pour une tonne d'aluminium brut varie de 2300 à 3000 dollars. En fait, plus les industries utilisent une forte intensité de technologie ou de savoir, plus la valeur ajoutée sera accrue. Or nous constatons une baisse inéluctable du prix des matières premières des pays africains. ***Les termes de l'échange*** des produits primaires face aux produits manufacturés des pays industrialisés ne cessent de se dégrader avec le temps. Cela veut dire que pour un niveau donné d'exportation, les pays exportateurs de produits primaires importent de moins en moins de produits manufacturés : ou en d'autres termes, pour une même quantité de matières premières produites et vendues aux pays industrialisés, les pays africains achètent de moins en moins de produis manufacturés. On peut en conclure qu'il y a une réduction du pouvoir d'achat des exportateurs de produits de base africains.

Par ailleurs, on constate que **l'élasticité de la demande** des biens manufacturés est plus grande que celle des produits primaires. Par conséquent, lorsque les revenus augmentent, la demande des biens manufacturés augmente plus que celle des produits primaires. On peut en conclure que la baisse des revenus d'exportation et la hausse concomitante des dépenses d'achat des biens manufacturés importés expliquent la débâcle et l'appauvrissement économique des pays africains qui avaient basé leur stratégie de développement sur l'exportation des matières premières. Ces pays sont entrainés dans un cercle vicieux de stagnation économique et s'appauvrissent d'année en année au lieu de se développer. Le résultat final est le gaspillage des ressources naturelles qui malheureusement ne se renouvellent pas. Cette crise économique ira en s'aggravant avec l'utilisation accrue des produits de synthèse, par exemple, le fil et le caoutchouc artificiels.

Les pays les moins avancés qui échappent aux effets pervers de la politique d'exportation des matières premières sont :

Les pays dotés de matières premières énergétiques, particulièrement des gisements de pétrole et de gaz naturel abondants, d'uranium ou des mines d'or et de diamant riches, à condition qu'ils gèrent bien ces ressources et qu'ils entreprennent ensuite une politique d'industrialisation bien pensée.

Il faut noter que les pays membres de l'OPEP ont continuellement joué sur une hausse unilatérale du prix du pétrole, chaquefois que cela était nécessaire, pour maintenir le niveau de leurs revenus d'exportation par rapport au dollar.

Nous constatons avec stupéfaction que les programmes régionaux d'industrialisation se poursuivent partout dans le monde, en Asie, en Chine, en Inde, en Amérique du Sud, Brésil, Argentine, pendant que le Continent Africain se nourrit d'idées de croissance fausses et bizarres, qui sont fabriquées de l'extérieur et qui le maintiennent étrangement dans l'immobilisme et dans la stagnation économique pour une période indéfinie.

L'industrialisation qui sera préconisée par la suite est celle qui est capable de déclencher un processus de développement économique accéléré. Les industries qui disposent de ces vertus de croissance économique d'une part et d'activation du processus de développement industriel, d'autre part, sont les industries intermédiaires. Elles modernisent les secteurs économiques en leur fournissant les produits intermédiaires dont ils ont absolument besoin ; par exemple, la fertilisation du sol par l'apport d'engrais ; la construction automobile par l'utilisation des plaques d'aluminium, etc.

Elles renforcent le tissu industriel par le développement des industries en amont et en aval et par la promotion des industries connexes. Ces industries intermédiaires sont vraiment au centre de la politique de croissance et de développement économiques dans les grands espaces économiques qui s'intègrent. Le modèle de développement suivant : développement des infrastructures, routes et énergie, et ensuite, jeu des forces du marché pour voir les entreprises sans intérêt s'implanter, manque de cohérence en matière de politique d'investissement dans les pays en développement. En effet, cette politique industrielle manque d'arguments solides pour justifier les lourdes dépenses d'investissement qui sont engagées dans les infrastructures lourdes sans l'identification des projets industriels qu'on envisage de promouvoir. Les pays africains manquent ostensiblement d'entrepreneurs privés capables de planifier un développement industriel à long terme.

Les Asiatiques ont complété ce modèle en visant le développement de certains sous-secteurs industriels bien définis : les industries de biens intermédiaires qui ont justement besoin des infrastructures lourdes et d'énergie bon marché. Ensuite, ils se sont servis de leurs demi-produits pour développer un secteur d'industries compétitives, orienté tant vers le marché intérieur que vers l'extérieur, biens durables, automobiles, etc.

La Chine, se servant du modèle de développement étatique a fabriqué des matériaux de construction, ciment, et des produits intermédiaires, acier, aluminium, cuivre, produits pétrochimiques pour construire une solide infrastructure nationale, chemins de fer, barrages hydroélectriques et bâtir des villes nouvelles, etc. Elle s'est emparée aussi de plusieurs marchés de biens d'équipements ; ordinateurs, photocopieurs et autres appareils électroniques. Malgré sa surpopulation, elle s'est constituée une grande richesse grâce à la multiplication des valeurs ajoutées industrielles.

Les pays africains au Sud du Sahara ne créent presque pas de valeur ajoutée manufacturière. Alors que le taux démographique moyen se situe à 3 % par an, la valeur ajoutée manufacturière ne croit que de 0,5 par an. Par conséquent, la stagnation économique et la paupérisation se sont ancrées dans ces pays.

L'exploitation et l'exportation des ressources minières, forestière, agricoles et autres ressources naturelles n'ont guère pu contribuer à la croissance et au développement des pays africains au sud du Sahara. Cela signifie en clair que les revenus d'exportation dérivés des mines n'ont pas permis de financer à la fois les importations nationales et la construction d'infrastructures physiques (réseau ferroviaires et routiers, réseaux d'électricité et d'eau) et encore moins, n'ont point concouru à la constitution de réserves. Excepté les pays africains, grands exportateurs de pétrole, de diamant et d'or, qui ont su bien gérer ces richesses naturelles, les autres pays africains exportateurs de bauxite ou de minerai de fer, ont été obligés, pour effectuer le moindre investissement, de s'endetter à l'extérieur. Leur balance de paiement est chroniquement déficitaire. Leur système productif et d'échanges fonctionne à perte. On ne peut que perdre dans un échange de matières premières produites avec une productivité de travail très basse contre des biens manufacturés fabriqués avec des valeurs ajoutées très élevées.

Pour réussir dans l'exploitation des ressources naturelles, il faut ajouter de la valeur à ces matières premières, c'est-à-dire les transformer industriellement sur place. Autour des activités minières proprement dites, il faut explorer d'une part les possibilités de développement des industries en amont, la production de certains intrants des mines, la fabrication d'équipements simples, et d'autre part, le développement des industries en aval, transformation des matières premières, fabrication de semi-produits, de produits intermédiaires et de produits finals.

A cause du volume considérable des investissements requis dans les infrastructures physiques pour la construction des usines de transformation des ressources minérales et du coût élevé de transport tant des matières premières que des semi-produits, il se révèle nécessaire de concevoir un schéma rationnel de mise en œuvre de ces activités sur le plan spatial de la grande région africaine.

CHAPITRE II

Le processus de croissance et de développement économique enclenché par l'industrialisation

Au cours du processus de croissance et de développement économiques déclenché par l'industrialisation, nous constatons que lorsque le revenu par habitant accuse une tendance à la hausse, la part de l'industrie dans le produit national augmente proportionnellement. La production industrielle dans les pays africains en développement ne représente que de 10 % à 15 % au plus du produit national alors que dans les pays industrialisés elle atteint jusqu'à 50 %. De même, ce sont ces mêmes pays qui font montre de surplus alimentaires. Dans les pays africains en développement, 70 % de la population active travaille dans l'agriculture et ne parvient pas à nourrir la population du pays, tandis que dans les pays industrialisés, 5 % à 0,5 % de la population active seulement travaille dans le secteur agricole et arrive à satisfaire les besoins alimentaires du pays et à produire des surplus agricoles considérables.

Si les pays africains s'industrialisent, il y aura une plus grande diffusion de progrès technique dans l'agriculture ; la productivité du travail agricole va s'accroitre ; il y aura par conséquent, une production agricole accrue. En outre, l'agriculture utilisera de moins en moins de main d'œuvre car il y aura une substitution de la main d'œuvre par la technologie. L'agriculture va fournir de plus en plus de main d'œuvre dont elle n'a plus besoin au secteur industriel et au secteur des services. Par conséquent, la structure du produit national se modifie. La production agricole augmente mais la part de l'agriculture dans le produit national diminue. La part de la production industrielle et des services (industriels) augmente dans le produit national.

Les soi-disant économistes africains qui ne pensent qu'à développer l'agriculture « proprement dite » nous enferment dans le cercle vicieux de la stagnation économique.

En effet, c'est l'industrialisation du secteur agricole qui permet à l'agriculture d'accroitre sa productivité et de mettre sa main d'œuvre excédentaire à la disposition de l'industrie et des services modernes qui vont lui assurer un très haut niveau de revenu national.

Les hommes d'État africains devraient éviter de s'exposer continuellement à la risée des autres pays du monde. Cinquante ans après l'indépendance des pays africains, les leaders semblent ignorer tout sur le processus de croissance et de développement économiques alors que les premiers leaders de l'Inde, de la Chine, du Brésil, de l'Argentine, etc. avaient une idée très claire sur leur cheminement futur, à très long terme. Ils ont proclamé tout haut leurs objectifs à long terme.

Il est navrant d'entendre les leaders africains déclarer qu'ils vont accorder la priorité à l'agriculture et aux mines sans faire aucune mention de l'industrialisation. S'ils continuaient à adopter une telle position pour faire plaisir à leurs partenaires occidentaux, ils se conduiraient ainsi au mépris de l'avenir de leur pays et du bien-être de leurs populations.

L'Inde et surtout la Chine ont promu une industrialisation qui a permis de moderniser leur secteur agricole et d'accroitre la productivité de toute l'économie nationale. L'augmentation du revenu par tête qui en a résulté, a créé le boom dans le secteur de la construction. On a assisté alors à une production abondante des produits alimentaires et ensuite, à un développement rapide des industries d'équipements ménagers. La demande de l'acier s'est accrue et les besoins en d'autres produits intermédiaires sont apparus, notamment en produits pétrochimiques, chimiques et en aluminium etc. La base industrielle s'élargissant, les emplois dans le secteur industriel et des services ont augmenté. Les revenus des habitants ont entamé une hausse continuelle avec le renforcement des structures industrielles nationales et régionales.

L'industrie, l'agent propagateur de la technologie dans tous les secteurs économiques

L'industrie crée non seulement la richesse, elle est de surcroit l'agent qui développe et dissémine la technologie dans toute l'économie. En fait, l'industrie est composée principalement de la technologie et la technologie propagée dans tous les secteurs économiques provient surtout de l'industrie. C'est donc le secteur industriel qui est le principal pourvoyeur de la technologie et le déterminant de la croissance économique. Donc l'industrie est la source de la productivité de l'économie.

Plus un pays est industrialisé, plus sa productivité est élevée. Non seulement l'industrie créé la valeur ajoutée dans les matières premières qu'elle transforme et crée la richesse, elle génère en plus des services à haute valeur ajoutée. L'industrie produit en outre des emplois bien rémunérés mais qui requièrent une formation professionnelle de haut niveau. L'industrie produit enfin une portion appréciable et stable du produit national brut. Plus le rythme d'industrialisation sera rapide, plus rapide sera le taux de croissance de l'économie toute entière car la productivité générale de l'économie va s'accroitre.

En développant la chaine des valeurs des produits intermédiaires, on établit un réseau d'industries en aval qui ont une productivité et une valeur ajoutée plus élevées. La croissance se trouvera encore plus accélérée.

De nos jours, les progrès technologiques ont été les facteurs majeurs de la création d'emplois. Il ne peut y avoir de croissance auto-entretenue sans l'intervention des industries « développantes » car l'augmentation de la production s'effectue surtout avec des gains de productivité provenant du progrès technique généré et diffusé par 'industrialisation. Malgré ce rôle stratégique de l'industrialisation par l'apport technologique au processus de croissance économique, des groupes de chercheurs et d'universitaires européens se sont aventurés à faire des études prospectives sur le futur de l'Afrique en ne faisant aucun cas du facteur d'industrialisation dans ce grand continent qui regorge de ressources naturelles et de compétences. Pour eux, ils n'envisagent pas de gains de productivité sur le continent africain dans les 20 années à venir. A quoi bon parler d'évolutions technologiques si l'on rêve de bloquer le processus de développement industriel en Afrique en accaparant toutes ses ressources minérales stratégiques, en s'opposant à l'équipement électrique de ses sites hydroélectriques de grande dimension, en se dressant contre la construction des systèmes de transport lourd, notamment la construction des chemins de fer et si cela était nécessaire, en organisant des expéditions militaires.

Ils mènent à bien ces études non pas pour assister le Continent Africain dans ses efforts de développement économique, mais pour formuler des contre stratégies qui leur permettent de la maintenir dans la stagnation et la pauvreté. Les programmes formulés contre la pauvreté ne sont pas conçus pour éradiquer la pauvreté mais pour perpétuer la pauvreté. Limiter toute la stratégie de croissance et de développement économiques d'un pays à des petits projets minuscules qui ne peuvent générer aucune accumulation de capital et qui ne peuvent continuer à exister que parce qu'ils reçoivent annuellement du petit financement, c'est bien perdurer la pauvreté et la dépendance. De tels partenariats ne sont pas non seulement stratégiques, mais nuisibles.

Qu'on nous comprenne bien ! Les petits projets font partie de la politique de distribution du revenu national. Ils ne sont économiquement valables que dans la mesure où existe côte à côte un processus vigoureux de croissance économique que nous allons décrire plus tard. Mais conçue comme une stratégie de développement independant, cette politique consistant en la promotion d'une multitude de projets minuscules, constitue une moquerie, une injure obscène proférée à l'encontre d'un continent qui sera bientôt le plus peuplé dans le monde et auquel la Providence a comblé de ressources naturelles abondantes et variées. Quel que soit le degré d'importance qu'on accorde aux intérêts de son pays, il y a un manque total d'éthique intellectuelle et morale que d'induire sciemment en erreur des leaders de tout un continent étranger à propos des problèmes dont dépend la vie des millions de personnes.

Aussi longtemps que l'Afrique continuera à choisir des leaders non seulement incompétents mais déloyaux ou que les Africains travailleront avec des hommes qui mettent à l'écart les intérêts mutuels des parties, pour se consacrer aux seuls intérêts de leur pays, l'Afrique restera figée dans la stagnation et le sous-développement économique.

Le Synode des Évêques Catholiques du continent Africain exprime la reconnaissance à Dieu pour toutes les richesses et les ressources naturelles de l'Afrique ; mais les Evêques constatent aussi que les peuple africains, au lieu d'en jouir comme d'une bénédiction et de parvenir à un réel développement, sont victimes de malversations publiques locales et de l'exploitation des puissances étrangères, avec la complicité de plusieurs privilégiés locaux.

L'Afrique est devenue la risée des autres continents. Chaque fois que dans une conférence internationale, un représentant africain vient débiter sa théorie de croissance et de réduction de pauvreté, les autres délégués et surtout les délégués Asiatiques, se retirent dans un coin de la salle durant la pose et se mettent à se marrer.

Pendant une de ces séances de rire à gorge déployée, un délégué Asiatique a eu la gentillesse de venir me demander si c'était vraiment ainsi que nous, Africains, envisageons de nous développer. Je lui ai répondit : Évidemment que non ! Soit l'Afrique suit le même chemin que les autres continents émergents, alors elle se développera, soit elle joue au piffre et elle restera dans la pauvreté.

Le mécanisme de la croissance industrielle

L'industrie joue un rôle moteur dans la structure économique des pays en développement. Dans un pays émergent, les exportations provenant des industries d'exportation peuvent atteindre jusqu'à 80 % des exportations totales du pays et le secteur industriel constitue la principale source de la demande des services modernes. Pour que l'industrie joue ce rôle dynamique dans l'économie, le secteur industriel doit recevoir tout le soutien de l'Etat. L'Etat doit mettre en place une politique industrielle réfléchie dans le but de créer avec la coopération des autres Etats membres de CER des industries intermédiaires et de développer leurs filières en aval pour le marché régional et l'extérieur. Cependant, créer le cadre de concurrence en ouvrant le commerce local au commerce international sans entreprendre une politique vigoureuse de développement industriel peut provoquer des conséquences économiques désastreuses.

La conquête des avantages compétitifs sera effective si l'on veille à la consolidation de la base industrielle et au renforcement de la complémentarité des industries en aval aux niveaux national et communautaire. Il est essentiel de viser à la mise en œuvre de grands programmes d'investissement structurants. Un réseau industriel dense et des services modernes relatifs au financement, à l'installation, l'exploitation et la maintenance des équipements industriels. Deux types de projets industriels sont essentiels pour fusionner les espaces économiques nationaux en un marché régional susceptibles de promouvoir et les échanges communautaires et les investissements communautaires. D'abord les grandes infrastructures régionales : routes, chemins de fer et grands barrages hydrauliques et hydroélectriques. Mais aussi les industries de base dont les produits sont essentiels à la réduction et à l'amortissement des coûts des infrastructures. Ces projets industriels de base, appelés aussi des industries intermédiaires sont essentiels à la souveraineté politique des Etats membres des CER.

D'autres actions connexes devraient accompagner ces programmes stratégiques. La priorité et la coordination de l'enseignement supérieur, surtout scientifique, la promotion des centres d'excellence surtout dans le domaine de la technologie.

Les politiques de localisation industrielle

A la proximité des grandes villes, dans ce qu'on appelle des **districts industriels**, des entreprises moyennes et petites industrielles appartenant a la même branche industrielles seront établies. L'idée est de réaliser des économies dans la création de ces industries grâce à la proximité des grandes villes. En effet, la proximité des marchés des grandes villes contribuera à réduire leurs coûts de production (disponibilité des infrastructures fiables, de l'énergie) et à accroître leurs chiffres d'affaires. La proximité d'une grande industrie motrice n'est pas forcément nécessaire à leur bonne performance, si elles ne fonctionnent pas dans le cadre d'un contrat de sous-traitance ou d'un accord similaire. Ces industries sont spécialisées dans la transformation industrielle d'un même produit tel que les semi-produits métalliques ou les produits agricoles. Ce système productif local sera soumis au jeu du marché local et non assujetti à l'effet d'entrainement des unités industrielles motrices. Les produits de ces industries cherchent à atteindre le marché local, national, communautaire et même extérieur.

Ces industries auront des rapports de concurrence sur ces divers marchés, mais elles développeront entre elles des liens de coopération pour réduire leurs coûts de production : par exemple, localisation dans une zone industrielle où elles pourront bénéficier des coûts d'énergie réduits, des approvisionnements groupés en demi-produits, etc. Elles bénéficieront des avantages liés aux économies externes : coût bas d'électricité et d'eau, fournies par la zone industrielle, main d'œuvre qualifiée provenant des écoles techniques, avantages liés à l'économie d'échelle obtenue grâce au marché des agglomérations urbaines et la possibilité d'accès au marché d'exportation.

Le système de district industriel peut intégrer à la longue des industries d'autres branches industrielles qui utilisent d'autres types de semi-produits. Des relations d'interdépendance vont se développer entre ces diverses industries. En plus des avantages du marché, d'autres avantages peuvent apparaitre, par exemple, l'apport technologique, les avantages de la recherche, développement du savoir-faire et des compétences résultant des spécialisations industrielles. Cette nouvelle infrastructure humaine suscitera la promotion des centres et des laboratoires de recherche industrielle et de haute technologie. Les réseaux industriels qui seront créés tisseront entre les unités industrielles plusieurs types de relations : les relations plus ou moins homogènes entre les entreprises industrielles de la même branche ; des relations de sous-traitance entre grandes et petites industries ; et les relations des accords de coopération, d'alliance, d'accords stratégiques, de parrainage, de consortium et de coproduction. Les unités industrielles formeront des grappes industrielles, comprenant des unités motrices et des unités moyennes et petites.

Les relations industrielles qui doivent recevoir une attention particulière sont celles des industries provenant de la chaine de valeur des produits semi-finis, les industries en aval de l'industrie intermédiaire. Par exemple, les raffineries sont des industries de base qui fournissent des matières premières à des secteurs suivants : chimie de base, matières plastiques, produits pharmaceutiques. La chimie des polymères donne lieu à la fabrication des objets plastiques : tuyauterie, chaudronnerie, robinetterie, etc.

La chimie des polymères est basée sur la chimie organique dont les semi-produits sont : éthylène, propylène, polyéthylène, polypropylène. Le secteur de la métallurgie comprend la production de la fonte et de l'acier et la première transformation de l'acier. Les semi-finis comprennent les produits longs et les produits plats. La filière de la métallurgie comprend entre autres, la construction automobile, navale, etc. Ces industries promeuvent des industries de sous-traitance dans le domaine d'électricité, d'électronique, de mécanique, de verrerie, etc.

L'exemple de l'industrialisation du Nigeria 1970-1980

Durant les années 70 et 80, la stratégie d'industrialisation du Nigeria a tenté d'établir des pôles de développement industriel dans le pays autour de certaines grandes industries de base. Cette industrialisation n'a pas atteint les deux objectifs définis dans les premiers plans de développement économique du pays : l'objectif de l'indépendance économique et celui de la croissance industrielle et cela, malgré les interventions massives du gouvernement fédéral dans le secteur industriel grâce au quadruplement du prix du pétrole brut en 1973. Le deuxième plan du pays, 1970-1974 avait poursuivi une politique vigoureuse de diversification de la base industrielle. Des projets industriels suivants furent promus : raffinerie de sucre, usine de pâte à papier, raffinerie de sel, usine de meubles, complexe sidérurgique et unité d'assemblage d'automobile.

Durant le troisième plan, 1975-1980, le gouvernement fédéral entreprit la construction des raffineries de Kaduna et de Warri, le complexe sidérurgique d'Ajao Kuta, l'aciérie de réduction directe d'Aladja et les laminoirs de Katsina, Jos et Oshogbo. Il établit les usines de papier, de verres et de cimenteries.

Il faut faire observer, tout d'abord, que les deux usines sidérurgiques d'Ajao Kuta et d'Aladja n'ont pas été approvisionnées en minerai de fer par rail. L'approvisionnement par la route, avec des camions, bien qu'il ait fait la fortune des propriétaires des camions, n'a permis d'atteindre que les 10 % de la capacité de production des usines. Bien évidemment, cela a eu pour résultat de provoquer des coûts de production exorbitants. En outre, le tissu industriel, composé d'industries en amont et en aval de lignes de production de produits intermédiaires n'était ni suffisamment, ni judicieusement développé pour répondre à la demande des consommateurs intermédiaires ou finals. Ainsi, l'examen de la structure de consommation des industries ne montre-t-il qu'un pourcentage très peu élevé de matières premières. Les produits intermédiaires continuent à être importés par les nouvelles unités industrielles qui auraient dû être approvisionnées par les complexes sidérurgiques.

L'absence de production d'acier plat a beaucoup nui à l'intégration locale, notamment dans le domaine de la construction métallique, de l'assemblage de machines agricoles, de voitures, et d'autocars, etc. Si l'on prend le secteur de l'assemblage des automobiles, la fabrication de certaines pièces pour l'assemblage automobile requerrait une formation très poussée, un savoir-faire incontestable et surtout le respect des normes de production très précises. Le manque de techniciens compétents n'a pas permis d'atteindre un niveau d'intégration locale appréciable. N'ont pu être produites sur place que des batteries, des radiateurs, des pneumatiques, des pare-brise, sièges, ceintures de sécurité, et quelques petites pièces métalliques ! **L'intégration locale** n'a pas dépassé les 30 % dans ce secteur.

Le pourcentage de la valeur ajoutée était faible à cause de ce manque de relations interindustrielles. Les firmes multinationales qui ont établi ces industries continuent de maintenir des liens très étroits avec les industries intermédiaires de leur société-mère, en important des semi-produits et même certaines matières premières. La mise en train d'une croissance endogène s'est heurtée à l'échec de la stratégie de valeur ajoutée manufacturière.

L'optimisation de la valeur ajoutée manufacturière

En fait, la politique de transformation des ressources naturelles locales n'est autre chose que la stratégie de la valeur ajoutée**. La valeur ajoutée manufacturière** correspond à la somme des revenus manufacturiers plus la valeur nette entre la valeur des produits en cours de transformation et la valeur des produits finis. Pour éviter le double emploi dans le processus de production il faut soustraire de cette somme le coût des matières premières, des intrants, des combustibles lourds et de l'électricité. La valeur ajoutée manufacturière est la valeur créée au cours de la transformation industrielle. La valeur ajoutée manufacturière nous renseigne sur le dégré de transformation qui se s'accomplit à l'intérieur des plantes industrielles.

C'est la différence entre les produits manufacturés finals et la somme des coûts des matières premières, des fournitures, des emballages, des combustibles de l'électricité, et des divers coûts de salaires. Par conséquent **la croissance est la recherche de l'optimisation de la valeur ajoutée.**

L'optimisation du processus de transformation doit s'appliquer à toutes les phases du processus de production : conception, ingénierie, approvisionnement en matières premières, intrants, emballages, transport, commercialisation, et production proprement dite. La stratégie de la valeur ajoutée permet donc de créer la richesse. Au lieu de vendre des produits primaires à vils prix, on vend des biens manufacturés à haute valeur ajoutée.

Cette stratégie doit viser à transformer les matières stratégiques africaines en demi-produits dans le but d'exporter non plus des matières premières brutes mais des demi-produits. L'objectif est de réduire au minimum l'exportation du minerai de fer, de la bauxite, du gaz naturel à l'état brut. En deuxième lieu, le but est de produire de millions de tonnes de produits d'acier, d'aluminium, de produits pétrochimiques et chimiques pour deux besoins : les besoins nationaux et communautaires et les besoins extérieurs.

L'Afrique doit se mobiliser pour assurer une transformation maximale de ressources naturelles sur le sol Africain. Au lieu d'exporter, par exemple, 4 tonnes de bauxite à 120 dollars des EU, soit $30 par tonne, nécessaires à la fabrication d'une tonne d'aluminium, il faut exporter une tonne d'aluminium, produite en Afrique et recueillir un revenu d'exportation d'environ de $1600. Les Etats, les entrepreneurs Africains, les sociétés Africaines, d'une part, les grands consommateurs de ces produits, les détenteurs des portefeuilles d'investissement, les institutions de financement international, d'autre part, doivent s'associer pour la production de ces demi-produits.

En focalisant les efforts sur la production des demi-produits, l'Afrique devrait parvenir, a ce stade de développement industriel, à optimaliser les valeurs ajoutées manufacturières et à accroitre considérablement son accumulation de capital pour construire et compléter l'essentiel de ces infrastructures lourdes, (réseaux ferroviaires inter-régionaux et équipement de grands sites hydroélectriques Africains) et approfondir son processus d'industrialisation régionale, développement et renforcement des filières industrielles. Cette formation locale de capital aura lieu même si la moitié des profits industriels étaient exportés. La vente des matières premières minérales produit des revenus d'exportation médiocres et empêche l'Afrique de s'engager dans une industrialisation incontournable.

Cette option de production de demi-produits est fondamentale pour enclencher la croissance économique en Afrique, privée de capitaux d'investissement essentiels Elle permettra d'accroitre considérablement la part de l'industrie dans le produit national brut des pays Africains et partant l'accumulation du capital à un niveau critique capable de maintenir une croissance soutenue et durable. Le tout n'est pas d'amasser des revenus pétroliers, par exemple, mais de s'engager dans un processus véritable d'industrialisation, de la production de biens intermédiaires jusqu'à la fabrication des biens de consommation. Quels que soient les moyens employés, tous les pays émergents ont suivi cette voie de production de biens intermédiaires et de biens de consommation pour multiplier par 10 et même par 20 leur revenu national.

Le préalable de la formation du marché communautaire

Le marché régional élargi et bien structuré est un préalable indispensable à toute perspective de croissance et de développement économiques dans les communautés économiques régionales au Sud du Sahara. Aucun investisseur local ou extérieur n'entreprendra de projets d'infrastructures ou d'industries d'envergure dans les pays africains où les débouchés intérieurs demeurent exigus. D'autres conséquences graves résultent de l'étroitesse des marchés intérieurs africains.

La construction des bases économiques nationales se heurtera à des difficultés insurmontables car les industries qui doivent les composer sont de grande échelle de production dont la capacité de production dépasse de loin les marchés individuels des pays membres des CER, pris individuellement. Ces industries sont des industries intermédiaires dont les technologies et les équipements industriels exigent des investissements considérables. Leur processus de production consomme aussi beaucoup d'énergie. C'est par leurs effets d'entrainement qu'elles parviennent à mettre en branle la croissance économique.

Elles déclenchent le processus de développement industriel par une série d'investissements induits. En amont, en stimulant la demande des matières premières, des demi-produits et de l'énergie qu'elles consomment, et en aval, par la provision des demi-produits industriels aux autres secteurs de l'économie et en stimulant la demande des industries en aval. Elles occasionnent des effets de modernisation et d'accroissement de la productivité sectorielle de l'économie. Elles réussissent à multiplier des filières industrielles et à diversifier le tissu industriel grâce à l'utilisation de leurs demi-produits comme entrants industriels dans d'autres industries. La grande majorité des responsables africains ne semblent pas appréhender les raisons véritables de l'intégration régionale.

Ils sont affairés à multiplier les institutions communautaires et à en créer de nouvelles qui ne peuvent produire aucun effet positif sur le bien-être des populations pour diverses raisons : multiplication d'organisations d'intégration économique qui se paralysent en se chevauchant : création des commissions qui n'ont aucun pouvoir réel, même de prélever un impôt communautaire, des secrétariats incompétents ; adoption des décisions qui n'affectent pas directement le fonctionnement du système productif régional, telles que le passeport communautaire, la mise en place des Parlements régionaux qui ne débattent que des questions secondaires, etc.

La raison principale de la création des communautés économiques régionales trouve sa justification dans l'impérieuse nécessité de mette en place des marchés régionaux élargis pour permettre l'établissement des industries intermédiaires avec leurs réseaux d'industries en amont et en aval des aciéries, des raffineries d'aluminium, des complexes pétrochimiques et chimiques et stimuler la consommation de ces produits essentiels dans les pays membres des CER.

Certains économistes occidentaux s'efforcent de faire croire à nos responsables africains que les pays asiatiques ont réussi à s'engager dans un processus de croissance accélérée grâce à une politique axée sur l'exportation. Ce qu'ils oublient de souligner est fondamental. Les produits qui ont fait l'objet d'exportation n'étaient pas des produits primaires, mais des produits manufacturés. En outre, les pays asiatiques ont cherché d'abord à satisfaire leurs besoins fondamentaux par la réalisation de l'autosuffisance alimentaire grâce à l'industrialisation de l'agriculture et la construction des infrastructures essentielles. La politique d'exportation n'a été mise en œuvre effectivement que lorsqu'ils ont atteint l'avantage compétitif pour un certain nombre de produits industriels sur le plan international : habillement, ordinateurs, appareils managers, automobiles, etc. Se baser sur ce modèle de croissance asiatique et pousser les pays africains à exporter du café en grains, du thé en vrac, du coton brut, c'est commettre un acte de malhonnêteté intellectuelle.

Les Asiatiques ont développé leur marché intérieur et ont conquis le marché extérieur pour un nombre de produits industriels clefs compétitifs. Le commerce de produits primaires génère peu de profits pour les deux causes suivantes : l'élasticité de la demande des produits industriels est plus élevée que celle de la demande des produits primaires. Au fur et à mesure de l'accroissement du revenu, la demande des produits industriels augmente plus vite que celle des produits primaires. Dans les pays africains, il est peu probable que les revenus dérivés de l'exportation des produits primaires dont la valeur ajoutée est très peu élevée, parviennent à financer l'importation des produits industriels pour les raisons suivantes :

Pour les produits agricoles, café, cacao, coton, ainsi que pour plusieurs produits miniers, minerai de fer, de bauxite, de phosphate, etc. la détérioration des termes de l'échange, (le rapport du prix des exportations sur le prix des importations) vient aggraver la chute des revenues d'exportation des produits primaires africains. Les économies africaines ne pourront jamais dégager assez d'accumulation de capital dans ce modèle d'échange inégal de biens primaires produits avec une faible productivité de travail contre les biens industriels manufacturés avec une haute productivité.

Le sous-développement des pays africains est provoqué par l'absence d'industries de transformation des matières africaines, particulièrement des ressources minérales. L'industrie, spécialement les industries intermédiaires sont les éléments intégrateurs intersectoriels. L'intégration des demi-produits aux principaux secteurs : agriculture, infrastructures et le renforcement donc de l'intégration interindustrielle contribuent à la formation d'une structure économique efficace susceptible de dégager l'accumulation de capital pour moderniser les structures économiques, y comprises les structures sociales et créer la richesse qui ira directement aux nationaux. En l'absence des industries intermédiaires, les structures économiques des économies africaines, demeurent désarticulées et peu modernisées. La croissance interne est bloquée et les structures économiques qui se développent sont extraverties visiblement vers l'extérieurs et s'intègrent à des systèmes productifs extérieurs. De ce fait, la grande partie du surplus produit par ces économies extraverties est transférée à l'extérieur où elle vient accroitre le rythme d'accumulation des pays importateurs des produits primaires.

Le mécanisme d'intégration sectorielle et intersectorielle est freiné. L'intégration intersectorielle et le renforcement du tissu industriel lui-même sont sérieusement ralentis, étant entendu que c'est l'industrie qui accomplit le travail de l'intégration intersectorielle et solidifie la structure économique nationale et régionale.

Le développement du marché régional élargi se fera en respectant au mieux la rationalité de l'évolution économique. Dès le départ, il faut instituer le marché commun des produits alimentaires en promouvant des produits alimentaires proprement locaux : transformation des tubercules locaux, tels que manioc, igname et pomme de terre locale ; transformation des fruits et légumes : bananes, ananas, agrumes, mangues etc. et des légumes, tomates, combos, etc.; développement des minoteries de millet et de sorgho, du mais, du tef, du blé local et traitement du riz.

Le développement des huileries végétales, le développement de la pêche et le traitement des fruits de pêche pour la consommation régionale et l'exportation. L'acquisition des équipements agro-industriels chinois et indiens facilitera l'expansion du secteur agro-alimentaire en Afrique. Les principales productions agro-alimentaires se situeront dans le domaine de jus et pulpes de fruits, de boissons à base de fruits, de conserves de fruits et de légumes, de légumes déshydratés et de produits alimentaires congelés. La production de viandes, de produits laitiers et d'épices ainsi que de la volaille locale recevra une attention toute particulière.

Parmi les industries intermédiaires qu'il conviendrait de promouvoir en toute priorité, l'aciérie occupe une place de choix à cause de sa contribution unique 1) au développement des infrastructures de développement : barrages hydroélectriques, construction des ponts, d'autoroutes, construction des chemins de fer, de bateaux ; 2) à la fabrication du machinisme agricole, 3) à la construction de l'habitat et 4) à l'expansion des industries métalliques et mécaniques, etc.

La promotion des aciéries dans le cadre du marché régional des communautés économiques régionales apparait donc comme un acte décisif pour enclencher l'intégration et le développement accélérés. La création des complexes sidérurgiques permettra aux pays membres des CER de développer des avantages compétitifs sur le marché régional, même continental. Certaines aciéries pourront se spécialiser dans la production des rails ; d'autres aciéries, dans la construction des bateaux, la fabrication des emballages métalliques, ou dans la fabrication des pièces de rechanges, etc.

On ne pourra jamais renforcer les infrastructures régionales, construire un habitat adéquat pour les populations si les aciéries régionales faillissent à produire suffisamment du fer de construction, des structures en acier, des ponts, des pylônes etc. Les pays industrialisés actuels ne se sont pas développés sur la base de politiques commerciales libérales qu'ils prescrivent aux pays africains aujourd'hui. En fait, les pays développés ont utilisé pendant longtemps et continuent d'utiliser jusqu'à présent, les instruments de protection de leur marché qu'ils interdisent aux pays africains : protection tarifaire et octroi de subvention à leurs industries pour favoriser leur compétitivité. Malgré ces conseils contraignants, l'intervention de l'Etat apparait nécessaire dans nos pays aux structures économiques désarticulées pour construire au moyen des politiques industrielles appropriées et de crédit, une insertion réussie dans la mondialisation. Pour souligner l'importance de la volonté politique, on fait remarquer que si la Corée du Sud avait suivi uniquement « ses avantages comparatifs naturels », elle ne serait aujourd'hui qu'un gros producteur de riz.

Une libération tous azimuts dans les pays africains va avoir des effets budgétaires désastreux. Les recettes fiscales des pays africains provenant des recettes douanières qui représentent au moins 30 % des recettes de l'Etat contre 1 % dans les pays développés, vont considérablement diminuer.

On estime aussi que l'ouverture des industries du Sud exposant leurs produits à la concurrence des produits européens, fera perdre à ces pays près de 2 % de leur PIB. C'est pourquoi beaucoup de pays émergents n'ont ouvert leurs marchés intérieurs qu'après que leurs exportations de produits manufacturés aient fortement progressé en volume et en valeur. Il ne suffit pas d'ouvrir les frontières pour faire déclencher la croissance économique. Deux conditions préalables sont nécessaires : le renforcement des institutions et des systèmes productifs par l'adoption des politiques et des mesures incitatives à la création de nouvelles unités industrielles et à la mise à niveau des unités existantes. Cette ouverture doit concerner en priorité non pas tant les produits industriels mais les investissements dans le secteur industriel.

Chapitre III

La raison de l'intégration régionale

L'intégration économique dans les communautés économiques régionales africaines a fait très peu de progrès parce que les décideurs politiques africains n'ont pas été en mesure de déceler les mesures économiques qu'ils auraient dû prendre pour déclencher le processus de croissance et de développement économiques. Leurs efforts auraient dû se porter sur la formation et l'organisation des grands marchés régionaux et sur la promotion des industries intermédiaires et de leurs filières clefs.

Les Etats membres des cinq communautés régionales ont établi une série d'instituions d'intégration économique dont la performance économique s'est révélée médiocre faute de motivations et de compétences de leurs cadres : secrétariats généraux transformés en commissions, création hâtive d'unions douanières qui se substituaient aux zones de libre-échange qui n'avaient pas atteint leurs objectifs d'élimination des barrières douanières, de libre circulation des produits prioritaires : produits alimentaires, certains biens intermédiaires, etc.

Si des marchés régionaux avaient été construits en premier lieu, favorisant la libre circulation des produits d'origine, les protégeant contre une concurrence injuste, encourageant la suppression des barrières douanières entre les pays membres et établissant une taxe uniforme frappant les produits importés de façon appropriée, il n'y a aucun doute que les investissements communautaires et les investissements directs étrangers seraient venus exploiter les avantages de ces grands marchés. En absence de ces grands marchés régionaux, rien de viable n'a pu être entrepris et mené à terme. Les économies nationales sans base économique s'enfoncent dans la stagnation économique. Les grands barrages hydroélectriques ne peuvent être équipés pour produire de l'électricité faute de disponibilité suffisante de ciment, de fer de construction, de structures métalliques, etc. Les riches minerais métalliques sont cédés à l'exploitation des compagnies minières pour être exploités et créer la valeur ajoutée pour d'autres économies étrangères. Les talents et les cadres techniques n'ont aucune place dans ces économies privées d'un vigoureux processus de développement industriel ; ils s'expatrient à la recherche d'un emploi.

Il faut signaler que les pays développés ont voulu exploiter cette situation à leur avantage. Ils se sont empressés à mettre en place des organisations internationales dont le but est d'empêcher l'Afrique de créer de larges marchés régionaux et d'amorcer son industrialisation et son développement économique. Tel est l'objectif de l'Organisation Mondiale du Commerce en Afrique. Il est important de comprendre toutes ses prises de position des puissances extérieures pour déterminer quelle sorte de politique de protection des industries naissantes les communautés régionales doivent adopter pour assurer leur émergence économiques.

L'option fondamentale de l'Afrique réside sans doute dans la formation des grands marchés régionaux en vue de stimuler la consommation intérieure et la production intérieure, et d'attirer des investissements communautaires et étrangers.

Cette industrialisation africaine doit mener à bien au préalable un certain nombre de programmes régionaux : 1) l'autosuffisance alimentaire, 2) la construction des infrastructures clefs : grands barrages hydroélectriques et aménagement des lits des fleuves, construction des réseaux ferrés et routiers. 3) l'urbanisation : construction des villes modernes, programmes de l'habitat pour éliminer les taudis. 4) un autre objectif de la production industrielle sera d'accroitre le niveau d'accumulation de capital à un degré qui permette d'activer le rythme de croissance soutenue.

L'exportation des demi-produits des biens intermédiaires qui multiplierait par 4 ou par 5 les revenus d'exportation, permettrait d'atteindre cet objectif.

Ces demi-produits sont dans le domaine de la pétrochimie : l'éthylène, le propylène, le benzène, l'ammoniaque et le méthanol.

Dans le domaine des produits chimiques industriels qui nous intéressent, il faut citer :

- Les produits chimiques dérivés du sel ;
- Le sulfate de sodium
- Le chlorate de sodium
- Le silicate de sodium
- Le tripolyphosphate de sodium

Les produits industriels chimiques dérivés de la potasse :
- Le chlorure de potassium
- Le sulfate de potassium
- Le carbonate de potassium
- Le phosphate de potassium

Les demi-produits d'acier destinés à l'exportation
- Plaques épaisses, tôles minces
- Barres, produits longs
- Rails, poutrelles, fils
- Tubes soudées et sans soudure

Les demi-produits d'aluminium exportables :
- Lingots, pièces moulées
- Billettes, profilés
- Barres
- Plaques, tôles, feuillards d'aluminium
- Fils, fils machine, câble électriques

Le dernier objectif capital sera à partir de ces divers produits industriels de biens intermédiaires, de procéder, grâce aux politiques d'attraction des investissements directs et à une formation technique appropriée du travail des métaux, à une fabrication en chaine de certains biens capitaux et de certains produits chimiques et pétrochimiques clefs.

Les biens capitaux visent à améliorer la productivité de l'agriculture, à assurer le transport des personnes et des biens d'une façon efficace et à améliorer le standard de vie de la grande partie des populations. Ils comprennent la machinisme agricole, la fabrication des tracteurs et des camions, des bateaux de pêche et de cabotage maritime, des barges, des wagons et des appareils ménagers.

Les produis industriels clefs comprennent une grande variété de produits :
- Agriculture : engrais phosphatés, azotés et potassiques, tuyauterie pour l'irrigation ; bâtiments et travaux publics : ronds à béton, chaudronnerie, construction métallique ;
- Énergie : câbles de transport du courant électrique ;
- Communication : câbles de communication, quincaillerie ;
- Agro-alimentaire : emballages, pièces détachées pour l'automobile, matériel ferroviaire.

L'Interaction entre les Systèmes Productifs Nationaux et le Système Productif Régional

Les économies Africaines ont besoin, pour s'engager dans un processus de croissance économique accélérée, de l'interaction de deux types de systèmes productifs : un système productif national centré sur un certain nombre de secteurs productifs clefs du pays en question : par exemple, l'agriculture, l'élevage et la pêche. Dans ce système national, l'agro-industrie et l'agroalimentaire éprouvent des difficultés énormes à se développer à cause de l'absence des intrants agricoles et à cause de la cherté des emballages industriels importés pour la conservation et le marketing de la production industrielle. L'économie, qui languit dans une stagnation structurelle, n'arrive pas à construire des infrastructures appropriées : routes, équipement hydroélectrique, équipement scolaire et sanitaire, etc. L'économie est extravertie car elle dépend principalement des importations pour satisfaire les besoins d'une minorité des populations.

Pour rendre ces économies nationales performantes, les Etats membres des Communautés Economiques Régionales doivent se concerter pour créer dans le cadre de l'intégration économique régionale des systèmes productifs régionaux en parallèle avec les systèmes productifs nationaux. Dans l'espace économique des Communautés Economiques Régionales, les Etats membres vont s'accorder pour concentrer leurs investissements respectifs sur deux types d'industries : 1) Les industries intermédiaires qui constituent la première transformation des matières premières minérales et autres, (minerai de fer, de bauxite, de gaz naturel, etc.) et qui fournissent les biens intermédiaires tant à l'industrie (demi-produits) qu'à l'agriculture, (engrais, pesticides) et aux autres secteurs économiques. 2) Les industries motrices qui exercent des effets d'entrainement sur les autres secteurs des économies nationales grâce aux gains de productivité, de l'innovation et du progrès technologique.

Cette concertation est nécessaire car ces micro-économies ne peuvent abriter individuellement l'ensemble de ces industries dont l'échelle de production est très grande sur leur marché national exigu. Ces industries consomment une grande quantité d'électricité et requiert des coûts d'investissement très élevés. En outre, leur fonctionnement exige des matières premières abondantes et un réseau de transport bien planifié et dense (ports, autoroutes, chemins de fer au niveau régional). Par contre, elles déclenchent des activités économiques nouvelles dans les économies nationales pour leur développement : industries minières, centrales hydroélectriques ou à gaz de grande échelle, construction et entretien des infrastructures de transport, de transport de courant à haute tension, etc. Les industries intermédiaires créent des filières industrielles en aval, un ensemble de chaines de produits et de services diversifiés pour satisfaire les besoins industriels de marchés bien déterminés. On ne peut concevoir de décollage économique sans un niveau élevé de consommation d'acier, de ciment, et d'aluminium, qu'exigent l'érection des ponts sur les fleuves, des barrages hydroélectriques, la construction des chemins de fer, d'autoroutes, la fabrication de pylônes pour le transport du courant électrique, de voitures de chemin de fer, d'automobiles, la construction de bâtiments, l'adduction d'eau, etc.

Dans nos pays en voie de développement, on a conseillé de commencer l'industrialisation par la promotion de petites industries légères, ensuite par des industries moyennes dans le but de parvenir à une phase d'industrialisation basée sur les industries à grande échelle de production. Le résultat a été la création de structures industrielles nationales désarticulées qui dépendaient de l'extérieur pour leur approvisionnement en matières premières et autres formes d'intrants industriels. Ce schéma de promotion de petites et moyennes industries n'implique pas plusieurs critères clefs de rentabilité du processus de développement industriel : l'importance des relations interindustrielles pour abaisser les coûts d'approvisionnement, les critères dimensionnels de l'échelle de production liés à la rentabilité. La grande majorité des petites industries sont éliminées de la structure industrielle par les productions étrangères importées parce que ces petites industries ont été créées avec des technologies désuètes.

En fait les industries motrices ne peuvent être rentables que si l'on arrive à abaisser leurs coûts de production, c'est-à-dire à créer dans leur champ d'influence des industries connexes, des grappes d'industries où les industries sont clientes les unes des autres. Les petites industries ne sont autre chose que le complément d'industries motrices qui créent des effets de débouchés et d'approvisionnement. Leur viabilité est liée à la proximité de leurs sources d'approvisionnement en matières premières, aux possibilités de contracts de sous-traitance, etc. Par conséquent, la fonction primordiale de l'intégration régionale en Afrique consiste à créer les systèmes productifs régionaux pour pallier à l'incapacité des systèmes productifs nationaux de produire certains biens stratégiques sans lesquels il ne pourrait y avoir ni industrialisation véritable, ni décollage économique.

TROISIÈME PARTIE

Stratégie de l'industrialisation révisée

L'Industrialisation basée sur la valorisation des ressources naturelles africaines

Jusqu'à présent, les pays africains au Sud du Sahara, à l'exception de l'Afrique du Sud, se sont contentés d'exporter leurs ressources naturelles à l'état brut. Les recettes d'exportation recueillies, qui sont en deçà des besoins de financement, ont été insuffisantes pour financer les importations de biens alimentaires et de biens d'équipement et, à plus forte raison, faire face aux investissements d'infrastructures et d'investissements privés. Cette politique d'exportation des ressources naturelles minérales s'est soldée par un gaspillage des ressources non renouvelables. Il est aberrant, en effet, d'échanger des produits à faible valeur ajoutée contre des produits industriels à forte valeur ajoutée. De plus, les termes de l'échange des ressources naturelles d'exportation tendent à se détériorer au fil des ans.

Pour que l'économie cesse de fonctionner à perte et entame un processus de croissances économique, il est absolument nécessaire d'entreprendre des activités de diversification qui peuvent générer une valeur ajoutée élevée. D'une part, il faut procéder à la transformation industrielle des ressources naturelles et développer à partir de leurs produits intermédiaires, des industries en aval et si possible en amant. Seul un tel schéma de développement économique permettrait de dégager une formation suffisante de capital susceptible de financer les importations, de prendre en charge la construction d'infrastructures, de promouvoir des industries connexes et d' accumuler des réserves pour garantir une monnaie stable.

Ces activités industrielles qui seront entreprises au niveau régional vont créer des emplois nouveaux et bien rémunérés. Le marché intérieur régional ira en s'agrandissant et d'autres types d'industries seront promus. La création de ces industries intermédiaires et de certaines de leurs filières industrielles importantes va requérir des montants d'investissements colossaux ; en outre, une fois construites, elles vont consommer une quantité énorme d'énergie. Il est donc essentiel de concevoir un cadre d'investissement spécial pour leur promotion.

L'industrialisation basée sur la transformation des ressources naturelles requiert donc un certain nombre de facteurs clefs : l'énergie abondante et peu chère, une grande quantité d'eau pour le fonctionnement des machines et les besoins en eau de milliers de travailleurs et des services de transport lourd pour le transport des matières premières et des semi-produits.

Aussi a-t-on pensé que les vallées des grands fleuves et des grands lacs africains pourraient être utilisées pour mettre en place l'ensemble de ces structures d'accueil de la façon la moins coûteuse : production de l'énergie hydroélectrique, utilisation, s'il y a lieu, du transport fluvial, construction des réseaux routiers et ferroviaires dans le couloir des grands fleuves ainsi que des lignes de transport de l'électricité à haute tension, développement de l'agriculture pour mettre à la disposition des travailleurs des produits alimentaires diversifiés : grains, fruits et légumes, ainsi que des racines nutritifs, développement de l'élevage et de la pêche etc.

Si l'Afrique Noire continuait à suivre, sans réfléchir, les politiques économiques incohérentes et insensées et qu'elle devenait ainsi vidée de ses matières premières industrielles stratégiques, (minerai de fer, bauxite, manganèse, cuivre, nickel, phosphate, potassium, etc.) sans s'embarquer dans la voie de l'industrialisation véritable, les générations futures seront condamnées à vivre pendant plusieurs centaines d'années encore, dans la pauvreté et à subir la domination des pays industrialisés.

Avant de se pencher sur la conception de ces corridors économiques de développement, nous allons examiner en détails ce qui constituera leur contenu : les industries intermédiaires et leur rôle moteur dans la structure industrielle ; la planification et la promotion des industries intermédiaires dans l'espace économique des CER ; comment elles restructurent l'espace économique pour une croissance accélérée ; le développement de leurs filières pour former des réseaux industriels, « les pôles de croissance économique ; la formation des districts économiques, centres de relance de petites et moyennes industries.

CHAPITRE I

Le rôle moteur des industries intermédiaires dans l'accélération de la croissance économique

L'industrie intermédiaire joue le rôle moteur au cours du processus de croissance et de développement économiques. Les pays émergents tels que l'Inde, la Chine et la Corée du Sud, etc. qui ont tablé sur ce rôle de modernisation et d'accroissement de la productivité économique de ces industries ont pu s'embarquer dans une croissance rapide. Les pays qui n'ont pas saisi la portée stratégique de ces industries dans leur politique économique languissent toujours dans la stagnation économique. Et c'est le cas des pays africains au Sud du Sahara.

L'augmentation du rendement agricole apparait comme un préalable au démarrage du processus d'industrialisation rapide dans les pays émergents. Elle est importante pour deux raisons majeures : provoquer l'accroissement des trois agrégats économiques majeurs : le revenu, l'épargne et l'investissement par la réduction des dépenses destinées à l'importation des biens alimentaires et l'affectation de ces fonds épargnés aux investissements productifs, (construction des infrastructures, achat d'équipement industriel etc.) et l'augmentation du pouvoir d'achat des consommateurs des biens industriels. Par conséquent, deux industries devraient recevoir une attention toute spéciale dès le début de la croissance économique : les engrais chimiques utilisés notamment dans les zones irriguées et l'acier employé pour la construction des ouvrages de retenu d'eau dans les travaux d'irrigation, pour la fabrication des machines et des équipements agricoles ainsi que des magasins de stockage.

Après le déclenchement du processus d'industrialisation, le marché des CER offrent des opportunités certaines pour la consommation de l'acier et de l'aluminium dans les domaines suivants :

- Les transports : construction des ponts, fabrication des camions, des bateaux, des barges, des wagons, des rails, etc.
- Les bâtiments et travaux publics : ronds à béton, constructions métalliques, chaudronnerie
- Énergie : Câbles de transport du courant électrique
- Communications : câbles de communication

La formation appropriée constitue une composante clef de la base industrielle. La fabrication des machines-outils, des machines agricoles, des matériels ferroviaires, la construction automobile et navale requiert la maitrise totale du travail des métaux. Il est nécessaire d'établir des programmes solides de formation des ouvriers spécialisés, des techniciens supérieurs et des ingénieurs spécialisés en métallurgie.

- Des charpentiers métalliques fabriquant ou assemblant des structures métalliques ;
- Des chaudronniers donnant forme aux plaques et tôles d'acier, pour fabriquer et assembler des chaudières, des réservoirs, des tours, des structures de métal lourd, etc.
- Des mouleurs – noyauteurs fabriquant des moules pour modeler l'acier fondu ;
- Des serruriers – métalliers transformant une barre de fer en métal décoré.

Par conséquent, les lycées techniques devront donner une formation dans les techniques de transformation des métaux : chaudronnerie, forge, emboutissage, fonderie, mécanique générale, ferronnerie industrielle, outillage, quincaillerie et ouvrages en métaux. Les écoles d'ingénieurs auront des spécialisations en métallurgie, en génie des métaux et en ingénierie.

Les produits intermédiaires chimiques trouvent leur utilisation dans l'industrie de la pâte à papier, dans l'industrie textile et dans la fabrication des colles et des revêtements ainsi que dans la savonnerie et la verrerie.

Par exemple, les industries de détergents, de pâte à papier, l'industrie verrière et l'industrie textile consomment le sulfate de sodium. Le chlorate de sodium est utilisé dans le blanchissement de la pâte à papier et comme herbicides et défoliants. Le silicate de soude est utilisé dans l'industrie savonnière, dans l'industrie textile et dans la fabrication des colles et revêtements.

Le carbonate de potassium est employé dans l'alimentation des animaux de production. Les produits pétrochimiques ont une utilisation très variée dans les divers secteurs. Les matières plastiques : le polyéthylène, le chlorure de polyvinyle, PVC, l'acétate de polyvinyle sont utilisés dans les matériaux d'emballage, la peinture, le textile, etc. L'urée formaldéhyde est un liant utilisé dans l'industrie de contreplaqué et panneaux. Le phénol formaldéhyde et les résines alkydes sont utilisés dans la fabrication de peinture. Le polyester non saturé est employé dans la fabrication de plastique renforcé dans le bâtiment.

1. La pièce maitresse de la structure industrielle : l'industrie des métaux

Les industries des métaux jouent un rôle essentiel dans la chaine de valeurs de plusieurs industries manufacturières, dans la création de la richesse et de l'emploi et dans le renforcement des capacités techniques des pays qui les abritent. Ces industries sont qualifiées d'industries de base car c'est à partir de leurs demi-produits que se constitue la chaine de valeurs d'un grand nombre de réseaux d'industries qui produisent soit des biens d'équipement, soit des biens durables et de consommation, soit encore des pièces détachées et des composants industriels pour stimuler les sous-secteurs industriels de la construction mécanique, de la construction navale, des assemblages d'automobiles, de la construction des locomotives et de la construction métallique, etc. De ce fait, elles constituent l'élément moteur de la structure industrielle des économies émergentes à croissances rapide.

En transformant les semi-produits en une variété de produits de grande valeur, elles produisent de la valeur ajoutée, c'est-à-dire, elles ajoutent de la valeur au métal brut grâce au travail d'une main d'œuvre hautement qualifiée. Ainsi, à partir de la bauxite brute, parvient-on à fabriquer des avions, des bateaux et des voitures de luxe ! L'industrie des mines et de transformation des matières minérales requiert de l'énergie électrique, du gros matériel d'exploitation, des services d'expert conseil, d'ingénierie, des machines et des équipements lourds, des services financiers, d'assurances, de transports, de marketing et de commerce, etc. Elle est la source d'emplois la plus importante dans l'économie. Elle est le seul secteur capable de résoudre le problème de création d'emplois les mieux payés. Elle est aussi le secteur capable d'augmenter substantiellement l'accumulation interne et de financer la croissance accélérée. Grace au développement de la chaine de valeur des industries intermédiaires, il est possible de développer une stratégie de valeur ajoutée et de dynamiser cette stratégie soit par l'accroissement de la productivité, soit par l'innovation. Si l'on parvient à accroitre le volume de production de ces industries grâce à l'augmentation de la productivité ou grâce à la mise au point de nouveaux produits mieux adaptés, de nouveaux procédés de fabrication plus performants, en un mot par l'innovation, on améliore le chiffre d'affaires de l'entreprise industrielle et on accroit la valeur ajoutée. L'innovation permet aussi de fabriquer un produit exceptionnel, unique, tel que par exemple, le téléphone mobile.

Les industries des métaux sont si essentielles qu'un pays ne peut mettre en œuvre son processus de croissance économique sans leur concours. En effet, les autres secteurs demeurent dans la stagnation sans leur action de modernisation, de stimulation de la productivité et de dynamisation de la structure industrielle. Il n'est donc pas de l'intérêt des pays africains de collaborer avec les pays qui ne pensent qu'à importer les ressources naturelles africaines et qui s'opposent donc à la transformation des ressources naturelles stratégiques africaines sur l'espace économique africain. Si le développement global suppose que les pays dotés de ressources naturelles approvisionnent les autres pays en demi-produits et dans certains cas en produits finis, personne qui soit sensée ne peut recommander que les pays africains abandonnent leurs ressources naturelles aux pays européens, se retirent de ces activités vitales de transformation et condamnent ainsi leurs populations à la misère, en les forçant à ne recevoir qu'une partie minime du profit à l'avantage des pays dits 'partenaires'. Les leaders qui s'apprêtent à de telles manœuvres déloyales jouent à des jeux abjects. Les pays africains doivent se préparer à jouer leur rôle dans la nouvelle division internationale du travail. Ils doivent mettre en application la politique de transformation des matières premières locales, de modernisation de leurs économies nationales et de transformation industrielle de leurs ressources naturelles. Ils doivent accueillir les investisseurs étrangers qui acceptent cette industrialisation de base ; ils doivent encourager la réalisation de certains projets industriels avec 100 % de participation étrangère lorsque les industries à créer constituent des éléments essentiels de la structure industrielle., nationale et régionale.

Les gouvernements africains doivent donner la plus grande priorité à la formation des travailleurs qualifiés : ingénieurs de conception et d'exécution, techniciens des travaux de métaux, etc. Le développement des capacités humaines et le transfert de technologies, ce dernier traduit par la promotion d'un vigoureux processus de développement industriel, doivent être combinés pour soutenir une croissance et un développement économiques accélérés. L'expansion du commerce international ainsi que l'élargissement du marché national et régional doivent stimuler ce processus.

2. La planification et la promotion des industries intermédiaires dans l'espace économique des CER

Les industries intermédiaires seront planifiées à l'échelon des communautés économiques régionales. Elles renforcent le processus de croissance économique et d'intégration régionale de deux façons. Elles fournissent les biens intermédiaires sous forme de demi-produits et de biens finis aux secteurs clefs des régions économiques respectives et contribuent donc à leur modernisation et à l'accroissement de leur productivité économique. Par exemple, ciment, fer de construction au secteur de bâtiment, et travaux publics ; engrais et machines agricoles à l'agriculture, asphalte, ponts métalliques à la construction des routes ; rails aux chemins de fer, etc.

En suscitant dans la région, la création en aval d'un réseau d'industries utilisant les demi-produits des industries de base, elles promeuvent l'intégration industrielle, donnent une impulsion aux échanges inter-industries et interbranches et accroissent l'échange inter-régional. La méthode de promotion de ces industries dépendra de leur taille. Presque la grande totalité des industries intermédiaires sont des unités à grande échelle de production, alors que dans la deuxième catégorie qui concerne leurs filières, nous trouvons les trois types d'industries :

1. Industries à grande échelle de production ;
2. Industries moyennes ;
3. Petites industries.

1) Le modèle d'industrialisation

L'approche d'industrialisation que nous préconisons devra être conduite de façon non seulement rentable, mais compétitive. Cela entraine les exigences suivantes : la promotion des grands projets industriels sera effectuée par le biais des investissements directs dans le but d'éviter l'aggravation de l'endettement des petits Etats membres. Une importance primordiale sera accordée au transfert de technologie. A tous les échelons de l'entreprise, les ouvriers, les techniciens et les ingénieurs africains travailleront dans les tâches clefs de l'entreprise de concert avec les ouvriers spécialisés et les ingénieurs étrangers des pays partenaires.

2) La promotion des projets industriels de grande taille

Il s'agit d'abord des industries intermédiaires, des industries de base qui proviennent directement de la transformation industrielle des ressources naturelles : les aciéries en ce qui concerne le minerai de fer ; les complexes alumine/aluminium en ce qui concerne la bauxite, les produits pétrochimiques en ce qui concerne le gaz naturel et les produits chimiques en ce qui concerne le sel et la potasse, le clinker et le ciment en ce qui concerne le calcaire. Il sera enfin question de certains produits, de biens capitaux importants tels que les rails, de certaines constructions mécaniques telles que les camions, les tracteurs, les locomotives, les bateaux, etc.

3) Les pays qui auront mission d'abriter les industries intermédiaires

L'existence de minerai de fer de haute teneur en fer ne suffira pas à attirer les investisseurs directs étrangers auxquels sera confiée l'érection des aciéries intégrées et autres. Les pays occidentaux se sont contentés jusque-là d'exploiter les riches minerais de fer des pays africains au sud du Sahara et de les empiler sur leur territoire en emportant, comme menu fretin, or, diamant, etc. Ils fabriqueront pendant des centaines d'années des biens intermédiaires sur leur territoire pour satisfaire leurs besoins et exporteront le surplus en Afrique à des prix sans cesse accrus. Ils ne délocaliseront par leurs aciéries pour ne pas dépendre des produits d'acier importés. Et pour cela, certains pays trouveront des prétextes pour déclarer la guerre aux pays Africains. Cette situation est inacceptable quand on sait que c'est l'Afrique qui a fourni à l'Europe toutes les matières premières industrielles nécessaires à son industrialisation. Les pays émergents tels que la Chine, l'Inde, la Corée du Sud commencent à appliquer la même méthode occidentale : l'exploitation et l'importation des ressources minérales africaines : minerai de fer, de bauxite, et pétrole et gaz et fabrication de biens intermédiaires dans leur espace économique. Cependant, après l'observation attentive de leurs comportements durant les derniers 10 années passés et après l'analyse détaillée de leurs besoins en énergies et en ressources naturelles stratégiques, nous sommes arrivés à la conclusion que cette politique peut être inversée par certains pays au Sud du Sahara.

Les pays africains qui peuvent amener les pays émergents à procéder à la transformation industrielle des ressources minérales sur le continent africain sont ceux qui de par la diversité et la richesse de leurs ressources minérales et autres, disposent d'un pouvoir de négociation considérable avec les pays émergents. Parmi ces ressources naturelles abondantes et diverses, soulignons l'importance de gisements riches de pétrole et de gaz naturel, de l'uranium, du cuivre, de bauxite et de certains métaux non ferreux stratégiques tels que la manganèse, le nickel, le cobalt, le plomb, le chrome, le tantale, l'étain, le zinc, etc. Certains de ces pays bien dotes de ressources naturelles comprennent les pays suivants :

- Le Soudan doté de grandes ressources pétrolifères et d'une diversité de ressources minérales de par l'étendue de son territoire La Chine a projeté d'y construire, en plus d'une grande raffinerie de pétrole sur la Côte, un complexe pétrochimique pour la production et l'exportation de certains demi-produits pétrochimiques : l'Éthylène, le propène, le benzène, l'ammoniaque et le méthanol.
- L'Angola dispose de grands gisements de pétrole off-shore, du minerai de fer riche à Gassinga et une diversité de métaux non ferreux.
- Le Gabon dispose de minerai de fer à haute teneur en fer à Belinga, du pétrole off-shore et un certain nombre de métaux non ferreux tels que le manganèse.
- La République démocratique du Congo dispose du fer, de la bauxite, et du cuivre en bonne quantité et une multitude de métaux non ferreux.

Les autres pays qui pourraient négocier l'implantation d'industries intermédiaires sur leur espace économique sont le Nigeria, le plus grand producteur de pétrole au Sud du Sahara et qui devrait viser à implanter des industries en aval de ces aciéries existantes, de son usine d'aluminium et développer une forte industrie pétrochimique par l'utilisation judicieuse de son gaz naturel.

La Guinée possède les deux tiers des réserves de bauxite du monde estimées à plus de 20 milliards de tonnes. Le pays posséderait aussi de gisements de minerai de fer de haute teneur en fer de plus de 9 milliards de tonnes et une diversité de métaux non ferreux. Elle est en outre très riches en or et en diamant et bien dotée en ressources hydroélectriques (3117 MW). D'autres pays ayant du minerai de fer ou de bauxite en bonne qualité, le Cameroun, la Côte d'Ivoire, le Sénégal, le Libéria, le Mali, etc. pourraient envisager l'implantation d'aciéries locales de dimension régionale si la production du métal est assurée à un prix très compétitif grâce à la disponibilité des facteurs de production bon marché, par exemple disponibilité d'une électricité abondante et peu couteuse. Ces conditions favorables existent au Cameroun, en Éthiopie, en Côte d'Ivoire, etc.

4) La négociation des industries intermédiaires avec les partenaires stratégiques

Les pays Africains ne disposent pas de fonds adéquats pour ériger des industries intermédiaires. Les investisseurs européens, y compris leurs sociétés multinationales, n'envisagent pas d'investir dans les projets industriels visant à valoriser les ressources minérales en Afrique au Sud du Sahara. Certains milieux environnementalistes soutiennent même que les pays industrialisés ne devraient pas encourager l'industrialisation du continent. Ils se soucient plus de la bonne santé des animaux des parcs nationaux que du bien-être des populations africaines. Les pays membres de l'Union africaine rejettent de telles positions égoïstes qui dénient aux Africains les bénéfices de l'industrialisation et du développement économique qui en résulte. Face à la position de l'Europe, les pays africains doivent négocier avec les partenaires stratégiques qui sont prêts à soutenir la politique d'industrialisation du continent africain, l'implantation des industries intermédiaires dans les CER sur la base des intérêts mutuels.

Si la Chine, l'Inde, le Brésil etc. sont prêts à ériger des industries intermédiaires en Afrique pour satisfaire leurs besoins et les besoins des CER en produits industriels intermédiaires au lieu de les acheter sur le marché international, l'Afrique doit assurer en priorité en contrepartie l'approvisionnement de ces pays stratégiquement alliés à l'Afrique en pétrole et en d'autres produits clefs dont elle dispose. Ces opportunités d'industrialisation avec ces partenaires stratégiques étant actuellement les seules perspectives d'industrialisation du continent africain, donc les seules chances de croissance économique que les leaders Africains peuvent exploiter ; ceux-ci doivent mesurer toute l'importance des relations économiques avec ces pays et les soustraire de toute manœuvre internationale qui pourrait les affecter négativement.

Ces industries sont établies sur la base de négociations politiques et économiques. Il s'agit bien de marchandage politique et économique. Les économies africaines ont besoin de ces industries pour se moderniser et sortir de la stagnation économique. La Chine, l'Inde, le Brésil, etc. ont besoin non seulement de ces produits à cause d'une consommation accrue de ces biens intermédiaires, mais aussi de nouvelles sources d'énergie, pétrole, uranium, etc. Les États Africains s'engagent à assurer l'approvisionnement des pays partenaires en ces matières stratégiques en échanges de la construction d'industries intermédiaires sur le continent avec des investissements complémentaires dans les domaines suivants : construction des lignes de chemin de fer, érection de grands barrages hydroélectriques, tracé des lignes de haute tension électrique d'interconnexion pour relier les divers réseaux nationaux du continent.

L'Afrique doit mettre fin à ses atermoiements et apprécier la portée politique de ces relations économiques. La Chine a aidé la Malaisie et l'Indonésie à rejoindre le groupe des économies émergentes. Elle pourrait amener les CER africaines au stade d'économies émergentes si nous respectons le contenu de ces alliances stratégiques. L'Afrique a tenté en vain de relations économiques avec plusieurs pays développés qui, loin d'engendrer la croissance économique en Afrique, se sont soldées par plus de domination économique.

La Chine, l'Inde et le Brésil semblent être les seules puissances économiques prêtes à aider concrètement le continent africain à sortir du sous-développement économique. Par ailleurs, ces pays ont avantage à accroitre leur production de biens intermédiaires en Afrique au lieu de les acheter sur le marché international. La disponibilité sur place de matières premières de bonne qualité, d'énergie abondante et à bas prix, d'une main d'œuvre peu chère et avide de formation, permet de produire ces biens à des prix compétitifs sur le plan international. En outre, si l'Afrique peut se permettre de produire en quelques années plus de 100 millions de tonnes d'acier parce qu'elle est peu polluée industriellement, la Chine, par exemple, pourrait difficilement supporter, à cause de son haut niveau de pollution atmosphérique, une production additionnelle de 100 millions de tonnes d'acier sur son espace économique.

5) Les procédures d'établissement des industries

Il y a deux types d'industries à promouvoir : d'une part, les industries intermédiaires ou des industries de base qui sont de grande taille, d'autre part, les filières de biens intermédiaires qui sont de taille moyenne.

Les industries intermédiaires ou plus précisément les industries de base seront établies dans les CER grâce au pouvoir de négociation d'un certain nombre de pays africains qui sont dotés d'une diversité de ressources naturelles dont les pays partenaires ont vivement besoin. Il s'agit de sidérurgies, de complexes alumine/aluminium, de complexes pétrochimiques et de complexes chimiques. Cette première catégories d'industries inclura aussi un certain nombre d'industries stratégiques, de biens capitaux, dont la production couvre tout le marché communautaire et qui sont particulièrement essentielles à la croissance et au développement économiques des CER respectives : fabrication de rails, de ponts, de locomotives, de wagons, construction de bateaux, de tracteurs, de machines de terrassement, de camions, de machines agricoles, des mines et des turbines, etc. Les pays partenaires pourraient posséder la majeure partie des actions des industries de base. Mais une certaines proportion de leur production sera destinée à la consommation intérieure des CER. Une certaine restructuration du marché des actions et des obligations en vue d'une plus grande régionalisation au niveau de chaque CER devra permettre de financer une part importante du financement des industries de biens capitaux. Des études de marché intérieur seront menées aussi bien dans les pays partenaires que dans les pays membres des CER pour déterminer la demande de ces deux groupes de pays respectifs en ces produits intermédiaires.

En ce qui concerne l'identification des filières des produits intermédiaires des industries de base, le choix doit concerner les filières qui sont cruciales soit aux autres branches des structures industrielles nationales, soit aux secteurs économiques clefs. Par exemple, si l'on prend les industries chimiques dérivées du sel, les filières seront classées en deux catégories :

Les industries qui intéressent le marché des CER :

a. Le chlore ;
b. La soude caustique ;
c. Le sulfate de sodium ;
d. Le chlorate de sodium.

2) Les industries qui intéressent le marché d'exportation :

a. Le tripolyphosphate de sodium ;
b. Les phosphates de sodium ;
c. Le sulfate de potassium ;
d. Le carbonate de sodium

En ce qui concerne le secteur pétrochimique, l'identification des filières pétrochimiques pourrait comprendre :

1) Le polyéthylène base densité
2) Le chlorure de polyvinyle (PVC)
3) Le polystyrène
4) L'acétate de polyvinyle (PVA)
5) Le Polyuréthane
6) L'urée formaldéhyde
7) Les résines alkydes
8) Le polyester non saturé
9) La fibre de polyester
10) La fibre de polypropylène
11) L'alkylate détergent
12) Les plastifiants

Pour arriver à une approximation de la demande de chacun de ces produits industriels, la méthode d'approche comprendra :

- Une identification des utilisateurs effectifs et éventuels des produits concernés :
- La consommation des firmes des CER qui achètent et utilisent ces produits chimiques dérivés des produits intermédiaires. Une estimation des quantités dont elles ont besoin.
- Une estimation de la consommation des firmes qui seront créées pendant la période de projection de la demande future.
- L'utilisation de ces produits par d'autres secteurs (les autres débouchées)
- La demande de certains de ces produits pourrait augmenter considérablement. Par exemple, l'utilisation des tuyaux en plastique dans l'agriculture irriguée ainsi que l'utilisation des plastiques dans la construction, les bâtiments et dans l'industrie d'emballage.

En résumé, l'industrialisation générée par les échanges extérieurs avec les partenaires stratégiques vise à seconder l'industrialisation axée sur les marchés régionaux des CER. Les exportations des demi-produits, acier, aluminium, etc. cherchent à stimuler le processus d'industrialisation régionale en fournissant une source d'autofinancement et en provoquant une diversification des activités industrielles. Le commerce international permet ainsi d'exploiter les capacités productives supplémentaires.

Pour les petites nations cherchant péniblement à intégrer leurs marchés nationaux exigus, le commerce international peut être le seul moyen d'atteindre, pour leurs activités industrielles la dimension optimale de la capacité de production des unités industrielles et de bénéficier ainsi des avantages des économies d'échelle. Sans la présence de ces industries intermédiaires, les échanges extérieurs peuvent conduire à la ruine de l'agriculture et à la destruction des industries légères. Les fruits du progrès technique qui en résulte vont bénéficier aux producteurs eux-mêmes sous forme de revenus plus élevés et aux consommateurs sous forme de prix plus bas.

CHAPITRE II

La restructuration de l'espace économique africain pour une croissance rapide

Une économie forte repose nécessairement sur un secteur industriel solide. L'industrie, en plus de son rôle de création de la valeur ajoutée, donc de multiplication de la richesse, exerce un effet stimulateur dans toute l'économie nationale. Les industries alimentaires et textiles, par exemple, exercent très peu d'effets de propagation dans leur environnement, en termes d'accroissement de productivité du travail dans les divers secteurs de l'activité économique, de diffusion de progrès technique et économique et d'intégration sectorielle et intersectorielle. Dans une économie reposant sur une industrie dynamique, 80 % de l'exportation du pays proviennent du secteur industriel. L'industrie génère un secteur de services modernes à haute valeur ajoutée et dont la contribution au PIB ne fait que croître.

L'adoption d'une politique industrielle hardie dans les pays africains demandera que l'Etat apporte un soutien irremplaçable au processus d'industrialisation non seulement par la construction des infrastructures lourdes indispensables, telles que les centrales hydroélectriques et la construction des lignes de chemins de fer, mais aussi, par la formation des cadres supérieurs et moyens. Pour réussir l'industrialisation dans les pays africains, il importe de conquérir les avantages compétitifs pour un certain nombre de filières industrielles. Le but à atteindre est de développer des complémentarités entre les biens intermédiaires et les biens d'équipement, d'une part, et d'autre part, entre les secteurs clefs de l'économie au niveau national et au niveau communautaire. Par conséquent, les industries intermédiaires vont constituer la base du développement industriel de toute l'économie nationale et régionale. Nous allons étudier comment les unités industrielles vont s'organiser dans l'espace économique. Quelles seront les rôles des industries motrices, et quelles industries seront créées dans cet espace économique, en somme, quels types de relations seront créées dans cette structure industrielle régionale ainsi que continentale.

Une filière industrielle est un enchainement de procédés de transformation de ressources naturelles (minérales, forestières, agricoles, animales, de pêche, etc.) et des produits semi-finis, jusqu'à des produits finals. La stratégie d'industrialisation des communautés économiques régionales va consister à développer les filières industrielles de 4 à 5 matières premières clefs ; par exemple,

Le minerai de fer (sidérurgie, mécanique industrielle …) La bauxite (alumine, aluminium), le sel (acide chlorhydrique, le sulfate de sodium)… le chlorure de potassium (sulfate de potassium, carbonate de potassium), le gaz naturel (éthylène, propylène, benzène, ammoniaque, urée, méthanol…).

L'espace économique régional correspondra au champ d'interactions des relations interindustrielles entre ces industries, telles qu'elles apparaissent dans le tableau d'extrants \ intrants (ventes et achats).

Dans cet espace économique plusieurs types de liaisons vont apparaitre : des réseaux de flux de marchandises, des réseaux de prix et des réseaux d'informations économiques.

1) L'identification des industries motrices

La décision cruciale relative à l'industrialisation d'un pays ou d'une communauté régionale concerne d'identification d'industries motrices susceptibles de générer des effets d'entrainement dans l'ensemble de l'espace économique national ou régional. Les filières de production se présentent alors comme des structures industrielles quasi autonomes de par leur interconnections logiques dans l'appareil productif ; bien que certaines branches industrielles appartiennent à plusieurs filières, comme les matériaux de construction, il faut souligner que les filières conservent toute leur structure d'enchaînements rationnels et que par conséquent, la représentation d'ensemble du système productif reste de même nature que celle donnée par le Tableau Entrées Sorties (TES). Les structures industrielles qui s'en dégagent prennent nécessairement la forme d'une articulation successive de branches où les filières de production représentent des articulations technologiques. Les filières A, B, … se regroupent dans les complexes industriels représentant un niveau d'intégration intermédiaire entre les filières et le système productif national. Par exemple, complexes industriels chimie – textile et cuirs et peaux ; métallurgie – mécaniques et bâtiment – génie civil. Quand les regroupements s'avèrent autour de deux branches étroitement liées sur le plan technico-économique, par exemple électronique et aéronautique, on peut y voir des groupes d'industries de base constituant les noyaux durs du système productif.

Considérons l'existence de quatre noyaux industriels intégrés au sein de quatre filières de production qui apparaissent comme autant de sous-ensembles autonomes au sein du système productif national. Dans un second temps, l'examen des relations entre ces quatre filières conduit à l'identification de plusieurs grands complexes d'industries. En analysant le positionnement respectif de chaque filière considérée comme une entité autonome, on arrive à constater un certain nombre de complexes industriels : métallurgie – mécanique, emballages en aluminium, produits plastiques. Les relations interindustrielles sont un réseau de systèmes productifs et d'échanges autocentrés qui créent la richesse de manière endogène.

Les échanges renforcent et diversifient l'offre, ce qui se traduit par la suite par des accroissements d'investissements, d'augmentation de revenus et par l'amélioration des conditions de vie des consommateurs. Les filières d'entrainement (sidérurgie, chimie, produits pétrochimiques) assurent un rôle de diffusion de technologies, d'accroissement des flux d'échanges (achats et ventes) de diffusion des gains de productivité et d'innovation et de multiplication d'investissements. Les quatre filières, la sidérurgie, l'aluminium, les filières de la chimie organique, sel et potassium, et la pétrochimie vont utiliser et valoriser les produits provenant de toutes les branches industrielles. Ces filières sont des filières d'entrainement dans les économies nationales en voie de décollage. Elles sont à même d'accroitre particulièrement les plus-values.

Par exemple, la filière 'composants électroniques' (constituée par les secteurs de plus en plus intégrés des composants électroniques, des télécommunications, de l'informatique et des services associés) est une filière entrainante dont les principaux effets internes concernent l'augmentation de l'emploi, l'accroissement de la productivité et la transformation du mode de consommation. Ces quatre filières sont des articulations technologiques fortement interconnectées entre elles ; elles exercent deux rôles importants : un rôle de diffusion des technologies et un rôle de multiplication et de diversification des produits. Elles diffusent quatre types d'effets d'entraînement distincts :

– Des flux d'échanges, d'achats et de vente de produits industriels ;

- Des gains de productivité ;
- Des gains d'innovations ;
- et des effets d'investissements.

Ces filières produisent des effets d'industrialisation. Ces industries industrialisent en engendrant le développement d'autres industries alors que d'autres n'industrialisent pas. Ces industries sont de grande taille. Elles sont capitalistiques.

2) La base industrielle

Pour réduire les liens de dépendance avec l'extérieur, les CER auront mission de bâtir des bases industrielles solides et veiller à la cohérence du système productif régional. Les structures industrielles régionales actuelles sont extraverties et désarticulées. Les sous-secteurs industriels importent leurs inputs de l'extérieur et exportent leurs outputs. Pour créer une structure industrielle cohérente, les différents sous-secteurs industriels doivent être inter-liés entre eux par leurs inputs et leurs outputs. Cette intégration industrielle ne peut être réalisée sans la production des biens intermédiaires d'abord, et ensuite, des biens d'équipement. Les industries qui vont constituer la base industrielle dans les CER respectives seront :

- La sidérurgie ;
- L'aluminium ou le cuivre ;
- La pétrochimie ;
- Et la chimie minérale à base de sel ou de potassium.
- La sidérurgie avec des unités régionales de laminoirs à chaud et à froid pour la fabrication des produits et des profilés.
- Les industries métalliques produisant charpentes, chaudronnerie, tubes sans soudure, emballages métalliques ;
- Les industries mécaniques fabriquant biens d'équipement pour l'agriculture : tracteurs, outillages agricoles, vannes, pompes, et pour l'ensemble de l'industrie : véhicules industriels, moteurs thermiques, machines – outils, outillages à main et quelques biens durables de grande consommation : cycles et motocycles, appareils ménagers.
- Industries électriques fabriquant moteurs, transformateurs, compteurs, bobines, accumulateurs…
- Les demi-produits de la pétrochimie : ammoniac, nitrate d'ammonium, urée, méthanol, résines synthétiques, éthylène, polyéthylène, chlorure de polyvinyle.

- La Chimie. Fabrication de produits de base : oxygène, azote, acétylène, acide sulfurique et chlore.
- Produits visant à stimuler les échanges interindustriels.

Les usines de montage seront contraintes à faire fabriquer sur place une part croissante de leurs pièces détachées. Ainsi les économies externes et les effets d'entrainement vont-ils stimuler les économies régionales.

L'industrie visera à moderniser, en premier lieu, l'agriculture qui demeurera l'activité principale de la grande partie de la population encore pendant longtemps. Son rôle sera, entre autres, d'élargir les débouchés des industries existantes, d'accroître le surplus agricole et de financer le développement industriel. En produisant davantage de biens de production, l'agriculture pourra accroitre le surplus agricole et financer le développement industriel. Élever la productivité du travail agricole, donc augmenter la disponibilité des biens intermédiaires et des biens d'équipement, c'est le seul moyen de construire une industrie qui ait des débouchés suffisants. La production d'engrais, de tuyaux pour l'irrigation et de tuyaux de drainage d'eau polluée contribueront à accroitre la productivité de l'agriculture dans les pays membres.

La plupart des produis industriels destinés à l'agriculture sont susceptibles d'accroitre la productivité du travail agricole, (pompes, engrais, irrigation, serres, brise-vent) et d'augmenter les rendements agricoles. Toute augmentation de la consommation d'un produit importé, selon le Professeur de Bernis, a tendance à être freinée alors que celle d'un produit fabriqué sur place à tendance à être stimulée. La construction d'une base industrielle et le développement d'un certain nombre de filières industrielles clefs ont pour but de créer un système productif national et régional cohérent. Le renforcement de la cohérence économique qui vise à auto-centrer l'économie sur elle-même en stimulant les échanges interindustriels, revient à créer des grappes d'industries autour des noyaux industriels.

3) Les grappes industrielles

Les grappes sont des groupes d'industries qui entretiennent entre elles des relations interindustrielles.

Une grappe peut être constituée aussi bien d'industries manufacturières que d'industries de service. Compte tenu du fait que la richesse se crée avec les échanges d'achats et de ventes entre industries, l'objectif est de constituer des groupes d'industries de façon que chaque industrie soit étroitement dépendante du groupe au point qu'elle repose sur la présence de l'ensemble des autres industries pour pouvoir se développer profitablement. Le degré du développement des grappes mesure le degré d'intégration d'une économie. Plus une économie est intégrée, plus grands sont les effets des multiplicateurs internes ; moins dépendante sera cette économie de l'extérieur. Les industries créées seront moins mobiles et resteront accrochées aux grappes. Les investissements requis pour le développement des grappes vont occasionner des achats supplémentaires d'inputs des filières existantes ; une distribution de revenus supplémentaires qui induisent des dépenses de consommation et une réponse provenant de la production industrielle qui va amplifier le processus de la formation des grappes. Ces services d'investissements entrainent une hausse plus que proportionnelle du revenu.

La voie du développement consiste donc à créer des industries aux points manquants de la structure industrielle en respectant, bien entendu, les critères d'allocation des ressources. Pour arriver, par conséquent, à générer des projets d'investissement, une méthode qui se base directement sur les coefficients d'achats et de ventes nous semble préférable à une méthode qui se base sur ces matrices de corrélation qui pourraient en dériver. Quand l'industrie du transport ferroviaire achète de l'industrie du matériel de transport un nombre important de nouveaux wagons soit pour remplacer de vieux wagons, soit pour augmenter le parc de wagons disponibles, cette branche industrielle croît plus rapidement et créé de la richesse. Les échanges interindustriels et intersectoriels à l'intérieur de l'économie nationale ou régionale, créent donc de la richesse et éliminent l'extraversion. Dans ces conditions, l'installation d'une nouvelle industrie est susceptible de produire des effets de propagation par deux truchements possibles : 1) flux d'échanges (achats et ventes) 2) diffusion des gains de productivité et de l'innovation. L'implantation d'activités entrainantes dans les espaces économiques donnés suppose naturellement qu'ils soient dotés d'une infrastructure appropriée : voies de transport fluviales, routières, ferroviaires, moyens de communications à l'intérieur des zones d'activités ; énergie électrique ; réseaux de pipelines et de télécommunications.

Les pôles principaux de croissance

Ils se situeront sur des voies axiales et dans des emplacements vastes susceptibles d'accueillir des pôles dérivés. Il est de nécessité absolue de favoriser le voisinage d'industries complémentaires. Il faut faire observer qu'une matrice d'input-output peut, moyennant présentation adéquate des données, révéler les secteurs les mieux adaptés à la transmission et à la diffusion d'influx puissants dans l'ensemble de la structure économique (maximisation de la rentabilité de l'investissement des industries motrices). Elle peut aussi indiquer l'orientation à donner à la diversification de la production afin de lutter contre l'isolement excessif de certains groupes d'industries tournées vers l'importation massive.

4) La concentration industrielle

La réduction des coûts de transport provoque une tendance à la concentration des activités industrielles. Mais la baisse des coûts de transport entre les régions peut amener la désindustrialisation dans les régions moins industrialisées, par exemple au Sud. Dans un espace économique orienté vers l'exportation, le développement des échanges intrarégionaux se trouve bloqué. De ce fait l'intégration économique visant à promouvoir les échanges intra-communautaires sur la base des avantages comparatifs, est bloquée. Le développement économique du continent passe par la constitution de grands marchés régionaux. Le marché régional est seul capable de déclencher un développement économique soutenu et constitue le moteur de la croissance.

Si les pays membres des communautés économiques régionales veulent stimuler l'efficience économique au niveau régional, chaque pays membre se concentrera sur un nombre limité de projets industriels bénéficiant des économies d'échelle où il pourra développer l'avantage compétitif dans toute la filière. Une telle approche garantira une production plus grande des biens fabriqués par ces industries qui produiront à très bas coûts. Le commerce intra-communautaire s'accroîtra et le marché régional s'élargira.

En résumé, l'approche par filières présente beaucoup d'avantages parce qu'elle aboutit à lancer une série de stratégies industrielles qui s'enchainent et s'insèrent les unes dans les autres :

- 1) Une stratégie de développement par pôles industriels dont les effets d'entrainement atteignent tous les secteurs de l'économie ;

- 2) Une stratégie de développement par la création d'un grand nombre de liaisons amont et aval avec les autres secteurs, contribuant au noircissement progressif de la matrice industrielle ;
- 3) Une industrialisation propulsée par les progrès agricoles, le renforcement des infrastructures physiques, le développement de l'habitat, etc. ;
- 4) Une politique de commerce international, apparition des industries d'exportation des demi-produits, capable d'entretenir une industrialisation non seulement enclenchée mais dont le rythme de croissance s'accentue.

5) Les filières des industries de base

Selon les ressources minières qui se trouvent dans les couloirs économiques respectifs, les projets industriels stratégiques qui seront promus dans les couloirs comprendront : des aciéries, des complexes d'alumine/d'aluminium, des usines chimiques et pétrochimiques et des grandes cimenteries. Les filières industrielles qui seront développées pourraient comprendre les filières de l'acier, de l'aluminium, des produits chimiques et des produits pétrochimiques. L'ensemble de ces filières seront à même de former une structure industrielle autonome et intégrée qui importe très peu de produits intermédiaires de l'extérieur. Les demi-produits disponibles dans chaque CER permettront aux entrepreneurs de s'engager dans la métallurgie, la mécanique et plus tard dans le développement des biens capitaux. Dans le chapitre suivant, une revue complète des filières intéressant en premier lieu les économies africaines sera présentée.

Les filières de l'acier

La première transformation du minerai de fer consiste à passer de la matière première à la production des demi-produits. L'acier liquide est transformé en brames ou bloom par le passage dans une coulée continue. A cette étape, deux types de produits sont fabriqués : les produits plats (tôle de diverses épaisseurs) et des produits longs : rails, poutrelles, fils pour tréfilage, rond à béton. Durant l'étape de la seconde transformation, les demi-produits venant de la première transformation subissent des transformations diverses pour répondre aux besoins du marché. Les industries relatives au travail des métaux effectuent les activités suivantes : la tréfilerie, la forge, l'estampage, la boulonnerie et la chaudronnerie.

Les produits métalliques et mécaniques suivants seront fabriqués :

- La chaudronnerie
- La production d'emballages métalliques (conserves, boites pour boissons).
- Les industries mécaniques
- Les machines agricoles
- Les matériels divers pour l'industrie et la chaudronnerie
- Les équipements ménagers
- Le mobilier métallique
- Les industries électriques
- Les industries de transport
- L'automobile
- Les matériels ferroviaires
- La construction navale

L'intégration consiste à fabriquer un produit industriel à partir des composants venant de la deuxième transformation. Par exemple, l'assemblage de l'automobile.

L'apparition du béton armé a créé une véritable révolution dans le secteur du bâtiment et des TP par ses qualités de résistance à la compression et par son coût très compétitif. Le béton armé est un mélange de sable, de ciment, de gravier, coulé dans des coffrages autour d'armatures en acier. L'utilisation du béton armé permet de réaliser rapidement de grands travaux puisque les différents composants peuvent être fabriqués de manière industrielle et standardisée.

Le rôle de l'acier dans l'accélération de la croissance des pays en développement se révèle être d'une nécessité absolue. Cette croissance qui résulte de la sidérurgie va permettre aussi l'utilisation des aciers spéciaux grâce à l'alliage de l'acier avec des métaux non ferreux tels que le nickel, le chrome, le manganèse, cobalt, étain, zinc, plomb, etc. Par exemple, en aval de la production d'acier inoxydable, la fabrication des citernes pour les produits agroalimentaires, les produits toxiques, la fabrication des pièces détachées pour l'industrie automobile.

Les filières de l'aluminium

La production abondante de l'électricité dans les couloirs économiques fournira l'occasion de la promotion d'autres industries de base : aluminium, les industries chimiques et pétrochimiques, qui toutes sont grandes consommatrices d'énormes quantités d'électricité.

La transformation des ressources minérales de l'état brut en demi-produits industriels génère une valeur ajoutée industrielle importante, source de richesse. On estime, par exemple, qu'une tonne de bauxite ne coute qu'environ 30 dollars, une tonne d'alumine approximativement 300 dollars, donnant une valeur ajoutée de 180 dollars ; et enfin qu'une tonne d'aluminium, approximativement 1500 dollars, dégageant une valeur ajoutée de 1240 dollars. Il apparait par conséquent que vendre de la bauxite brute est non seulement une opération de pure perte mais de dilapidation des ressources naturelles. Étant donné que les industries d'aluminium dont la capacité de production varie de 250.000 tonnes à 500.000 tonnes, peuvent être remboursées entièrement en cinq ans, les pays produisant de la bauxite devraient consacrer leurs efforts à la recherche d'investissements et de bailleurs de fonds pour créer de la valeur ajoutée et des emplois bien payés en promouvant ces industries.

En outre, la transformation de l'aluminium entraine le transfert de connaissances puisqu'elle implique les activités de laminage, de tréfilage, de moulage et d'extrusion. L'aluminium primaire qui se présente sous forme liquide, prend la forme de lingots, de billettes, de barres et de plaques. Il est ensuite transformé en produits laminés, (plaques, tôles, feuillards d'aluminium), en fils de machine, en pièces moulées et en produits profilés, (éléments de structures, ponts, pylônes, échelles). Pour augmenter les qualités de malléabilité, de durabilité, de résistance à des degrés divers, on fait l'alliage de l'aluminium avec divers métaux, dont le fer, le magnésium, le cuivre. La première transformation de l'aluminium donne des produits semi-ouvrés tels que les fils machine, les tubes et tuyaux, les profilés, les tôles, les feuilles et les feuillards ainsi que les câbles et les pièces moulées.

Les produits laminés et tréfilés

Ils comprennent les plaques, les tôles et les feuillards. Ils sont fabriqués par l'aplatissage de l'aluminium solide au travers d'immenses rouleaux appelés des laminoirs ou en étendant l'aluminium liquide sur une surface plate. **Les plaques** sont utilisées dans la construction de wagons de trains, de navires, d'avions, de réservoirs, etc. La tôle est employée dans la construction de carrosseries d'automobiles, pour la toiture des bâtiments. Les feuillards d'aluminium servent à fabriquer des emballages souples, des ustensiles de cuisine, etc. Les produis profilés utilisés dans les bâtiments, ponts, pylônes, dans la fabrication des portes et fenêtres, etc. sont fabriqués par les procédés d'extrusion.

On chauffe des billettes d'aluminium et on les soumet à une pression de plusieurs tonnes pour leur donner le profil voulu. Le produit est ensuite coupé selon les longueurs désirées par l'acheteur.

Les produits moulés

Les procédés de moulage consistent à verser l'aluminium liquide dans une moule pour lui donner la forme voulue. La plupart des pièces et composants des automobiles sont des pièces moulées telles que les blocs moteurs. Les activités de la deuxième et troisième transformation comprennent : les procédés de limage, de polissage, d'usinage, de traitement thermique, d'assemblage, de coloration et des tests de qualité sur les produits.

Les industries chimiques

Il y a deux types de produis chimiques industriels que nous pourrions examiner : les produits chimiques dérivés du sel et les produits chimiques dérivés de chlorures de potassium. Les produits tirés du sel trouvent de nombreuses applications dans les secteurs suivants : textiles, savon, papier et pâte à papier, pétrole, verre, silicates et alumine. Les produits chimiques **dérivés du sel** sont : le chlore, le sulfate de soude, le silicate de soude, le chlorate de soude et le carbonate de soude.

Les produits industriels chimiques **dérivés de la potasse** sont le chlorure de potassium, le sulfate de potassium, le carbonate de potassium et le phosphate de potassium. Ils ont des débouchés limités. Le carbonate de potassium est utilisé dans l'alimentation des animaux de production. L'électrolyse du chlorure de sodium s'accompagne d'une production excédentaire d'acide chlorhydrique et de soude caustique. Le traitement du phosphate minéral par l'acide chlorhydrique produit de l'acide phosphorique, un engrais très riche. L'acide sulfurique réagissant sur le sel produit le sulfate de sodium, plus l'acide chlorhydrique. Les consommateurs du sulfate de sodium sont les industries de la pâte à papier, l'industrie verrière et l'industrie textile. Le sulfate de soude est aussi utilisé dans la fabrication des détergents. Le chlorate de sodium est fabriqué à partir du sel, (chlorure de sodium) et de l'eau par électrolyse d'une solution de chlorure de sodium acidifié. Il est utilisé surtout dans le blanchissement de la pâte à papier et aussi comme herbicides et défoliants. Le carbonate de sodium est extrait des dépôts naturels. C'est le chlorure de sodium mêlé à du calcaire. Le silicate de sodium est fabriqué en faisant fondre à 1300° un mélange de sable quartzeux et du carbonate de soude. Le silicate de sodium est surtout employé dans les industries savonnières et les textiles. Il est aussi utilisé dans la fabrication des colles et des revêtements. Le tripolyphospate de soude. La fabrication de ces produits nécessite d'importantes quantités d'acide phosphorique, de carbonate de soude et de soude caustique. Il constitue les 40 % des éléments entrant dans la composition des détergents.

Les filières industrielles des produits pétrochimiques

Les principales catégories de produits pétrochimiques susceptibles d'intéresser les économies africaines, à ce stade de leur développement, sont :

- Les matières plastiques
- Les résines artificielles
- Les fibres synthétiques
- Et les engrais azotés.

L'industrie pétrochimique est alimentée au moyen de deux sortes de matières premières : le gaz naturel, éthane, propane et butane et à partir du naphta des raffineries. Les principaux demi-produits sont l'éthylène, le propylène, le benzène, l'ammoniaque et le méthane. Les principaux produits pétrochimiques intermédiaires sont :

- **Les produits plastiques**
- Le polyéthylène base densité utilisé dans les matériaux d'emballages
- Le chlorure de polyvinyle, PVC
- Le polystyrène
- Et l'acétate de polyvinyle, employé dans la peinture et les textiles.

- **Les résines artificielles**
- L'urée formaldéhyde, liant utilisé dans l'industrie de contreplaqué et de panneaux.
- Le phénol formaldéhyde et les résines alkydes utilisés dans la fabrication de peinture.
- Le polyester non saturé utilisé pour la fabrication de plastique renforcé dans le bâtiment.

– **Les fibres synthétiques**, la fibre de polyester et la fibre de polypropylène utilisée pour la fabrication des sacs en polypropylène.

La pétrochimie est une industrie de base qui fournit des produits intermédiaires à d'autres industries. Son développement est donc lié à celui des entreprises qui transforment et traitent les plastiques, aux usines textiles qui utilisent les fibres synthétiques, aux fabricants de revêtements de surface, etc. C'est-à-dire que le développement de ces industries utilisant les produits intermédiaires pétrochimiques est une condition préalable de la croissance de l'industrie pétrochimique de base.

Par conséquent, la première démarche de la formulation d'un programme de production de l'industrie pétrochimique dans les CER devrait consister à inventorier en détails toutes les activités présentes et futures des industries de transformation et de traitement des produits pétrochimiques. Par exemple, en ce qui concerne les produits plastiques, ces produits concernent les accessoires électriques, les fils isolés, les bacs d'accumulateurs, les articles de voyage, les sacs à main, les disques, les boutons, les brosses à dents, les peignes, les stylos à bille, les lunettes de soleil, les fleurs artificielles, les poupées, les jouets, les jeux. Ces produits pourront être fabriqués dans des installations spécialisées réparties équitablement entre les pays membres des CER.

6) L'extraction de substances actives des plantes médicinales

Dans le domaine de la santé et de la pharmacopée, l'objectif initial sera d'adopter des orientations stratégiques visant à améliorer la santé des populations et à étendre l'espérance de vie dans chaque pays africain. Il faut parvenir à mettre à la disposition des citoyens africains des médicaments efficaces et à des prix affordables.

Pour ce qui est des ingrédients pharmaceutiques de base, la fabrication des médicaments pourrait commencer par l'extraction des substances actives des plantes médicinales telles que le Rauwolfia Vonitoria, le Strophantus gratus et le Phistostigna Venenosum et par la préparation des produits biologiques tels que les vaccins. Dans la mesure du possible, les principes actifs ainsi extraits devraient être transformés pour les présenter sous la forme sous laquelle ils sont habituellement livrés aux consommateurs : comprimés, gelules, capsules, poudres, sirops, suppositoires, crème, pom-made, formes injectables, etc. Les Départements Recherche, Développement et Formation devraient entreprendre les activités suivantes :

1. Inventaire des plantes médicinales dans les pays membres des CER ;
2. Extraction des substances actives des plantes médicinales, des organes d'animaux et des résidus agricoles ;
3. Détermination de la valeur pharmacologique des substances actives ;
4. Essais cliniques des substances actives ;
5. Mise au point de techniques de fabrication des substances actives ;
6. Contrôle de la valeur thérapeutique des médicaments employés dans les conditions locales ;
7. Mise au point de formules et d'emballages adaptés aux conditions locales ;
8. Il conviendrait de fabriquer au niveau des CER des produits pharmaceutiques qu'il ne serait pas rentable de fabriquer dans chacun des pays membres des CER.

7) L'agro-industrie et ses produits intermédiaires

L'ouverture commerciale provoquée par la mondialisation a complétement changé les données économiques dans les pays en développement. Aujourd'hui le développement agro-industriel qui devrait précéder le développement des industries intermédiaires se révèle non rentable économiquement à cause des coûts élevés des produits agro-alimentaires fabriqués localement pour les raisons suivantes :

Le coût de production des matières premières agricoles s'est beaucoup accru.

Le développement des terres irriguées requérant la construction des canaux et des systèmes de retenue d'eau, un certain degré de mécanisation de l'agriculture faisant appel à l'importation des tracteurs, des moissonneuses, des bateaux dragueurs pour nettoyer le fond des retenues d'eau, l'utilisation de certains produits intermédiaires, tels que les engrais et les pesticides ainsi que les emballages, s'imposent pour accroître la productivité du travail agricole et le rendement agricole par hectare. Ces politiques sont les seuls moyens susceptibles d'abaisser considérablement le coût de production agricole. Par contre, une agro-industrie qui dépendrait de l'importation des produits d'emballages de l'extérieur au lieu de développer ce secteur en parallèle avec l'agro-industrie, ne pourra pas être viable commercialement.

Le développement agricole et agro-industriel demande aujourd'hui que les communautés économiques régionales créent une base économique régionale en promouvant des industries d'engrais, de pesticides, des cimenteries et des aciéries pour accélérer la croissance de l'agriculture. Les CER devraient chercher à atteindre l'autosuffisance dans la production du ciment, des fers de construction.

Des industries d'aluminium et les complexes chimiques et pétrochimiques seront implantés sans trop de retard bien que la production locale de ces biens intermédiaires s'avère difficile à cause de la demande insuffisante des CER pour ces produits. Les pays africains ont un pouvoir d'achat dérisoire à cause de la stagnation économique où ils se trouvent. Il est aussi évident, par exemple, que les pays africains traditionnels ne pourront pas adopter sur le champ le système d'irrigation par aspersion comprenant un système de pompage et d'aspersion d'eau par des tuyaux d'aluminium installés au sol.

Le processus de développement économique doit entrainer un accroissement de la demande régionale, et ensuite une augmentation du volume de l'exportation. C'est pourquoi, dans le domaine des industries intermédiaires, il est impératif que ces industries ne dépendent pas entièrement du marché communautaire des CER dès leur création. Ces industries doivent pouvoir exporter une partie importante de leur production et destiner l'autre partie de leur production au marché des CER. Les pays qui pourraient assister les pays africains à mettre en œuvre cette stratégie sont la Chine et le Brésil. Bien qu'étant le premier producteur d'acier du monde, la Chine, par exemple, continue à importer du minerai de fer à haute teneur en fer. Elle importe aussi des demi-produits d'aluminium, de produits pétrochimiques et chimiques. Excepté l'aluminium, les pays industrialisés ne semblent pas être intéressés à la création des industries intermédiaires au Sud du Sahara. Ils ont à faire face à la surproduction d'acier dans l'Union Européenne.

L'Inde importe des biens intermédiaires ; mais elle préfère affecter ses capitaux localement à sa propre économie et à l'amélioration de ses infrastructures restées insuffisantes sur son grand territoire. Seuls donc la Chine et le Brésil disposent de capitaux suffisants pour investir dans les infrastructures lourdes et dans les industries intermédiaires situées dans les communautés économiques régionales africaines.

La Chine dispose de réserves monétaires de plus de 2,5 trillion de dollars US. Elle est le plus grand pays créditeur des USA avec une dette estimée à plus de 776 milliards de dollars. C'est compte tenu de ces réalités économiques qu'était conçu le partenariat stratégique Afrique\Chine. Les leaders africains ne doivent pas confondre ce partenariat stratégique auquel notre développement est suspendu, avec les accords commerciaux que certains groupes veulent conclure avec les pays africains pour vendre leur surplus de productions industrielles. Le partenariat stratégique avec la Chine est une chance que l'Afrique doit saisir. Si cette chance lui échappe, il n'est pas certain que les conditions d'une croissance rapide s'offrent encore au continent africain dans les 20 années à venir.

8) Le développement de petites et moyennes industries

La disponibilité de demi-produits d'acier, d'aluminium, de divers produits chimiques et pétrochimiques devrait faciliter le développement de petites et moyennes industries, compétitives dans les CER. Le schéma de développement de ces industries s'appuiera sur un certain nombre d'éléments.

1. La possibilité d'acheter des équipements industriels en Chine et particulièrement en Inde ;
2. La possibilité d'employer des ingénieurs chinois et indiens pour l'installation et la mise en route de l'usine durant la période de formation des techniciens africains ;
3. La disponibilité des matières premières locales provenant des industries intermédiaires ;
4. Le financement des dépenses d'investissement des projets industriels par les institutions financières des CER ;
5. La possibilité de renforcer les capacités techniques des entreprises concernées par la formation des ingénieurs de production et des ingénieurs de maintenance des équipements industriels de ces unités industrielles.

L'achat des équipements de petites et moyennes industries en Inde

L'identification de ces équipements se fera par les adresses des sites d'internet. Il y a deux principales adresses de sites d'internet que nous proposons dans l'identification des équipements industriels : SSP (Pvt) Limited et http://www.indiamart.com

Ces adresses de sites d'internet sont mises à la portée des entrepreneurs en Inde par un grand nombre de firmes de fabricants ou de vendeurs de matériels et d'équipements industriels. Elles ajoutent leur nom à la fin de l'adresse de site d'internet. Il serait bon que les CER rentrent en contact avec ces deux grandes firmes pour obtenir leur pleine collaboration dans la promotion des petites et moyennes industries dans les pays africains.

Les hommes d'affaires qui n'ont pas d'interconnexion d'internet avec l'extérieur pourraient s'adresser aux cafés d'internet pour identifier leurs équipements. Nous donnons quelques informations relatives aux équipements industriels par produit industriel.

'SSP (Pvt) Limited', à taper sur google.

Les équipements et machines industriels sont vendus pour les usinages suivants :

- Liquid milk processing plant – usine de traitement du lait liquide
- Milk powder plant – usine de fabrication du lait en poudre
- Condensed milk plant - usine de lait condensé
- Fruit processing and concentration plant (mango, orange, etc.) – usine de traitement de fruits (mangues, oranges, etc.) et de concentration
- Fruit juice powder plant – usine de fabrication de poudre de jus de fruit
- Fruit and vegetable déhydration plant – usine de déshydrations de fruits et légumes
- Tomato paste – usine de fabrication de pâte de tomates
- Ketch-up plant – usine de Ketchup
- Baby food formulation plant – usine de preparation d'aliments pour bébé
- Herbal extraction plant – usine d'extraction de substances actives des herbes (médicinales)
- Vegetables dyes – usine de fabrication de teintures végétales
- Detergent powder plant – usine de fabrication de poudres de détergent http://www.indiamart.com
- Industrial food processing – la fabrication de la nourriture industrielle
- Bottle filling equipment – équipement de remplissage de bouteilles http://www.indiamart.com/mitsunengineering
- Cicular fryer – friteuse circulaire
- Rectangular fryer – friteuse rectangulaire http://www.indiamart.com/economode
- Pasta steamer - équipement pour cuir à la vapeur les pâtes http://www.indiamart.com/avonappliances
- Fruit pulping machines – machines d'enlèvement de pulpes http://www.indiamart.com/bipinengineers

- Food freezing equipment – équipement de congélation d'aliments - http://www.indiamart.com/refvac
- Peanut butter machine – équipement de beurre d'arachides http://www.indiamart.com/damil-engg
- Peanut butter making machine – équipement de préparation du beurre d'arachides http://www.indiamart.com/abcmachines/food-processing-machineshtml
- Herbal aroma items – articles à base d'herbes aromatiques http://www.indiamart.com/sundevmarketing
- Rice making machines – machine de préparation de riz http://www.indiamart.com/riceengg
- Biscuit making machine – machine de préparation de biscuits http://www.indiamart.com/chapatiplant
- Automatic Filling machine – machine de remplissage automatique http://www.indiamart.com/shivengineers
- Spice grinding machines – machine de moulage d'épices http://www.indiamart.com/etaengineering
- Food freeze - drying machines machines de congélation, machines de séchage http://www.indiamart.com/refvac
- Sugar cane machinery – machines pour le sucre de canne http://www.indiamart.com/devexports
- Sugar factory plant – usine de fabrique de sucre
- Mineral water plant – usine d'eau minérale http://www.indiamart.com/japaimpex
- Ice-cream cups – tasses de crème glacée
- Water cone making machines – machine à faire des cones d'eaux http://www.indiamart.com/amritchapatimachine
- Biscuit making machines - machines à fabriquer des biscuits
- Cashew nut processing machines - machines à traiter les noix de cajou
- Végetables slicers – trancheuses de légumes http://www.indiamart.com/bestengineering
- Fruit cutting plant – atelier de découpage de fruits
- Grain grinding machines – machines à moudre le grain http://www.indiamart.com/punjabengineering
- Poultry feed plants – usines d'aliment pour volailles
- Cattle feed plants – usines d'aliments pour bétail http://www.indiamart.com/bkallied
- Flour mills – moulin à farine

- Spices milling machines – machines à mouler les épices http://www.indiamart.com/jogeshwari-industries
- Food and fruit processing equipment - matériel de transformation industrielle de fruits et d'aliments http://www.indiamart.com/shahadefabricator
- Supplier of potato chips making machines – fournisseur de machines à fabriquer des chips de patates
- Instant nodes making plant – usine de fabrication rapide de nodes http://www.indiamart.com/alisha
- Fill machines – machines de remplissage
- Seal Machines – machines pour sceller
- Roasting machines – machines de rôtisserie http://www.indiamart.com/acepack
- Pulveriser machines – machines de pulvérisateur http://www.indiamart.com/dp-pulverizer
- Drying Machines – machines à sécher http://www.indiamart.com/premierdryers http://www.indiamart.com/indiandairyequipment
- Food canning equipment – équipement pour mettre en boites des aliments http://www.indiamart.com/impex-international
- Aloe Vera processing machine – machine pour le traitement d'Aloe Vera
- Tomato sauce plant - usine pour sauce de tomates
- Mango cutting machines – machines à découper les mangues http://www.indiamart.com/varadaengineers
- Biscuit making machines – machines à fabriquer les biscuits http://www.indiamart.com/mangalmachine
- Rice making machine – machine à préparer le riz
- Edible oil making machines – machines à fabriquer de l'huile comestible
- Oil extraction machines – machines à extraire de l'huile
- Oil refinery machines – machines à raffiner l'huile brute http://www.indiamart.com/jagdishindia

CHAPITRE III

Le concept de corridor de développement économique

Dans le cadre des programmes de développement spatial, deux traits caractérisent le développement des corridors économiques en Afrique :

1) Premièrement, la mise en place des infrastructures lourdes soit dans les couloirs des grands fleuves africains, soit sur les côtes lacustres et maritimes africaines, et deuxièmement, la valorisation des ressources minières, particulièrement le minerai de fer et la bauxite ainsi que le développement de leurs filières en amont et en aval. Dans une région marquée par le manque d'infrastructures d'énergie, la construction du corridor économique débute par la construction d'une grande centrale soit thermique, utilisant le gaz ou le charbon, soit hydroélectrique et la construction des lignes de transport du courant électrique de haute tension. Ensuite viennent s'ajouter l'ouverture des mines, la construction des chemins de fer, principalement pour le transport du minerai de fer.

2) Les corridors économiques sont les lieux de localisation des activités de valorisation des ressources naturelles. La localisation de la sidérurgie et de ses filières en aval cherchera à minimiser les coûts des produits de ces diverses unités industrielles. Le développement du corridor économique se concentre donc sur l'édification des infrastructures d'énergie et de transport et s'efforce ensuite à mettre en œuvre des programmes de développement intégrés autour de l'industrialisation. C'est donc la valorisation des ressources minérales et le développement de ses filières industrielles qui constituent la justification économique de tous ces grands travaux d'infrastructures.

D'autres secteurs économiques non moins importants tels que l'agriculture, la forêt et le tourisme vont profiter de ces infrastructures pour se développer. Il faut souligner ici le rôle essentiel que joue la chaine de valeurs du minerai de fer, qui en est le point d'appui, la plateforme pour la croissance et le développement économiques africains. Les corridors économiques embrassent donc non seulement la valorisation des ressources minérales mais la création des industries en amont et en aval. En outre, ils enclenchent, à la grande différence des politiques d'exportation des minerais bruts, une diversification économique par la promotion des investissements dans les autres secteurs industriels, dans l'agriculture et l'agro-industrie, le tourisme etc. Les corridors économiques ne se confondent ni avec les réseaux de chemins de fer et de routes, ni avec les voies d'eau pour le transport des produits, des marchandises et des personnes. Les corridors économiques sont avant tout alimentés par du courant électrique à haute tension. Ils ont pour fonction principale la valorisation des ressources minérales, forestières et agricoles qui s'y trouvent. Les moyens de transport lourd qui les parcourent de part et d'autre, seront utilisés pour transporter les demi-produits des industries intermédiaires dans les pays membres des CER en vue d'être transformés en produits finals destinés au marché régional. Ces industries travailleront pour l'approvisionnement du marché régional. Elles contribueront à intensifier le commerce intra- régional et à diminuer l'extraversion des économies africaines. Des flux de marchandises se créeront entre les pays membres des CER respectives. La construction des infrastructures efficientes, la production hydroélectrique et thermique au coût bas et la construction des chemins de fer et de réseau routier pour desservir ces couloirs rendront les prix de revient de ces produits industriels compétitifs.

Les produits agroalimentaires, le ciment, certains produits pétroliers, les demi-produits et les produits finals d'acier, d'aluminium, les produits chimiques et pétrochimiques vont venir constituer des flux permanents de marchandises circulant entre les pays membres de la région. La justification économique des couloirs économiques résulte de l'hypothèse que les revenus dérivés de la transformation des ressources minérales et des autres ressources naturelles clefs peuvent non seulement rembourser les dépenses d'investissements des industries de base et de leurs filières, assurer le financement des infrastructures de soutien : barrages hydroélectriques, chemins de fer de désenclavement pour le transport des produits lourds, mais peuvent contribuer surtout à accroître la formation de capital pour la croissance soutenue et un développement harmonieux. Il apparait, par conséquent, que la logique des couloirs découle de l'utilisation de l'énergie abondante à bon marché pour transformer les ressources naturelles stratégiques. Les autres effets importants sont la dynamisation des autres activités sectorielles : agriculture, transport, commerce, énergie, etc.

Là où n'existe pas cette combinaison : énergie + ressources minérales + création de flux nouveaux de produits clefs, il devient difficile d'amorcer une croissance vigoureuse et soutenue. Dans une même communauté économique régionale, plusieurs couloirs économiques peuvent être mis de bout à bout. Il y aura donc un effet amplificateur des effets de croissance économique des industries intermédiaires dans toute l'économie régionale.

L'existence de nombreux sites hydroélectriques dans les régions économiques du continent le prédestine à devenir une puissance industrielle à terme. Les plus grandes potentialités hydroélectriques se trouvent en Afrique Centrale et en Afrique Australe. Le site d'Inga dans le Bas-Congo, à l'Ouest du pays sur le fleuve du Congo, a une capacité de 39000 MW au total. Il pourra fournir de l'électricité au Sud, à l'Afrique du Sud, au Nord, à l'Egypte, à l'Ouest, à l'espace économique de la CEDEAO et à l'EST, à toute l'Afrique de l'Est. Cette production électrique stimulera les industries intermédiaires en Afrique Centrale, en Afrique Australe, en Afrique de l'Ouest et en Afrique de l'Est. Trois pays pourraient occuper chacun le second rang pour la production hydroélectrique. Les données statistiques, quelque peu imprécises ne permettent pas de les classer. Ils sont : le Cameroun, l'Ethiopie et l'Angola. Le Cameroun a une capacité de production hydroélectrique de 16513 MW, approximativement. Le fleuve Sanaga seul a une capacité de production hydroélectrique de 9800 MW. Le Noum à Nom Wouri a une capacité de production hydroélectrique de 2400 MW. L'Angola et l'Ethiopie ont à peu près, chacune, une capacité de production hydroélectrique de 18000MW. La puissance hydroélectrique en RDC, au Cameroun et en Angola permettra de produire de l'aluminium, de l'acier, et des alliages d'acier en grande quantité.

Il existe en effet du minerai de fer de bonne qualité à Belinga au Gabon, de la bauxite à Ngaoundal, du nickel et du cobalt au Cameroun, du magnésium et du potassium au Kouilou, en République du Congo,(Brazzaville), des phosphates, du Cuivre, du zinc, du minerai de fer et du gaz naturel en Angola et en RDC. L'ESKOM vient de signer un accord avec l'Angola en vue de développer son potentiel hydroélectrique jusqu'à 10000 MW. Le gouvernement sud-africain vient aussi de signer avec la RDC un accord pour la recherche en commun des fonds d'investissements nécessaires pour la construction des phases finales d'Inga.

En résumé, les corridors économiques s'étendent dans les vallées des grands fleuves africains. Ils trouvent leur justification économique dans le développement des industries intermédiaires pour quatre raisons principales :

- Elles engendrent un grand nombre d'industries connexes qui répondent réellement aux besoins des économies nationales et des consommateurs individuels. Les autres secteurs, énergies hydroélectriques abondantes et peu coûteuses, transport lourd : chemins de fer, navigation maritime, fluviale et lacustre, etc. gravitent autour de ces industries clefs pour répondre à leur demande en priorité ;
- Elles créent le plus grand nombre d'emplois bien rémunérés dans le secteur industriel et contribuent ainsi à l'accroissement des revenus nationaux et des revenus des particuliers et des ménages ;
- Elles créent les valeurs ajoutées les plus élevées dans le secteur industriel et génèrent des services industriels à haute valeur ajoutée.
- Les épargnes nationales qu'elles font naître, sont à même de financer tous les secteurs du développement économique : infrastructure, habitat, éducation et santé, de façon soutenue.
- Elles sont les agents de transformation des structures non seulement économiques mais aussi sociales du pays. Ainsi se crée-t-elle dans cet espace aménagé une série de pôles industriels qui donnent naissance à des grappes industrielles. Cette dynamique de développement industriel est susceptible d'aider le continent à combler son retard. Voici une revue des principaux couloirs de développement en construction dans les communautés économique régionales, CER.

1) Le corridor de développement le long des côtes du Maghreb

Le corridor commence à l'Est d'Agadir, au Maroc et suit les voies de transport le long des côtes Méditerranéennes. Il traverse Rabat, Alger, Tunis, Tripoli, contourne le golfe de Sirte, passe à Bengazi, Tobrouk et arrive à l'Est du Caire, Egypte.

La justification économique de ce corridor s'appuie sur les éléments stratégiques suivants :

- Les réserves de gaz naturel qui sont localisées en Algérie (3622 milliards de m^3) en Lybie (1307 milliards m^3) et en Egypte (436 milliards de m^3). Ce gaz est principalement utilisé comme combustible des centrales thermiques.
- En outre, trois pays disposent des réserves appréciables de charbon : le Maroc possède 70 millions de tonnes d'anthracite, l'Algérie 150 millions de tonnes et l'Egypte 107 millions de tonnes.
- Enfin, sur le plan hydroélectricité, l'Egypte dispose d'un potentiel de 5810 MW, l'Algérie 350 MW et le Marco 867 MW.

La région a entrepris le renforcement de sa base industrielle pays par pays. Les cinq pays ont établi des complexes sidérurgiques, et compte tenu de la présence de gisements de manganèse, de silice et de chrome, le développement des aciers spéciaux a démarré en Algérie. Les complexes pétrochimiques existent en Algérie, en Lybie et en Egypte et sont en voie d'implantation au Maroc et en Tunisie. Le Maroc qui dispose d'importantes réserves de phosphate, a lancé la création des industries d'engrais.

Le corridor méditerranéen joint dans l'embouchure du Nile le corridor de la Mer rouge/Vallée du Nil. Ce nouveau corridor traverse le delta du Nil., suit le chemin de fer dans la vallée du Nil jusqu'à Aswan (750 kms) et continue juaqu'à Wadi Halfa et Khartoum. Le corridor relie Port Soudan et Khartoum. Le Corridor dispose du pétrole autant en Egypte qu'au Soudan. La région est pourvue de bonnes infrastructures de transport. Le chemin de fer et le fleuve Nil en ce qui concerne ses parties navigables avec des ports de Port Soudan et de Suez. La liaison avec la Mer Méditerranée est assurée par le Canal de Suez. Il y aura lieu de construire des voies de transport modernes entre le Caire et le Soudan pour créer un puisant flux de personnes et de marchandises. Grâce à l'existence de gisements de minerais importants dans la région et la présence du gaz naturel et du pétrole, la région pourrait attirer des investissements miniers surtout pour l'exploitation du gisement de tantalum à Nuweibi et de l'or aussi bien en Egypte qu'au Soudan. Dans la partie Egyptienne, les activités industrielles sont importantes : raffinerie de pétrole, production d'acier et d'alliages, production de l'aluminium primaire, du ciment, des engrais et du cuivre. Au soudan, les activités se limitent à la raffinerie du pétrole brut et à la production du ciment.

Cependant, dans le but de diversifier sa structure industrielle, le Soudan a jeté les bases d'une industrie pétrochimique par la production des demi-produits : éthylène, propylène, propène, benzène, ammoniaque et méthanol. La vaste vallée du Nil, dans la partie soudanaise, s'apprête admirablement à la production des matières premières agricoles et au développement de l'agro-industrie et de l'agro-alimentaire. Dans ce contexte, le développement des engrais phosphatés et des engrais azotés et potassiques doit être considéré, ainsi que des matériels d'irrigation : grosses canalisations à base d'acier ou de béton armé d'une part, et d'autre par la fabrication des emballages plastiques, de ferblanterie et d'aluminium.

2) Le couloir de la vallée du Fleuve Sénégal

Dans la vallée du Fleuve Sénégal, l'existence d'un potentiel hydroélectrique de 800 MW et la présence du minerai de fer à haute teneur en fer, (le minerai de Fer de Falemé), et de la bauxite dans la même région, constituent la justification rationnelle de la construction du couloir économique le long du Fleuve Sénégal : rénovation complète de la ligne de chemin de fer Dakar\Bamako, construction de la route Bamako\Dakar, travaux pour la navigation du Fleuve Sénégal entre Saint-Louis et Kayes, construction de routes à grandes circulation entre Bamako et Abidjan, agriculture irriguée, commerce intra-régional.

La construction de Manantali sur le Bafing, en une première étape, a produit une puissance garantie de 240 MW. L'aménagement de Gourbassi sur le Falemé accroitra cette puissance garantie à 300 MW. Les aménagements en cascades sur le Bafing à Koutoutamba, Boureya et d'autres aménagements sur le Sénégal, au Mali, Félou et Petit Gouina porteront cette puissance garantie à 800 MW. A partir de Bamako, le corridor suit la vallée du Fleuve Niger. Le développement des barrages en cascade le long du Fleuve Niger, au Mali d'abord et ensuite au Niger et au Nigeria, l'existence du minerai de fer de bonne qualité à Say et du manganèse, les gisements d'uranium au Niger, et de gaz de la région du Delta du Niger, de phosphate et d'or de la vallée du Fleuve Niger justifient la construction d'un autre corridor économique qui sera joint au corridor du Bassin du Fleuve Sénégal. Ainsi ce corridor économique visera-t-il à valoriser non seulement les ressources naturelles du Mali, du Niger, mais aussi les ressources naturelles du Nigeria.

Compte tenu des grandes potentialités hydroélectriques existant au Nigeria sur le Fleuve Niger, Kainji, 760 MW, Jebba 540 MW, Lokoja, 1950 MW, et les minerais de Bale, non loin de Niamey et les minerais de Lokoja, au Nigeria, et le gaz du Delta du Niger feront de cette région un pôle de développement industriel, qui s'apprêtera notamment grâce à la disponibilité d'une électricité abondante, et de gaz naturel, à la réduction directe du minerai de fer. Deux autres corridors économiques sont branchés sur ce long corridor Dakar/Bamako/Niamey/Port Harcourt : le corridor Sekondi/Takoradi/Ouagadougou et le corridor économique Port Harcourt/Takoradi/Abidjan/Buchanan/Monrovia/Conakry.

3) Le corridor économique Sekondi/Takoradi /Ouagadougou

A partir de Takoradi, ce corridor se dirige vers Ouagadougou au Burkina Faso. Un chemin de fer reliera Kumasi, au Ghana à Ouagadougou. La justification économique de ce corridor est fondée sur les gisements de manganèse de Nsutu, proche de Tarwa, au Ghana et aussi des gisements de bauxite et des dépôts d'or situés au Burkina. L'existence des zones aurifères du Ghana et du Burkina, les minerais de bauxite de Nyinahin, de manganèses de Nsuta et le projet de prospection du gaz et du pétrole dans les eaux territoriales ghanéennes font de cette région une zone de développement industriel. Il faut ajouter à ces facteurs favorables l'arrivée du gaz Nigérian par gazoduc.

4) Le corridor économique le long des côtes du Golfe de Guinée

Un corridor économique est en train de se construire le long des côtes du Golfe de Guinée. Il part de Calabar, Port Harcourt, Lagos, Cotonou, Lomé, Accra, Abidjan, Monrovia, Freetown et Conakry. Les axes de transport sont la grande route interétatique le long des côtes et le cabotage maritime. Une ligne électrique de haute tension est aussi en construction suivant la route. Ce corridor économique bénéficiera de grands atouts économiques.

Les grandes potentialités hydroélectriques existant particulièrement en Guinée et au Nigeria, les ressources minières abondantes de la région : les deux tiers des réserves mondiales de bauxite de la Guinée de bonne qualité, les gisements de minerai de fer de haute teneur en fer de la Guinée, (9 milliards de tonnes), de la côte d'Ivoire, le minerai de fer de Mifergui, du Mont Klahoyo et du phosphate de Togo. En effet, le Nigeria dispose de 7860 MW, principalement sur le fleuve Niger, sur le Bénoué, le Kaduna et sur le Donga et la Guinée a une puissance hydroélectrique de 3117 MW localisée surtout sur le Konkouré.

En outre, il faut souligner que le Nigeria dispose de réserves importantes de gaz naturel s'élevant à 3396 milliards de m^3 et que ses réserves de charbon sont estimées à 1500 millions de tonnes. L'utilisation du charbon et du gaz naturel comme combustible des centrales thermiques fournira de l'électricité à des prix compétitifs. Un gazoduc est en construction entre le Nigeria et le Ghana.

La construction de ce gazoduc pourrait être prolongée jusqu'en Côte d'Ivoire. La construction du gazoduc devra faire promouvoir toute une série d'industries intermédiaires le long du gazoduc telles que des cimenteries, des fonderies d'aluminium, des acieries, etc.

L'existence de bauxite en Guinée et au Ghana, l'abondance de minerai de fer de bonne qualité en Guinée, en Sierra Leone, en Côte d'Ivoire, et au Nigeria, l'existence de minéraux non ferreux, cobalt, en Côte d'Ivoire, en Guinée et au Nigeria, de gaz naturel au Nigeria et de sel au Ghana permettront de planifier l'établissement d'une base industrielle solide en Afrique de l'Ouest : aciéries en Guinée, en Côte d'Ivoire et au Nigeria, pétrochimie au Nigeria, Industries chimiques a base de sel au Ghana. Une entreprise d'économie mixte a réuni Rio Tinto et la firme chinoise chinalco pour l'exploitation du riche minerai de fer de Simandou évalué à 5 milliards de tonnes, le projet minier de Kallia. Ces entreprises envisagent d'investir 2,9 milliards de dollars et d'exporter à partir de 2015, 50 millions de tonnes de minerai.

L'Union Africaine et la CEDEAO devraient apporter leur soutien politique à cette firme minière pour qu'un complexe sidérurgique soit créé le plus rapidement possible dans le cadre du Programme cadre du NEPAD pour une production d'acier de 2 millions de tonnes par an. En plus donc des aciéries existantes au Nigeria, d'autres aciéries seront installées soit en Côte d'Ivoire, soit en Guinée et la capacité de production du Nigeria sera doublée. La Guinée sera le grand producteur d'aluminium de la région pour l'exportation et pour la consommation régionale. La région devrait réaliser l'interconnexion de son réseau ferré et améliorer son transport ferroviaire.

Pour ce faire, une unité de production de profilés lourds sera implantée soit en Guinée soit en Côte d'Ivoire pour la fabrication des rails et des charpentes destinées principalement aux ponts sur les fleuves. Plusieurs unités de fabrication de voitures de chemin de fer et de wagons seront localisées dans la région. Les complexes sidérurgiques de la Guinée et de la Cote d'Ivoire promouvront des laminoirs au Mali, au Niger et au Sénégal pour la construction métallique. Le

Nigeria et le Ghana approvisionneront les autres pays membres en demi-produits chimiques et pétrochimiques.

La région devrait promouvoir la construction navale à Saint-Louis, à Kayes et à Port Harcourt pour la construction des bateaux, y compris à fonds plats pour le cabotage maritime et la navigation fluviale et lacustre, ainsi que pour la pêche maritime. Des unités d'assemblage de camions, d'autobus, de camions, de tracteurs et de voitures de ville avec une forte intégration interne seront installées dans cet espace économique. Plusieurs unités de fabrication de pièces détachées seront aussi créées dans la région. Le Nigeria devrait installer des unités de fabrication de grosses canalisations en acier, en aluminium et en plastique renforcé tant pour l'urbanisation que pour l'irrigation à grande échelle. Des unités d'emballages en aluminium et en plastiques seront créées pour promouvoir l'agro-alimentaire.

5) Le corridor économique du Bas-Congo

Le corridor économique du Bas-Congo s'étend de l'embouchure du Fleuve Congo à Kinshasa\Brazzaville, au centre ; il dessert les côtes du Bas-Kouilou en République du Congo et continue jusqu'aux côtes de Quindonacaxa, en Angola.

La justification économique de ce corridor est la présence des barrages d'Inga sur le Fleuve Congo et des gisements de minerai de fer, de bauxite, de sel et de magnésium dans la région d'Inga.

Inga constitue une importance cruciale pour tout le Continent Africain à cause du potentiel hydroélectrique d'Inga, 45000 MW et celui de la République Démocratique du Congo 100.000 MW.

Le barrage d'Inga 1 a été mis en service en 1972 avec une puissance installée de 700 MW. Inga 2 a été équipé en 1972, pour générer une puissance installée de 1424 MW. En même temps, une ligne d'interconnexion longue de 1275 Km a été construite pour relier Inga à la ville de Kolwezi dans la province du Katanga en vue d'étendre la production de Gécamines de 500.000 à 600.000 tonnes de cuivre.

Plus tard, les deux centrales d'Inga ont été reliées aux réseaux de Zambie, du Zimbabwe, du Botswana et d'Afrique du Sud. La Société Nationale d'Électricité de la République Démocratique du Congo a mis au point un projet de construction d'une ligne à haute tension pour alimenter en électricité le port de pointe Noire, (Congo Brazzaville), et la ville de Cabinda en Angola. Cette ligne devrait être connectée avec le réseau du Nigeria, via le Gabon et le Cameroun.

La dernière ligne d'interconnexion reliera la Centrafrique, le Soudan, le Tchad et l'Egypte sur un parcours long de 5300 Km. Le financement d'Inga 3 qui portera la puissance installée à Inga de 3500 MW semble acquis. La réalisation de cette phase permettra d'une part d'amener le courant électrique d'Inga vers Angola et la Namibie et d'autre part vers le Congo Brazzaville, le Gabon, le Cameroun et le Nigeria. Cette interconnexion permettra aux pays Sahéliens, notamment le Niger, le Burkina Faso, le Mali, le Sénégal et les pays peu dotés en potentialités hydroélectriques, tels que la Centrafrique, le Bénin, le Togo et le Liberia etc. de pallier à leur déficit énergétique et de valoriser sur place leurs ressources naturelles.

Grace donc à l'électricité d'Inga et la bauxite qui se trouve dans la région, un complexe alumine/aluminium sera installé au port de Matadi. Le complexe utilisera la soude caustique fabriquée à partir du dépôt de sel dans la même région. De même, le projet de magnésium de Kouilou de Congo Brazzaville utilisera aussi l'énergie hydroélectrique d'Inga pour raffiner les dépôts de carnalite en vue de la production de 60.000 tonnes de magnésium par an.

L'Angola abritera une usine d'engrais phosphatiques fabriqués à partir des phosphates situés en Angola à côté des dépôts de phosphates de Sinto-Kola, en RDC.

La région s'apprête aussi au développement des produits pétrochimiques dans le Bas-Congo, en Angola à cause de la présence du gaz, notamment en Angola. La région sera un autre puissant pôle de développement industriel qui pourra exporter du magnésium raffiné, des demi-produits d'acier, d'aluminium, de produits pétrochimiques et chimiques et des alliages.

Dans cette région, l'on pourrait envisager un grand projet de construction navale à Matadi, dont l'objectif initial sera la construction des bateaux de cabotage et de pêche ainsi que des bateaux fluviaux et lacustres à fonds plats. La région pourrait fabriquer des canalisations en acier pour l'urbanisation des villes, le drainage des eaux polluantes, l'irrigation des zones arides du Nord et le transport du pétrole et du gaz par des oléoducs et des gazoducs. A cause de la haute qualité de l'acier produit par la réduction directe du minerai de fer par le gaz naturel et la production de l'acier par la fusion de l'oxyde de fer par des fours à arc électrique, la région pourrait abriter une unité de fabrication de profilés lourds qui seront utilisés pour la fabrication des rails et des charpentes lourdes en vue de la construction des ponts sur les nombreux fleuves du pays, y compris le fleuve Congo.

Pour ne mentionner que les usines stratégiques, la région aura une unité de fabrication de turbines pour équiper les nombreux sites hydroélectriques de cette région équatoriale, des usines de fabrication de voitures ferroviaires pour voyageurs, à partir des demi-produits d'aluminium, et la fabrication des bateaux de plaisance pour le marché continental africain. La région sera par conséquent spécialisée dans la construction métallique parce qu'elle produit toute la gamme de métaux et d'alliages, acier, aluminium, cuivre, etc. ainsi que des plastiques renforcés. Un grand nombre de jeunes africains seront formés dans le travail des métaux : chaudronnerie, forge, emboutissage, fonderie, mécanique générale, ferronnerie industrielle, et ouvrage en métaux etc

6) Mombasa Corridor

Ce corridor part de Mombasa, Kenya, passe par Nairobi, Nakuru, Kakamega, Jinga et Kampala, Ouganda. A Tororo, une branche du corridor se dirige vers Mabale jusqu'à Gulu et dessert alternativement la RDC et le Sud Soudan, Juba. Le corridor de la RDC pourra avoir accès au Mont Kodo à un vaste dépôt de minerai de fer très riche, au Nord-Est de la RDC. En matière d'infrastructures, un oléoduc relie Mombasa, Eldoret et Kisumu. Cet oléoduc doit aller jusqu'à Kampala. Le chemin de fer suit aussi le tracé de la route jusqu'à Kampala et devrait desservir les mines de fer de Kodo.

La justification économique du corridor comprend non seulement ces infrastructures de transport, mais aussi l'existence au Nord-Est de la RDC, au Mont Kodo d'un gisement important de minerai de fer et l'existence au Soudan d'un réservoir de gaz naturel. Ce gaz pourrait être utilisé comme réducteur pour transformer le minerai de fer en oxyde de fer et utiliser l'électricité produite au Fleuve Tana et aux chute d'Owen pour réduire cet oxyde de fer en acier de haute qualité. Cette aciérie alimentera une série de laminoirs au Kenya, au Soudan, en Ouganda et en Ethiopie.

7) Le corridor de Kinshasa, Luanda, Windhoek, Johannesburg

Ce corridor relie la République du Congo, la République Démocratique du Congo, l'Angola, la Namibie, le Botswana et la République de l'Afrique du Sud. Le but de ce corridor est d'intégrer les économies de ces pays grâce à la valorisation des ressources naturelles de l'Angola : les riches minerais de fer de Cassinga et les mines diamantifères de Kuito.

Avant la construction des phases finales d'Inga, ESKOM vient de signer un accord avec l'Angola en vue de développer son potentiel hydroélectrique jusqu'à concurrence de 10000 MW. De ce fait, les minerais de fer de Cassinga, plus précisément de Menongue, de diamant de Kuito et de cuivre de Banza Sasso, de phosphate, de cuivre, de zinc et les potentialités hydroélectriques de Guanza river ainsi que le gaz naturel du pays pourront être valorisés.

8) Le corridor de Lobito

Le corridor de Lobito (Angola), relie le port de Lobito à la région du Shaba en RDC et au Copperbelt, en Zambie. Ce corridor comprend le chemin de fer de Benguela qui est en voie de réhabilitation et qui transporte le cuivre du Copperbelt. Il relie donc la région de Shaba au port de Lobito. C'est la seule voie qui établit une liaison ferroviaire entre l'Angola et le reste de la SADC. L'objectif de ce corridor est la valorisation des ressources minérales de la partie centrale de l'Angola, de la RDC et de la Zambie. Déjà, des investissements importants ont été effectués dans le Copperbelt, en RDC et Zambie. L'amélioration du chemin de fer contribuera à accroitre leur rentabilité économique. Ce corridor élargira les débouchés de la raffinerie et de la pétrochimie modernes qui pourraient être établies en Angola, aux marchés de la RDC et de la Zambie. Toujours en Angola, un autre corridor part de Luanda pour relier les zones diamantifères de Melanje. Ce corridor est desservi par le chemin de fer long de 506 Km et par la route longue de 570 Km.

9) Corridor Soudan, Ethiopie, Kenya, Djibouti

L'intégration des économies nationales du Soudan, de l'Ethiopie, du Kenya et de Djibouti est une condition indispensable pour accroitre le taux de croissance de ces quatre pays les plus peuplés de l'Afrique de l'Est. La conceptualisation d'un système productif régional intégrant les principales ressources naturelles des quatre pays aux principaux facteurs de production devrait constituer la réponse. Les facteurs relatifs aux transports lourds notamment les chemins de fer sont importants pour la principale raison qu'il conviendrait d'importer certaines matières premières importantes pour les transformer industriellement en Ethiopie, par exemple le minerai de fer pelletisé, l'alumine, etc. compte tenu du potentiel hydroélectrique du pays. De même, le développement d'une unité de complexe chimique à base de sel et de potassium est tout à fait justifié dans un pays qui a une forte tradition d'industries textiles et de peau.

Ce grand projet portuaire de Lamu, ferroviaire et pétrolier, dont le coût total se chiffre à 23 milliard de dollars américains, situé en eau profonde, aura 32 postes d'accostage avec une capacité totale de 100 000 tonnes. Le port de Lamu aura donc des frêts maritimes énormes à traiter Il sera relié par une autoroute et par une voie de chemin de fer, longue de 1720 km à Juba au Sud-Soudan et à l'Éthiopie. Un oléoduc long de 1700 Km sera aussi construit entre Lamu et l'Ethiopie. Une grande raffinerie y sera construite. Il sera aussi équipé de trois aéroports. La construction de la ligne de chemin de fer et de l'oléoduc reliant la ville de Juba, au Sud Soudan avec le port de Lamu s'étendra à travers Garrissa, Isiolo, Maralal, Lodwar et Lokichgoi : A Isiolo une autre branche du corridor comprenant la construction de routes, de chemins de fer et d'oléoduc se dirigera en dépassant Moyale jusqu'à la capitale Ethiopienne et l'autre branche ira jusqu'à Juba au Sud-Soudan. Il conviendrait de prévoir la construction d'une raffinerie et d'une pétrochimie au port de Lamu, alimentées par le pétrole brut du Sud-Soudan.

La construction du port de Tadjourah au Nord de Djibouti comprendra aussi une ligne de chemin de fer de Tadjourah jusqu'à Mekelé, Tigré, Ethiopie ; la restauration de la ligne de chemin de fer d'Addis Ababa à Djibouti, long de 656 kms. La construction de la ligne de chemin de fer de Djibouti à Juba, Sud Soudan, à travers l'Éthiopie. Le financement consacré au développement hydroélectrique est estimé à 5 milliards américains. En 2015, la production hydroélectrique atteindra 5250 MW. Une capacité totale de 10000 MW est envisagée en fin du programme. La longueur totale du réseau ferré sera long de 5000 kms. Le réseau routier déjà construit est long de 2395 kms.

10) Le corridor de Maputo

Le corridor de Maputo a été conçu comme un axe de croissance et de développement économiques entre les économies de l'Afrique du Sud et celle du Mozambique. Cet axe relie la province sud-africaine du Gauteng avec le port de Maputo. L'importance de ce corridor tient au fait que la province du Gauteng constitue elle-même la province qui **est la zone de croissance de l'Afrique du Sud.**

Ce corridor de croissance est composé :

- 1) d'une autoroute de 500 km construite entre le port de Maputo et la province de Gauteng. Une voie secondaire va en direction de Swaziland ; une autre voie passe par Phalaborwa en Afrique du Sud et une troisième voie se dirige vers Xai Xai, le Nord du Mozambique. Au total, le corridor s'étend sur une distance de plus de 1200 km ;
- 2) La réhabilitation du chemin de fer entre Maputo et la ville frontière de Ressano Garcia (90 km) ;
- 3) La réhabilitation du port de Maputo qui sert la région du Gauteng et exporte le fret sud-africain : charbon, acier, agrumes, sucre ;
- 4) La fourniture par les chutes de la Cahora Bassa sur la Zambèze d'une puissance totale de 3600 MW qui permet de rétablir une ligne de haute tension entre Cahora Bassa, Maputo et Cahora Bassa, Pretoria ;
- 5) Les projets industriels qui vont contribuer à la valorisation des ressources naturelles des deux pays et au renforcement de leur base industrielle ;

    a) Le projet du gaz naturel de Penda dont le coût d'installation se chiffre à 700 millions de dollars US

    b) Le projet ilménite\magnetie et Valadium à Red River près de Tzaneen en RSA estimé à 1,4 milliard de dollars.

    c) La fonderie d'aluminium de Mozal en Mozambique dont le coût d'installation est estimé à 1,3 milliards de dollars US et dont la capacité est de 500 000 tonnes

    d) Les industries implantées dans la région du Mpumalanga, telles que l'aciérie High veld qui exporte 500 000 tonnes d'acier, l'usine de ferrochrome de Samancor, première productrice de ferrochrome dans le monde entier. La société Sasol étudie des projets pétrochimiques pour la région.

11) Les corridors de transport

Les autres corridors que l'on pourrait analyser sont plutôt des corridors de transport qui visent à diminuer les coûts de transport et à promouvoir le commerce intra régional et inter-régional. Ils sont des facteurs de croissance s'ils parviennent à relier les zones de croissance rapide. Certains de ces corridors sont : Les voies de transport reliant le Kenya, l'Ouganda, le Rwanda, le Burundi, la République Démocratique du Congo, la Tanzanie, la Zambie, le Botswana, le Zimbabwe et l'Afrique du Sud. Un autre corridor de transport est constitué par les voies de transport reliant la République du Congo, la République démocratique du Congo, l'Angola, le Botswana, la Namibie et l'Afrique du Sud.

Conclusion

En guise de conclusion, nous notons que depuis 33 ans, les pays industrialisés de l'Occident déploient toute leur énergie pour empêcher le Continent Africain d'exploiter ses ressources naturelles. Ils bloquent le développement local des industries intermédiaires et des industries d'amont et d'aval des demi-produits dont l'impact peut faire sortir les économies africaines de la stagnation économique. Le Plan d'Action de Lagos représentait bel et bien une ébauche de stratégie d'industrialisation basée sur l'exploitation des ressources naturelles du Continent. Son objectif principal était d'ajouter de la valeur au produit brut et au semi-produit en aval, en vue de maximiser la valeur ajoutée, en la multipliant par 50 ou plus et financer les importations, la construction des infrastructures lourdes, les investissements privés industriels et autres et accumuler des réserves. Les stratégistes occidentaux ont substitué à cette stratégie la politique simpliste qui donne la priorité à l'agriculture comme si l'agriculture pouvait se développer sans l'apport de l'industrie.

Des tentatives de formulation et d'exécution des plans directeurs d'industrialisation ont été entreprises à l'Union Douanières des Etats de l'Afrique Centrale, UDEAC et au Cameroun et ont fait l'objet de sabotage de certains pays développés.

À l'UDEAC, la Commission Économique pour l'Afrique, CEA, s'est efforcée de valoriser quatre ressources naturelles de la région, en procédant à l'analyse des filières de ces ressources et à la sélection des filières industrielles qui semblaient avoir un marché certain dans cette sous-région de l'Afrique centrale. Les ressources naturelles choisies comprenaient la bauxite de Minin Martap au Cameroun, le Calcaire au Gabon pour la production du ciment, le chlorure de sodium au Congo Brazzaville et le gaz naturel pour la production des produits chimiques et pétrochimiques soit au Cameroun, soit au Gabon. Sur la base de ces quatre ressources naturelles, la CEA a formulé un programme détaillé pour l'UDEAC. Ce programme fut examiné et adopté par les experts gouvernementaux de l'UDEAC. Le gouvernement camerounais a fait savoir à la Conférence des experts que le Cameroun financerait les études de faisabilité. Le lendemain de cette déclaration, le conseiller du Président de la République est venu informer la même Conférence, les armes aux yeux, que le gouvernement camerounais était contraint de retirer son offre de financement à cause des pressions extérieures.

Peu de temps après l'échec à l'UDEAC, la CEA proposait un projet de plan directeur d'industrialisation au Gouvernement du Cameroun. Le concept fut bien reçu par le Ministre du Plan, Madame Élisabeth Tankeu et par tous les jeunes cadres du pays. En même temps, un expert de haut niveau fut identifié pour diriger les activités du projet sur le terrain. M. Ait Ouyahia, ancien diplômé de l'Ecole Centrale d'Ingénieurs de Paris et ancien Directeur général des chemins de fer d'Algérie.

Les experts sectoriels avaient été sélectionnés après une semaine d'interviews de 70 candidats ingénieurs venus des Grandes Ecoles d'Ingénieurs de France, d'Angleterre, de Roumanie, etc. Quatre ressources naturelles furent choisies pour leur développement, en plus du secteur agricole : la bauxite, le gaz et le pétrole, le minerai de fer et le bois. Les études des filières furent réalisées et plusieurs études de préfaisabilité furent préparées par les experts sectoriels. Le PNUD a mis à la disposition de l'ONUDI, agence d'exécution du projet, un financement de 5 à 6 millions de dollars et le gouvernement Camerounais a fait une contribution volontaire de 2 millions de dollars. Les activités du projet se déroulaient avec satisfaction quand le responsable du projet à l'ONIDI, à VIENNE, fut relevé de ses fonctions. Il démissionna de l'ONUDI et obtint son transfert à la CEA, comme Directeur du Bureau de la Coopération économique, en charge de l'Intégration Économique en Afrique. Le Directeur du Projet qui préparait un programme de formation de 10 million de dollars pour le développement des capacités techniques dans tous les domaines du projet, fut aussi destitué. Les experts Camerounais, témoins de ces sabotages par l'Agence d'Exécution elle-même, ont tenu à finir la rédaction des rapports techniques. Une fois encore, les pressions extérieures avaient réussi à bloquer la mise en œuvre d'un véritable programme d'industrialisation en Afrique. Le concept fut exporté en Indonésie et en Malaisie par les collègues de la Branche de Planification industrielle ; les Asiatiques l'appliquèrent et sortirent du sous-développement.

Arrivé donc à Addis Abéba, le nouveau Directeur du Bureau de la Coopération Economique de la CEA comprit qu'il n'avait rien d'utile à faire que d'assister les organisations d'intégration économique du Continent à élaborer et à mettre en œuvre des programmes d'intégration capables de faire du Continent une région émergente et de croissance accélérée. Il obtint du PNUD, à travers de M. Pierre DAMIBA les fonds nécessaires pour préparer les documents de projet qui devraient permettre d'acquérir les fonds requis pour fiancer les activités d'intégration économique.

Une équipe de la CEA composée de Louis Sangare, Chef de mission, du professeur ONITIRI du Nigeria et du Professeur MOKTAR Diouf du Sénégal, visitèrent la Communauté Economique des Etats de l'Afrique de l'Ouest, CEDEAO, la Communauté Économique de l'Afrique de l'Ouest, CEAO, l'Union Douanière des Etats de l'Afrique Centrale, UDEAC, la Communauté Économique des Etats de l'Afrique Centrale, CEEAC, la Zone Préférentielle de l'Afrique de l'Est et de l'Afrique Centrale, PTA, et la Communauté de Développement de l'Afrique Australe, SADC. La CEA proposa trois objectifs principaux de développement pour ces projets d'intégration : le renforcement de l'intégration physique, l'intégration de la production, industrie et agriculture et l'intégration des marchés.

En Afrique de l'Ouest, par exemple, au niveau de la CEDEAO, le programme d'intégration physique comprenait : l'interconnexion des lignes de chemins de fer en Afrique de l'Ouest, les voies routières inter-Etats, l'interconnexion des lignes de haute tension électriques, l'interconnexion des lignes aériennes, le cabotage le long des côtes de l'Afrique Occidentale. En matière de production, la valorisation des ressources naturelles stratégiques, l'étude des filières, la sélection et l'étude de faisabilités des filières retenues, l'agriculture, l'autosuffisance alimentaire en Afrique de l'Ouest, l'Environnement et le programme de reboisement. En ce qui concerne l'intégration des marchés, les études suivantes seront entreprises : l'intégration des marchés, la mise en place de l'Union douanière, l'harmonisation des politiques macroéconomiques et l'émission d'une monnaie unique. Des programmes sectoriels uniformisés ont été réalisés au niveau de chaque Communauté Économique régionale en vue de faciliter l'harmonisation des programmes sectoriels au niveau du Continent.

Au cours de la réunion du PNUD à Addis Abéba, au début des années 1990, l'Administrateur du PNUD M. William H. Draper III et ses adjoints acceptèrent d'examiner les documents de projets multisectoriels. M. Draper nous a paru être un homme de grande intégrité. Il ne s'est pas engagé à Addis Abéba. Mais, de retour à New York il a confié les documents de projet au Comité d'Action du PNUD qui a approuvé tous les projets multisectoriels à concurrence de 50 millions de dollars.

Quand les projets multisectoriels furent réalisés sous la direction de la CEA, avec beaucoup de satisfaction, le Secrétariat Exécutif de la CEA fut confié à un homme de la Banque Mondiale qui a supprimé la Division de l'Industrie de la CEA et a littéralement détruit tous les rapports techniques relatifs au Secteur Transport en Afrique et à l'intégration économique. En même temps, les organisations d'intégration économique furent aussi confiées aux hommes à la solde de l'Occident. Et cette dernière tentative échoua également.

Les programmes futurs d'industrialisation ainsi que les programmes d'intégration économiques du Continent doivent donc tenir compte des causes des échecs des tentatives passées. Les auteurs de ces échecs sont les hommes d'Etat cyniques et racistes de l'Occident et leurs collaborateurs africains. En effet, ce que nous constations tout d'abord, c'est que les grandes décisions politiques africaines semblent etre prises à l'unanimité des pays Africains. Or, le respect des décisions prises à l'unanimité est difficile à respecter en Afrique à cause de facilité de volte-face d'un grand nombre de politiciens déloyaux dans les pays africains. Même si les Etats adoptent des décisions à l'unanimité, on s'aperçoit après que la décision n'est pas suivie d'action. La décision unanime devient caduque parce que l'Occident a demandé à ses hommes de confiance de se rétracter. Ce qui convient de faire, c'est de bannir les décisions à l'unanimité et de mettre chaque décision à un vote irrévocable et irréversible. Il n'y aurait pas de minorité bloquante ni de majorité qui s'impose. Le vote de chacun l'engage soit à l'action soit au statu quo. Dans le cas de l'industrialisation, par exemple, les Etats qui rejettent l'industrialisation et choisissent d'exporter leurs ressources naturelles à l'état brut, doivent se mettre à l'écart des débats industriels. Les Etats qui adoptent les programmes d'industrialisation, qui ont la volonté de s'industrialiser et qui sont prêts à opposer une décision ferme aux interventions occidentales, mèneront les négociations avec les partenaires possibles. Du côté des partenaires stratégiques, la même rigueur s'impose. Il faut chercher à nouer des partenariats stratégiques avec des Etats qui ont effectivement contribué à répandre l'industrialisation dans le monde, tels que les USA, le Japon, la Chine, le Brésil, l'Allemagne et non avec les Etats qui se sont industrialisés aux dépens des pays sous-développés et particulièrement des pays africains.

Les Américains, par exemple, n'ont pas hésité à financer, grâce à la mise en œuvre du Plan Marshall, la reconstruction industrielle de l'Europe et ensuite du Japon. Ils n'ignoraient pourtant pas les risques de concurrence qui pourraient venir de ces pays. Ils ont même encouragé la construction d'un marché commun dont l'objectif premier est d'améliorer la compétitivité des économies européennes. Ils ont impliqué ces futurs concurrents dans le développement des industries de pointe : l'industrie spatiale, l'énergie atomique, l'informatique, etc. Les entreprises transnationales américaines ont transféré les technologies industrielles au Japon et à la Chine communiste en investissant dans leurs industries stratégiques. Ils ont accepté d'aider ces futurs rivaux économiques pour l'amour du progrès et de la stabilité politique et économique entre les nations.

Il est incontestable en effet que l'exploitation des ressources minérales stratégiques n'a contribué au développement d'aucun pays africain. L'exportation des ressources naturelles représente un gaspillage des ressources épuisables qui sont essentielles au développement des pays africains. Par contre, la transformation industrielle des ressources naturelles en demi-produits industriels suffirait à générer des flux de ressources financières suffisantes pour faire face à tous les besoins de développement accéléré, mettre fin à la mendicité et réduire la déloyauté criminelle à l'égard des États et des populations africaines.

L'industrialisation du Continent africain est par conséquent au centre de la politique économique et de la géopolitique en Afrique en ce sens qu'elle constitue la seule stratégie pour faire sortir le continent du sous-développement et lui attribuer son véritable rôle dans le nouvel ordre créé au 21ème siècle. Ce rôle ne sera pas joué seul par l'Afrique mais en tandem avec les partenaires stratégiques avec lesquels elle partagera aussi les fruits de cette co-industrialisation.

ANNEXE

Les grands sites hydroélectriques des pays africains

En Guinée, 4 grands sites hydroélectriques sont tous situés sur le Haut Konkouré produisant au total 2585 MW

Suapiti	325 MW
G+K+S	825 MW
Amaria	550 MW
Souap + Ama	885 MW

Au Nigeria, 11 grands sites hydroélectriques ont un potentiel de 9500 MW

Kainji sur le Niger	760 MW
Jebba sur le Niger	540 MW
Shiroro sur le Kaduna	600 MW
Lokoja sur le Niger	1950 MW
Makurdisur le Benue	600 MW
Zugeru I & II sur le Kaduna	950 MW
Ikram sur le Cross	400 MW
Mambila sur le Donga	2600 MW
Onitsha sur le Niger	750 MW
Yola sur le Benue	350 MW

Le Cameroun, la deuxième puissance hydroélectrique du continent contient 17 grands sites hydroélectriques pour un potentiel de 15264 MW

Song-loulou	384 MW
Kiko sur le Sanaga	1260 MW
N'godi sur le Sanaga	1150 MW
Grand Eweng sur le Sanaga	1990 MW
S. M'bengue sur le Sanaga	2120 MW
G. Nachtigal sur le Sanaga	1212 MW
P. Eweng sur le Sanaga	759 MW

Song dong sur le Sanaga	693 MW
Edea Amnt sur le Sanaga	616 MW
Ntem coudé sur le Ntem	300 MW
Ntem sur le Ntem	600 MW
Mouila Mogue sur le Nyong	480 MW
Nom Wouri sur le Noun	2400 MW
Bangangte sur le Noun	308 MW
Bayomen sur le Mbam	470 MW
Nki sur le dja	522 MW

Congo Brazzaville a deux grands sites hydroélectriques pour un potentiel de 1316 MW

Sounda 1 sur le Koilou	320 MW
Sounda 2 sur le Koilou	996 MW

Le Gabon dispose de 7 grands sites hydroélectriques por un potentiel de 3521MW

Chemin de Booué sur l'Ogoué	521 MW
Kongué sur Ivindo	457 MW
Mingoli sur Ivindo	483 MW
Kouata Mang sur Ivindo	470 MW
Tsengue-lele sur Ivindo	595 MW
Dérir Ololo sur Ololo	683 MW
Komo 123 sur Komo	312 MW

La République Démocratique du Congo, RDC, est la première puissance hydroélectrique d'Afrique avec un seul site, Inga ayant un potentiel hydroélectrique de 39000 MW. Le potentiel total est de 44035 MW

Inga 1 & 2 sur le Fleue Congo	1775 MW
Kamanyola sur le Ruzizi	390 MW
Inga 3 sur le Congo	1300 MW
GD Inga sur le Congo	39000 MW
Kisangani sur le Congo	460 MW
W. Ruluka sur le Congo	688 MW
Nepoko sur le Nepoko	422 MW

L'Ouganda possède 3 sites hydroélectriques de grande puissance totalisant 1160 MW

Murchison	500 MW
Ayago	360 MW
Kamdini	300 MW

Madagascar a deux grands sites hydroélectriques totalisant 600 MW

Sahofika	300 MW
Mahavola	300 MW

Le Mozambique a de grandes potentialités hydroélectriques évaluées à plus de 8400 MW. Elle a dix grands sites hydroélectriques avec un potentiel total de 9538 MW

Cahora Bass sur la Zambezi	2075 MW
Cahora Bassa sur la Zambezi	1525 MW
Mpanda sur la Zambezi	1600 MW
Lupata 2 sur la Zambezi	1100 MW
Revugoe sur la Revugoe	1013 MW
Lupata 1 sur la Zambezi	600 MW
Lula sur la Lula	475 MW
Boroma sur la Boroma	400 MW
Buzi sur la Buzi	300 MW

La Namibie a un grand site hydroélectrique de 450 MW

Epupa sur le Cunene	450 MW

La Zambie bien pourvue en sites hydroélectrique comme la Mozambique a 9 grands sites avec un potentiel total de 6706 MW

Kariba North Zambezi	600 MW
Kafue Gorge Kafue	900 MW
Kariba South Zambezi	666 MW
Victoria Falls Zambezi South Bank	490 MW
Batoka sur la Zambezi	1600 MW
Devil Gorge sur la Zambezi	1000 MW
Kariba South Zambezi Extension	300 MW
Mupata Gorge sur la Zambezi	1100 MW
Kafue lower Kafue Gorge	450 MW

L'Afrique du Sud a deux grands sites hydroélectriques de 1400 MW

Darkensburg Bergville	1000 MW
Darkensbug Grabauw	400 MW

Le Ghana a un grand site hydroélectrique de 912 MW

Akossombo	912 MW

L'Algérie a un grand site hydroélectrique de 300 MW

Beni Haroun	300 MW

Le Soudan a trois grands sites hydroélectriques de 2150 MW

Merowe sur le Nile	1100 MW
Shirri Island sur le Nile	450 MW
Dal sur le Nile	600 MW

La Côte d'Ivoire possède un grand site hydroélectrique de 288 MW

Souvre sur le Sassandra	288 MW

La Sierra Leone est pourvue d'un grand site hydroélectrique de 280 MW

Benkogeor	280 MW

L'Egypte dispose de deux grands sites hydroélectriques sur le Nile de 2445 MW

High Dam sur le Nile	2100 MW
Aswan Dam sur le Nile	345 MW

L'Ethiopie a une capacité totale de 15163 MW et dispose de 19 grands sites hydroélectriques qui sont soit en cours de réalisation, soit en cours d'études

Tekeze	300 MW	Début des travaux 2009
Gilgel Gibe II	420 MW	Début des travaux 2010
Tana Beles	460 MW	Début des travaux 2010
Ayisha WPP	300 MW	Début des travaux 2012
Beles	460 MW	Début des travaux 2010
Gibe III	1870 MW	Début des travaux 2013
Haelle Werabesa	422 MW	Début des travaux 2015
Chemoga-Yeda	278 MW	Début des travaux 2015

Gibe IV Project	1472 MW	Début des travaux 2015
Geba I & II	366 MW	Début des travaux 2015
Beko Abo Project	1600 MW	Achèvement études 2010
Dabus Project	425 MW	Achèvement études 2010
Tams Project	1000 MW	Achèvement études 2010
Tekeze Project	450 MW	Achèvement études 2012
Boarder	1200 MW	Achèvement études 2012
Mendeya	2000 MW	Achèvement études 2012
Gibe V	600 MW	Achèvement études 2012
Wabi Shebele	460 MW	Achèvement études 2012
Birbir Project	467 MW	Achèvement études 2012
Lower Dedessa	613 MW	Achèvement études 2012

BIBLIOGRAPHIE

1) Nepad, A Proramme of the African Union. An Indicative assessment to determine prospects for a Nepad Spatial development Programme. Prepared and undertaken by Regional SDI Programme Support Unit Mintek, February 2006.

2) Les activités individuelles à l'estuaire de la Seine : Structure et Réseaux. Par Dimitri Laroutis, Doctorant à l'Université de Rouen, Laboratoire CARE.

3) Should Africa industrialize. Par John Page, The Brookings Institutions.

4) La Balkanisation de l'Afrique et la question de l'intgration régionale : Vers de nouveaux espaces économiques par John O. IGUE

5) L'industrialisation comme facteur d'intégration économique des pays membres de la CEMAC (Les élements d'une analyse théorique). Par Guy Didier ONONO.

6) Les Nouveaux Pays Industrialisés. Stratégie de développement industriel. Le cas de la Corée du Sud. Par Alain Albert et Maxime A. Grener. Etudes Internationales Vol 13 No 1982 p. 227-245.

7) Les industries industrialisantes et les options Algériennes. Par Gerald Destanne de Bernis. Tiers-Monde, 1971 Tome 12 No. 47 p. 545-563.

8) A propos des Filières industrielles. La Révue d'Economie Industrielle. Vol. 6 4e trimestre 1978 p 149-158.

9) Noyaux, Filières et Complexes industriels dans le Système. Revue Economique Volume 41 No 3 p. 481-500.

10) Identification de grappes industriellespour la generation de projets d'investissements. Marcel Boyer Centre de Recherche en Développement Economique, Université de Montreal. Marcel G. Dagenais, Department des Sciences économiques, Université de Montreal. Fernand Martin 1540 Broquerie. St Bruno de Montarville. Quebec.

11) Les Fondements Economiques d'un Etat Conféderal en Afrique de l'Ouest. Les étapes africaines de l'intégration régionale. Par Louis Sangaré.

12) Les Défis de la Renaissance Africaine au début du XXIe Siècle. Du Pouvoir Patrimonial à la Souveraineté Collective. Par Louis Sangaré.

TABLE DES MATIERES

L'HARMATTAN ITALIA
Via Degli Artisti 15; 10124 Torino

L'HARMATTAN HONGRIE
Könyvesbolt ; Kossuth L. u. 14-16
1053 Budapest

L'HARMATTAN KINSHASA
185, avenue Nyangwe
Commune de Lingwala
Kinshasa, R.D. Congo
(00243) 998697603 ou (00243) 999229662

L'HARMATTAN CONGO
67, av. E. P. Lumumba
Bât. – Congo Pharmacie (Bib. Nat.)
BP2874 Brazzaville
harmattan.congo@yahoo.fr

L'HARMATTAN GUINÉE
Almamya Rue KA 028, en face
du restaurant Le Cèdre
OKB agency BP 3470 Conakry
(00224) 657 20 85 08 / 664 28 91 96
harmattanguinee@yahoo.fr

L'HARMATTAN MALI
Rue 73, Porte 536, Niamakoro,
Cité Unicef, Bamako
Tél. 00 (223) 20205724 / +(223) 76378082
poudiougopaul@yahoo.fr
pp.harmattan@gmail.com

L'HARMATTAN CAMEROUN
BP 11486
Face à la SNI, immeuble Don Bosco
Yaoundé
(00237) 99 76 61 66
harmattancam@yahoo.fr

L'HARMATTAN CÔTE D'IVOIRE
Résidence Karl / cité des arts
Abidjan-Cocody 03 BP 1588 Abidjan 03
(00225) 05 77 87 31
etien_nda@yahoo.fr

L'HARMATTAN BURKINA
Penou Achille Some
Ouagadougou
(+226) 70 26 88 27

L'HARMATTAN SÉNÉGAL
10 VDN en face Mermoz, après le pont de Fann
BP 45034 Dakar Fann
33 825 98 58 / 33 860 9858
senharmattan@gmail.com / senlibraire@gmail.com
www.harmattansenegal.com

L'HARMATTAN BÉNIN
ISOR-BENIN
01 BP 359 COTONOU-RP
Quartier Gbèdjromèdé,
Rue Agbélenco, Lot 1247 I
Tél : 00 229 21 32 53 79
christian_dablaka123@yahoo.fr

Achevé d'imprimer par Corlet Numérique - 14110 Condé-sur-Noireau
N° d'Imprimeur : 115652 - Dépôt légal : février 2015 - *Imprimé en France*

www.ingramcontent.com/pod-product-compliance
Lightning Source LLC
La Vergne TN
LVHW010949061026
849535LV00006B/1636